「野球移民」を生みだす人びと

ドミニカ共和国とアメリカにまたがる扶養義務のネットワーク

窪田 暁

清水弘文堂書房

二〇一六年一月一二日に生まれた娘・莉麻と
二〇一六年一月一四日に亡くなった父・博明へ

「野球移民」を生みだす人びと

ドミニカ共和国とアメリカにまたがる扶養義務のネットワーク

目次

用語および表記

本文中で使用する各種用語の使用方法と表記は以下のとおりである。

一　外国語の表記について

本文中の英語およびスペイン語表記はカタカナで記し、初出の場合に限り括弧内にローマ字およびスペイン語で表記するとともに、必要に応じて日本語訳をつける。英語はローマ字の標準字体で、スペイン語はイタリック体で表記する。なお、スペイン語については、白水社『現代スペイン語辞典』の表記に従っている。ただし、ドミニカ共和国でのみ使用される語彙の表記については現地で発音されるままに表記した。

二　人名、地名、機関名の表記

原則として日本語名もしくは日本語訳で表記するが、それができない場合については、現地語の発音をカタカナに直して表記する。本文において初出時のみ、カタカナ表記後の括弧内に現地語表記をいれる。人名については、煩雑さを避けるために、日本語表記のみにとどめ、調査段階でわたしの目的を伝えて刊行物に名前が登場することを了解がとれている者については実名もしくはあだ名で、了解がとれていない者に関しては仮名で記述する。

なお、本書で頻繁に登場するドミニカ共和国は、おなじカリブ海地域にあるドミニカ国と区別するため、初出時のみドミニカ共和国と表記し、以下はドミニカと略記する。おなじく、アメリカのプロ野球リーグであるメジャーリーグ・ベースボールはＭＬＢと略記する。

三　為替レートについて

ドミニカ共和国の通貨ペソとアメリカ・ドルの為替レートについては、集中的に世帯調査を実施した二〇〇八年九月〜二〇〇九年三月当時のレートである一ドル＝三五・九ペソ、一ドル＝九一・三円で計算し、一ペソ＝約二・五円で計算した額を表記する。

四　野球、ベースボール、ペロータ

アメリカ発祥のスポーツである「ベースボール baseball」は、日本国内では「野球」という用語に翻訳されているために、文中でも野球と表記する。ドミニカ共和国の人びとは野球を、*béisbol*（ベイスボル：英語の baseball から生まれたスペイン語で、新聞などはこちらを採用している）ではなく、*pelota*（ペロータ：ボールをあらわすスペイン語）とよんでいる。このことばには、ドミニカ人の野球に対する思いと、アメリカ起源の野球をペロータという独自の文化として意味づけてきた歴史が凝縮されていると解釈できることから、文中でもドミニカ社会の文脈のなかで使用する際にはペロータと表記し、それ以外のスポーツとしてのベースボールについて述べる場合には野球と表記する。

五　「野球移民」

本書では、ドミニカ共和国からアメリカに渡る野球選手を「野球移民」とよぶ。ここには、ＭＬＢで活躍する大リーガーだけではなく、すでに現役を退いた選手やＭＬＢ全球団がドミニカ国内に置くアカデミーに在籍する選手もふくまれる。ドミニカ共和国では野球選手のことを「ペロテロ *pelotero*」とよんでいる。これは野球をあらわす「ペロータ *pelota*」を語源としているが、ドミニカ共和国の人びとはそこに移民としての意味あいを加味して使用している。本書でも、こういった現地での使用方法にならうこととする。ただし、文中において文脈や発話者の意図に応じて、ペロテロを単に野球選手と訳すことにする。

「野球移民」を生みだす人びと

ドミニカ共和国とアメリカにまたがる扶養義務のネットワーク

窪田 暁

はじめに

一九九〇年代以降、欧米のプロ・スポーツ界を中心に外国人選手の活躍が目立つようになった。ヨーロッパのサッカークラブに所属するアフリカ・南米出身の選手、タイトルマッチがあればどこにでも出かけていくフィリピン人ボクサー、賞金獲得のために海外のトーナメントに参加するプロゴルファー、ここ数年で急増した大相撲におけるモンゴル人力士の例などは、もはやプロ・スポーツが外国人選手ぬきには存続しえないことを物語っている。彼らの多くは、一年の大半を外国で過ごし、なかにはプレー先の国に帰化をする選手やオリンピックに出場するために国籍を変更する選手も増えている。こうした現象をイギリスの社会学者ジョセフ・マグワィヤは、「スポーツ移民（sports labor migration）」とよび、スポーツ選手の国際移動を移民現象としてとらえることを提唱している［Bale & Maguire 1994; Maguire 1996］。

本書が対象とするドミニカ共和国（以下、ドミニカ）もアメリカのメジャーリーグ・ベースボール（以下、MLB）に多くのプロ野球選手を送りだす国として知られている。わたしが「野球移民」とよぶ人びとである。現在、MLBに所属する大リーガーのうち外国出身選手の割合は三〇%を超えているが、とくにカリブ海地域を中心としたラテンアメリカ出身選手の割合は大リーガー全体の二五%にものぼる。そのラテンアメリカ出身選手のなかでもとりわけ存在感を示しているのが、ドミニカ出身の選手たちである。二〇一五年のシーズン終了時点では、一三八人と大リーガー全体の一一%を占め、外国出身選手のなかでは第一位の数字である。ちなみに、二番目に多いのがベネズエラの九八人、三番目がキューバの二七人となっている（図1）。

ここであつかう「野球移民」は、ドミニカやカリブ海地域に特有の現象である。しかしながら、野球をサッカーなどの別のスポーツに、カリブ海地域を西アフリカや南米などの別の地域に置きかえてみれば、「スポーツ移民」が世界各地で同時代的に生じている現象であることがわかる。二〇一五年に開催されたラグビーのワールドカップで、日本代表チームが強豪国を相手に三勝をあげ、国内を熱狂の渦に巻きこんだことは記憶に新しい。その原動力となったのが、一〇人の外国出身選手であった。メディアやネット上では、代表メンバーの半数近くを占める外国出身選手の存在が話題にのぼったが、すでに三〇年以上も前から、国内の大学や社会人のリーグ戦で外国出身選手はプレーしていたうえに、日本代表チームにも選出されていたことは、一部のラグビーファンをのぞけばあまり知られていない。

プロ野球界でも同様の現象が起きている。かつては、「外国人選手＝アメリカ出身の選手」という図式がある程度あてはまっていたが、一九九〇年代以降からドミニカ出身の選手を見かけるようになる。一九九五年のフリオ・フランコ選手（千葉ロッテマリーンズ）、一九九六年のバルビーノ・ガルベス投手（読売ジャイアンツ）、一九九七年のドミンゴ・マルティネス選手（西武ライオンズ）など、毎年、どこかの球団にドミニカ出身選手がひとり在籍しているというのがあたりまえになっていく。その後、外国人選手の出場枠の拡大にともない、ベネズエラやパナマ出身の選手も増加するようになり、カリブ海地域出身の選手が急激に増加していく。ここ数年、阪神タイガースの四番をつとめるのはドミニカ出身のマウロ・ゴメス選手である。中日ドラゴンズにいたっては、

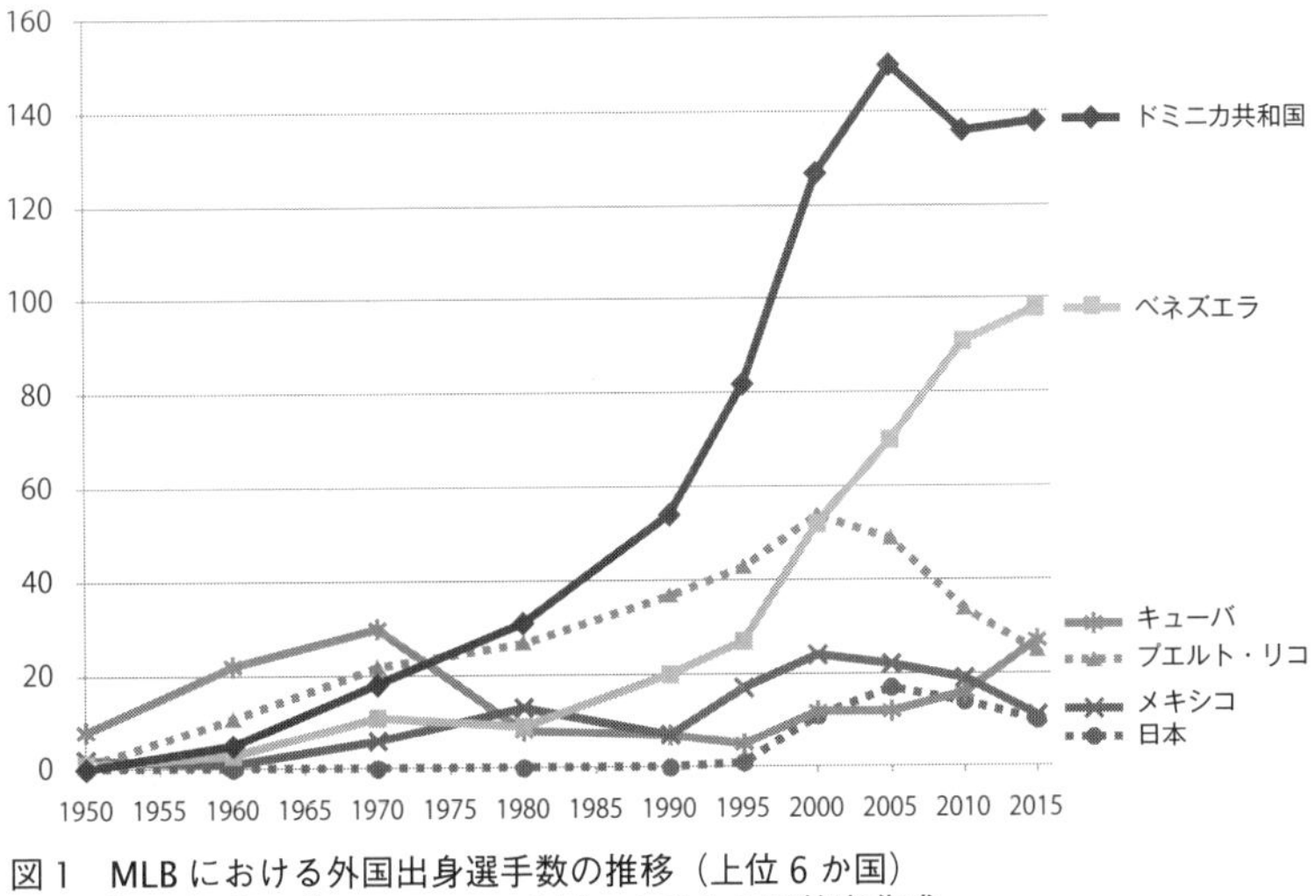

図 1　MLB における外国出身選手数の推移（上位 6 か国）
baseball-reference.com のデータをもとに筆者作成

二〇〇六年のシーズンオフからドミニカにコーチを派遣し、現地での選手獲得をおこなっており、外国人選手はすべてドミニカ人という徹底ぶりである。

外国出身選手が増加する一九九〇年代は、入管法が改正され日本に外国人労働者が大量に流入しはじめた時期と重なっている。スポーツ選手の国際移動も、一般の労働移民の増加と歩調をあわせるようにして顕在化するようになったのである。最近では、移民の子ども世代がスポーツ界で活躍するようになっている。トルコ系移民の子息でドイツ代表になったエジル選手、アルジェリア系移民の二世でフランス代表になったジダン選手、日本でもダルビッシュ有投手やオコエ瑠偉選手など枚挙にいとまがない。このように考えると、わたしたちが日頃から慣れ親しんでいるプロ・スポーツの世界とは、まさに現代世界の縮図だといえよう。世界各地で国境を越えるヒトの移動が活発になり、移民が身近な存在となりつつあるように、スポーツ界における外国出身選手の存在もまた、あたりまえの風景になりつつある。であるならば、特殊技能を有するスポーツ選手として特別視せずに、「スポーツ移民」というひとりの人間としてとらえるべきではないか。「野球移民」「ラグビー移民」「ボクシング移民」「陸上移民」「サッカー移民」「相撲移民」というように……。そのうえで、彼ら「スポーツ移民」たちがどのように誕生したのかに注目することで、彼らを生みだす社会や文化を明らかにできるのではないか。これが本書を書くにあたってのわたしの問題意識である。

現在、地球上のあらゆる国と地域は、グローバル化の進展とともに拡大する新自由主義経済の荒波に直面している。とりわけ富裕層と貧困層、都市と地方とのあいだの格差に顕著である。本書は、そうした状況下において、「野球移民」を生みだすことでなんとか生きのびようとするドミニカの人びとの姿を描きだすものである。それがたとえ個別具体的な条件のもとで観察されたものであったとしても、わたしたちと同時代を生きる人びとの物語であることに違いはない。地球の反対側で暮らすドミニカ人の生き様が、複雑かつ流動化する現代世界を生きる人間の営みを理解する糸口のひとつになればと考えている。

第一章　「野球移民」とはなにか

「野球移民」とは、野球選手と移民をあわせた造語である。本書でこの用語を使用するのは、国境を越えて移住する野球選手の移民としての性質を考察するためである。具体的には、今日の世界経済と密接にかかわる移民の発生要因と送金行為である。本章では、野球選手を移民としてとらえることで、なぜ、現在のドミニカ社会や人びとの暮らしが理解しやすくなるのかという点を明確にするために、先行研究のなかでスポーツ選手ないし野球選手の国際移住がどのようにあつかわれてきたのかを概観する。ここではとくに、本書の問題関心に即し、国際移民研究と近代スポーツをめぐる人類学的研究に焦点を絞って整理し、本書の視座を提示する。

第一節　先行研究と問題の所在

スポーツ選手の国境を越える移住については、プロ・スポーツのグローバル化をあつかう研究群のなかで考察がなされてきた。一九九四年にベイルとマグワィヤが編集した『グローバル・スポーツ・アリーナ（The Global Sports Arena）』[Bale and Maguire 1994]は、高額の契約金を求めて国境を越えるスポーツ選手について、各地の事例を紹介するものだが、その功績は「スポーツ移民（sports labor migration）【1】」という用語を定着させると同時に、その後の研究潮流をかたちづくったことにある。編者のひとりであるマグワィヤは別稿において、「スポーツ移民」とは、ヒト・モノ・資本・情報がトランスナショナルに流動する現代世界において、プロ・スポーツが資本と結びつくかたちで地球規模に拡大するなかで生じる現象であるとし、選手の移住先での定住度を基準に、国境を越えるスポーツ選手の類型化を試みた[Maguire 1996]【2】。

一方、プロ・スポーツのグローバル化を世界経済システムの文脈に位置づけ、「中核」による「周辺」の経済的・文化的包摂であるとの視点からドミニカ野球について論じたクラインは、アメリカ発祥の野球がドミニカに浸透した結果、ドミニカがアメリカのＭＬＢに選手を供給する場となったと述べている[Klein 1991]。いわゆる「グローバル・システム・アプローチ」とよばれるこうした説明は、グローバリゼーションとスポーツの関係についてのひとつの理解としては間違いではない。しかし、国境を越えるスポーツ選手を移民ととらえながら、移民としての性質への言及がないために、実際に移民となる人びとの動機やその社会的・文化的背景についてはみえてこないきらいがある。とくに移民となるスポーツ選手と出身社会との関係が明らかにされない限りは、グローバリゼーションの進展によって、スポーツ選手が「南」の貧しい地域から「北」の豊かな地域へ移住する現象であるといった本質主義的な議論におちいる危険性をはらんでいる。そこからは、さまざまなスポーツによって異なる出身地やその偏りの背景にある文化的な特徴といったものは捨象され、スポーツ移民内部の多様性は無視されてしまうことになる。こうした問題は、「スポーツ移民」をあつかった先行研究が、移民という用語をもちいながら、国際移民研究の枠組みのなかで「スポーツ移民」という現象を論じてこなかったことに起因している。

このような問題を回避するためには、国境を越えて構築されるプロ・スポーツと資本の関係という世界経済的なコンテクストを念頭におきながら、同時に、「スポーツ移民」が誕生する社会やそこに暮らす人びとが、グローバリゼーションとどのように向きあっているのかといったミクロな視点からの考察もおこなう必要がある。そのうえで、「スポーツ移民」という現象をこれまでの国際移民研究の文脈のなかに位置づけ、移民カテゴリーのひとつとしてとらえる作業が求められているのである。そのため以下では、国際移民研究の流れのなかに「スポーツ移民」あるいは「野球移民」を位置づけるための前準備として、本書の問題関心に即して先行研究を整理しておきたい。

一-一　国際移民研究

移民の発生要因の分析で長らく影響力をもってきたのは、一九世紀の地理学者ラベンスタインが提唱したプッシュ・プル理論にもとづく説明である。カースルズらによると、人びとを自国から離れるようにしむける「プッシュ要因」と、人びとをある受け入れ国へと引きつける「プル要因」とが結びつくことで移民が生じるとするのがこのモデルである。この理論は、故国に残った場合と別の国に移った場合の相対的コストと利益を合理的に比較した末に、移民として移住しようとする個人の意思決定を強調する[カースルズ&ミラー 1996: 20-21]。しかしながら、均衡論とよばれるこのモデルは一部の国内移動についてはあてはまるものの、あまりに単純すぎて、現実の移住現象を説明することは困難である。たとえば、ドミニカからアメリカへの初期の移民は、最貧層の人びとではなく、中間層の人びとが多かったと報告されており、コストと利益を基準にした分析からは説明がつかない[Grasmuck and Pessar 1991]。こうした欠点を有していたにもかかわらず、この理論は根づよくヒトの国際移住の分析に利用されてきた[Frank 1967; Borjas 1989]。

このモデルが、個人の合理的選択の結果としての移住を強調しすぎたことから、それへの批判として、次に個人の所属する集団や社会構造に注意が払われるようになった。歴史構造論とよばれるこのアプローチの特徴は、出身社会と受け入れ社会双方の政治経済的背景やグローバル資本の影響をふまえたうえで、国家や資本主義経済という枠組みのなかで移民の発生要因を分析すると同時に、移民送り出し社会における社会構造の変化に注目したことである。ここでは、世界経済システムが生みだした周辺地域における余剰労働力が移民発生の要因として説明される。つまり、周辺地域のとりわけ地方の農村部の衰退が移民を生みだすが、最終的には中心部の資本家の利益へと回収されているというものである[Amin 1974; Portes and Walton 1981; Meillassoux 1981]。このように急速に拡がるグローバル化を移民の発生要因に関連づけるアプローチからは、国民国家を所与のものととらえてきた従来の移民研究を批判的に検討する動きが生まれる。サッセンによると、国家ごとに統制していた入国管理政策の領域においても国際人権レジームや超国家的法レジームなどの新たな規範性の拠点（国際人権規約やNGOなど）が登場しており、国民国家単位では説明が不十分だという。また、第三世界における自由貿易区（フリーゾーン）で雇用された女性が、移民受け入れ国における女性移民の雇用の潜在的プールとなる傾向があることを指摘し、移民の発生要因を世界的なつながりのなかで構造的に理解しなければならないと論じている[サッセン 2004: 65-107, 199-201]【3】。

歴史構造論によるアプローチは、国民国家の枠組みを相対化しうる可能性を有していた一方で、移民現象を世界経済における不均衡を是正するものととらえた均衡論とは反対に、移民現象が世界経済の不均衡を強化するものとしてとらえる傾向にあった[Brettell 2000: 103]。また、こうしたマクロな視点による過度に抽象化されたモデルでは、移民による家族の呼び寄せや、移民の移住先の決定や移住後の適応に重要な役割をはたすエスニック・エンクレイブの仕組み、さらには移民自身による起業の急増がこれまでに存在しなかった移住経路を生みだしている実態や当事者である移民の実践をうまく説明することができないという問題を抱えていた。その原因は、移民を送りだす社会における実証的な研究の不足に求められるが、結果として移民個々に異なる移住要因や経験への視点を欠くことにつながったのである。このように歴史学や社会学、そして人類学の分野ですすめられてきた国際移民研究は、移民をいかに受け入れ社会に統合するかという点に焦点をあてる研究が主流となり、移民の選別をおこなうアメリカ政府の移民政策や労働市場への編入に関心が寄せられてきたといえる[Brettell and Hollifield 2000: 15]。当然ながら、こうした研究においては、移住する人びとを送りだす社会については、見逃されるか、あるいは「無限の労働力供給源」と前提視されてきたのである[小ヶ谷 2007: 240]。

こうした先行研究の限界を顕著なものにしたのは、国境を越える移民の多様な日常的な実践であった。一九八〇年代以降、人類学・社会学を中心に移住先の国と出身国のあいだを頻繁に往来する移民現象が報告されるようになった。この現象を分析するためにあらわれたのがトランスナショナリズムの概念である。それまで、移民は仕事が終われば出身国に帰るか、最終的に受け入れ国に同化するものと考えられてきた。しかし、二重国籍など双方の国に帰属意識をもち、国境を越える社会的ネットワークを維持しつづけている実態が報告されるようになったのである[上杉 2004: 12-13]。ベルトベックは、トランスナショナリズムを「国民国家の境界を越えて広がる人びとや機構の多元的紐帯や相互交渉」と明確に定義したうえで、これまでのトランスナショナリズム研究の枠組みを整理し、「社会形態学」「意識」「文化の再生産」「資本の経路」「政治参加の場」「領土・場所性の再構築」の六つにわけている[Vertoveck 1999: 447-457]。ベルトベックの論文が掲載されたのは、トランスナショナリズムを特集したEthnic and Racial Studies 22 (2) [Portes et al 1999]であるが、そのなかでポルテスらもこの概念の整理をおこない、方法論的な立場から分析単位を個人と彼（彼女）を支えるネットワークとして明確にし、経済・政治・文化の三つの領域に区別して考えることを唱えている。また、多国籍企業のような強力な組織による（上からの）ものと、移民や母国のカウンターパートによる（下からの）ものに区別している[Portes et al 1999: 217-224]。

特筆すべきは、トランスナショナリズムの議論が、本書が対象とするドミニカからアメリカに渡る移民やメキシコ、フィリピンからの移民現象をあつかう研究のなかから登場してきたことである[Hondagneu-Sotelo 1994, 2003; Parreñas 2005]。ホンダグニュ＝ソテロは、アメリカに渡ったメキシコ人の移住経験についてジェンダーの視点から分析し、世帯内のジェンダー関係が移住をつうじていかに変化し、選択的に再生産されているかを人類学的な手法で明らかにした[Hondagneu-Sotelo 1994]。おなじくジェンダーの視点から、移民となったフィリピン女性が故郷に残してきた子どもの養育の問題について描いたパレーニャスは、先行研究に欠けていた残された家族の視点から、親族女性による「母親業」について考察し、トランスナショナルな移住が伝統的なジェンダー・イデオロギーを再生産していると論じた[Parreñas 2005]。いずれの研究も、従来の移民研究が「世帯」の移住戦略を自明視することで見落としてきた、世帯内部の意思決定や交渉、あるいは軋轢といったプロセスをすくいあげることに成功しているが、それは移住する個人の動機や実践への詳細な目配りがなされているからであり、人類学的な手法によるトランスナショナリズム研究のひとつの成果だといえよう。

もうひとつの方法論的な成果として、送り出し社会と移住先双方での調査を実施した研究があげられる。フィリピン村落社会とイタリアのローマにおいて長期にわたるフィールドワークを実施した長坂は、トランスナショナルな社会的場の形成と持続を、移住過程や移住後の生活に影響をあたえるあらゆるレベルでの構造的条件と、移住する人びとが社会化された出身社会の歴史的、社会的、文化的文脈との関連から分析した[長坂 2009]。長坂は、トランスナショナリズムが持続する背景にある、移民の出身社会における移住の歴史のなかで形成されてきた「移住の文化」あるいは「トランスナショナリズムの文化」の存在に注目し、人びとの日常生活のなかで持続している過程を明らかにしたが、これはトランスナショナルな生活を送る移民に寄り添うかたちでフィールドワークを実施したことで可能となったのだといえよう。このように考えると、人類学的な移民研究に求められているのは、マクロな世界経済的な文脈を考慮しながらも、「人びとの習慣や価値観として深く根づき、それが移住と結びつくことで、共同体の価値観の一部」となった「移住の文化」を明らかにすることであり[Massey et al. 1998: 47]、国境を越える移住を「経済的な変化に対応するための（送り出し社会の人びとの）生活戦略[Moore 1988: 96]」という視点から考察をおこなうことであろう。

トランスナショナリズム研究が従来の移民研究と大きく異なる点は、受け入れ社会と送り出し社会双方を分析の対象とするだけにとどまらず、移民と送り出し社会の人びとのあいだで創出される国民国家の枠組みを超えた新たな社会空間を考察する点にある。つまり、受け入れ社会と送り出し社会という二項対立の図式を安易に設定していた先行研究の視点に再考をうながすことになったのである。これにより、移民個人や彼らの生活空間である送り出し社会が世界経済とどのように関わっているのかという問題を考察することが可能になったのである。次節では、本書のテーマであるドミニカからアメリカに渡る移民について、トランスナショナルに展開するヒトの往来を先行研究がどのようにあつかってきたのかをみていきたい。

一-二　ドミニカ移民研究

ドミニカの人口は、一〇四〇万三七六一人（二〇一三年、世界銀行）で、そのうちアメリカに暮らす移民の数は、一四一万四七〇三人である（二〇一〇年、アメリカ国勢調査）。しかしながら、統計にはあらわれない非正規滞在者の数をふくめると、実数は二〇〇万人以上と推定されている。その根拠となるのは、国勢調査の質問項目の変更であった。二〇〇〇年の国勢調査では、アメリカ在住のドミニカ人は七六万四九四五人となっている。しかし、エルナンデスらは以下の理由と方法から実数を推定している。まず、国勢調査の質問項目が一九九〇年においては、メキシコ／プエルト・リコ／キューバ／その他のスペイン系もしくはヒスパニック系／その他／と項目がわかれており、最後の「その他」項目の下に、「アルゼンチン、コロンビア、ドミニカ、ニカラグア、エル・サルバドル、その他」という国名例が標記されていた。二〇〇〇年調査時には、一九九〇年とおなじ項目にくわえ、「その他」を選んだ者が、自分の出自を書きこめるように変更されるとともに、一九九〇年には標記されていた国名例がなくなったために、「その他」を選んだ人びとのなかで、書きこみをしなかった者が多数発生した。このため国勢調査結果のドミニカ人数が正確な数字を示していないと判断し、「その他」を選んだ人のなかで、出生地をドミニカと記入した人と二世代まえまでの祖先がドミニカ人であると記入した人をくわえて実数を算出している。[Hernandez and Rivera-Batiz 2004:31-33]。これにくわえ、スペインやベネズエラ、パナマやプエルト・リコなどアメリカ以外の地域に暮らす移民をあわせると、人口のおよそ三分の一にあたる三〇〇万人近いドミニカ人が海外で生活していることになる。彼らからの送金額は、日本円にして年間三〇〇〇億円にまでのぼり、ドミニカがいかに移民からの送金に依存する社会であるかがわかる（二〇一二年、ドミニカ中央銀行）。

ドミニカからアメリカへの移住は、トルヒージョ独裁政権崩壊後の一九六五年から本格的にはじまり、現在も増加をつづけている。初期の移民の多くは、都市部の中間階級が占めていたが、一九八〇年代のドミニカ経済の後退で農村地域の人びとや都市下層階級にまで拡大し、絶対数が増えるとともに、移民となる人びとの特徴にも多様化がみられるようになってきた。移民の増加の要因について、グラスマックとペッサールは多次元的な四つの要素をあげて分析している。ひとつめの要素は、アメリカによるドミニカの経済支配の影響についてである。ドミニカ経済がアメリカ資本に依存することによって国内市場の成長は必然的に妨げられ、貧富の拡大を招いたこと。ふたつめは、ドミニカの国内政策、とくに農業政策の失敗が農家の減少と地方の衰退を招いたこと。三つめは、国内の教育水準上昇が、もともと移民となる傾向の強い中間階級を増加させたこと。最後に、ジェンダーや家族状況の変化が移民を誘発させた点を指摘する。つまり、女性がニューヨークにおいて低賃金であれ、雇用制度に組みこまれたことによって、これまで母国において、父や夫が労働で得たものを背景に成立させていた管理力を減少させることを促し、ドミニカ女性が移住先で満足感を得たことが移民の誘発を招く要因となったというのである [Grasmuck and Pessar 1991: 199-202]。また、ペッサールは、ドミニカに特有の拡大家族のネットワーク（カデナ *cadena*：鎖）が、アメリカに到着したばかりの移民を庇護することにより、連鎖的に多くの移民がアメリカへと渡る要因となっていることを明らかにし、社会ネットワーク論による移民発生の要因分析をおこなった[Pessar 1995]。

このように送り出し社会・受け入れ社会双方における社会経済の特徴に焦点をあて、移民政策、社会ネットワーク、世帯構造、ジェンダー・イデオロギーの考察をおこなう研究がこれまでのドミニカ移民研究の中心をなしてきたが、歴史構造論アプローチによるトランスナショナリズム研究への移行に、ドミニカ移民研究の成果が初期の段階から大きくかかわっていたことは注目すべきである。たとえば、「下からのトランスナショナリズム」という表現を使用し、グローバル資本や国家による「上からの」影響ではなく、個人や集団のレベルから二国間にまたがる力関係や文化の再構築、あるいは経済活動の相互交渉の過程をとらえようとしたグアルニーソらの研究や[Guarnizo et al 1998]、いわゆる「非合法越境（illegal border crosser/unregulated migration）」についてもはやくからあつかわれていたのである[Pessar 1995; Hernandez and Lopez 1997]【4】。

グアルニーソやポルテスらの研究がトランスナショナルな現象の分析単位を個人にすえ、二国間にまたがる政治や経済活動のひとつの面だけに注目する傾向にあったのに対し、人類学者のユージニア・ジョージは、歴史構造論アプローチがマクロレベルにおける移民の移住要因である政治経済的な背景を把握する方法として有効であるとしながらも、さらなる理解のためには、中間レベルでの移住のプロセスに注意を払う必要があると指摘した。彼女は、これまであまり注目されてこなかった送り出し社会のコミュニティに焦点をあて、ドミニカ中部の農村社会における現地調査にもとづいた実証的な研究をおこない、『トランスナショナル・コミュニティの生成（The Making of a transnational community）』と題する著作において、ドミニカの一農村からの海外移住を、ドミニカの置かれている世界経済システムや国内の政治経済的コンテクストのなかに位置づけながら、人びとの政治・経済・文化の領域における世界システムへの反応が可視化される空間としてのコミュニティに着目した[Georges 1990]。ここでは、人びとの移住から浮かびあがる社会的ネットワークが、親族集団を中心とした互酬的な関係をもとに構築されている実態とともに、送金といった資本の流れをつうじて、移民を送りだすコミュニティがアメリカという「中心」に結びつけられていく過程が詳細に描かれている。つまり、コミュニティに注目することで、伝統的な価値観にもとづく社会的ネットワークが世界経済システムとつながっていく過程を描きだすことに成功したのである。

ボストンとドミニカ双方のコミュニティで調査をおこなったレビットは、送金が送り出し社会にあたえる影響からさらに視野を広げ、移民の社会的、文化的影響をうけてコミュニティ内の政治や経済、あるいは世代間の関係やジェンダー・イデオロギー、学校教育などが変容する過程を「社会的送付（social remittance）」という概念を使用して分析した[Levitt 2001]。「社会的送付」とは、移住先のコミュニティから出身地のコミュニティにもちこまれる価値観や習慣、アイデンティティ、社会関係資本のことをさし、移民からの電話、手紙、または一時帰国の際に、出身地の家族や友人にアメリカでの生活を語る会話をとおして伝達されるという[Levitt 2001: 51]。ここでは移住先社会の制度や慣習、価値観に影響をうけた移民が、出身社会のコミュニティ開発に乗りだす事例が描かれ、従来の研究が移民からの送金による影響に関心を寄せるあまりに見落としてきた、人びとの価値観にあたえる精神的な影響にまでふみこんだ議論を展開した。しかし、一方でこのような「社会的送付」の概念を使った分析は、移民からの影響を強調しすぎた結果、送り出し社会の側は変化する／変化しない対象として位置づけられ、非移民の人びとが地域社会に根づいた価値観を利用して実践する移民との相互交渉の実態については考察の対象にならなかった。このような移民を出身社会の「伝統的」な生活や価値観に変化をもたらすものととらえる視点の背景には、移民を「近代的」な価値観を身にまとったものとする前提があるように思われる。結果として、これまでのトランスナショナリズム研究は、送り出し社会の人びとの価値観や実践、あるいは移民へのイメージが、移民にどのように影響をあたえているかという点を見過ごしてきたのである[Vertovec 2004: 974-976]。

あらためて述べるまでもなく、アメリカに渡った移民はどこからか突然やってきた人びとではなく、ドミニカで生まれてから渡米までの期間に地域社会の伝統的な価値観を内在化してきた人びとである。さらに、渡米後も出身地の親族や友人との日常的なコミュニケーションをつうじて、それらが維持、再生産されつづけていることを考えると、移民と出身地の人びととのあいだで送り出し社会の価値観にもとづいてなされる相互交渉にも注目すべきである。こうした批判をうけ、レビットも最近になってランバ・ニエベスとの共著論文のなかで、「社会的送付」を移住先から送り出し社会への一方向のものとしてではなく、双方の社会のあいだで還流するものと修正をくわえている[Levitt and Lamba-Nieves 2011: 18-19]。

このように、ドミニカ移民研究は、アメリカとドミニカのあいだで展開する移民現象を分析するために、比較的はやい段階からトランスナショナリズムの視点をとりいれてきた。さらに、ドミニカに特有の拡大家族をつうじた社会的ネットワークの存在が、研究者の分析にも影響をあたえたとみえ、個人や世帯に着目した研究よりも中間レベルのコミュニティに焦点をあてた研究が多くなされている。しかしながら、そこでの関心は、移民の影響をうけてコミュニティがどのように変化しているのかという点に集中しており、正負の両面を検討しながらも、その分析は「近代」「伝統」という二項対立を前提になされるという問題を抱えていた。そこで本書では、移民からの影響のみならず、送り出し社会の人びとが移民とどのように向きあっているのかにも注目して記述・分析をしていきたい。

一-三　近代スポーツをめぐる人類学的研究

本章の冒頭で述べたように、これまでスポーツのグローバル化をあつかった研究は、マグワイアらによる「グローバル・システム・アプローチ」を中心になされてきた。その研究群のなかには、ドミニカ野球の現状をアメリカによる政治経済的支配と絡ませてスポーツによる文化帝国主義の議論をおこなったものがある。ウォーラーステインの影響をうけるクラインは、近代スポーツの地球規模での拡大を、世界経済システムの周縁における「従属的低開発」状況になぞらえた[Klein 1989, 1991, 1994]。そして、アメリカによる支配の歴史と文化帝国主義の現状について、ヘゲモニーと抵抗がドミニカにおいてつねに緊張関係をもって存在していると指摘したうえで、アメリカの「国技」である野球が、ドミニカ人自身によってアレンジされ、政治経済的支配に対する抵抗のシンボルとなり、ナショナル・プライドを駆りたてているという。その背後には、アメリカに対する経済的・文化的な憧れとナショナル・プライドを表明したいというドミニカ人の複雑な感情が隠されており、それがアメリカ文化への抵抗と受容が錯綜する「闘争の場」となって表象されるのが野球なのだという[Klein 1991: 111-112, 152-153]。

このように近代スポーツの伝播を文化帝国主義になぞらえる議論に対し、西インド諸島におけるバスケットボールの研究者であるマンドルらは、スポーツを政治的抵抗と解放のためのメカニズムとしてとらえる傾向があると批判し、西インド諸島におけるバスケットボールはヘゲモニーや抵抗の外側にある開かれた文化領域に存在すると指摘した[Mandle and Mandle 1994: 87]。さらに、受け入れ集団が先進国からはいってきた文化を一方的に受容しているのではないと述べ、「北」側の文化を「南」側の人びとが、そのまま押しつけられているととらえる本質主義的な思いこみであると批判している。つまり現地の人びとは、アメリカから伝わったバスケットボールを一方的に押しつけられたとはうけとめておらず、楽しめるスポーツの選択肢がひとつ増え、そのなかからバスケットボールを選択したのだという[Mandle and Mandle 1994: 91]。このように、近代スポーツが伝播した地域において、現地の人びとがどのようにそのスポーツと向きあっているのかという問題を考察するにあたり、抵抗論や従属論に依拠して考察する視点では、現実に起こっている現象を正確にとらえることができないことがわかる。しかしながら、こうした二元論の解体をめざし、伝播した地域の人びととの主体的選択に注目するマンドルらの研究にも問題がみられる。彼らの関心が、現地の人びととのバスケットボールへの草の根的な関与にあることにくわえ、本質主義的な視点を回避することに腐心した結果、個人の主体的な選択を強調することに終始し、西インド諸島の伝統的な価値観とバスケットボールとの関係は明らかにされなかった。そのように考えると、近代スポーツの受容についての議論に欠けているのは、人びとの生活レベルにおいてどのように受容されているのかという視点だといえる。

これらの研究に対し、近代スポーツの「土着化（indigenization）」に注目し、当該国家を表象する文化としてスポーツをとらえる研究がある。インドにおけるクリケットの「土着化」について考察したアパデュライは、クリケットの「土着化」を推し進めたのは、大英帝国からインド「国民」が生み落とされていくプロセスに平行した複雑で矛盾に満ちた一連のプロセスだと述べる［アパデュライ 2004 (1995): 166］。こうした視点から、インドにおけるクリケットの「土着化」が、①パトロネージ（支援）の土着化とオーディエンスの発見（国家による支援と商業的関心）、②メディアを通じた現地語化、③男性の身体的快楽とナショナリズムの結びつき、といったものが相互に連関しながら進展し、インドの民族＝国民性の象徴となったと論じた。そのうえで、アパデュライは、仮にクリケットがインドに存在していなければ、近代性の手段（言語や身体、行為性、競争や財務、スペクタクルの水準）を利用した公共的な実験を遂行するために、間違いなくクリケットに類するなにかが発見されていたことだろうと述べている［アパデュライ 2004 (1995): 166: 201-206］。

アパデュライの議論を援用し、フィジーにおけるラグビーの「土着化」を論じた橋本は、「語り」にみられる「土着化」に注目した［橋本 2001, 2006］。橋本によると経済をインド系住民に握られているという文脈において、先住のフィジー系住民にとって外から伝わったラグビーは、キリスト教とおなじ意味をもっており、（ヒンドゥ教やイスラム教を信仰する）インド系に対抗するためにラグビーが我々（フィジー系）の文化として語られるという［橋本 2006: 42-43］。橋本は「土着化」の概念を、「当初『ローカル化』していたものが、世代を経るにしたがって地元の文脈のなかで理解され、血肉化されて『伝統』であるとまで解釈されるにいたる過程」と定義したうえで、その根拠として「ラグビーはキリスト教と同じだ」という地元での語りを提示する［橋本 2001: 3］。フィジーでは、「キリスト教信仰は伝統とともに歩む」という語りにみられるように、外来のキリスト教がもはやフィジーの「伝統」と考えられており、そのキリスト教と同一視されるラグビーもまた、フィジーに「土着化」しているというのである［橋本 2001: 15］。このような、近代スポーツが伝播した地域で「土着化」し、当該地域の文化あるいは国民性の象徴となったという見方は、ギアツが「ディープ・プレイ」でおこなった、闘鶏をバリの人びとが自分たちの経験を読みこむためのテクストであると解釈した［ギアツ 1987(1973)］のと同様に本質主義的である。さまざまな近代スポーツが世界各地で受容されていることを考えると、当該地域の文化が、あるひとつのスポーツに集約されて表象されているという見方ではなく、むしろひとつのスポーツに対する人びとの向きあいかたを分析することで、当該地域の人びとの文化を理解する糸口を開く必要があるはずである。

たとえば、日本と韓国の地方都市においていかにサッカーが受容されてきたかを記述し、その過程にはらまれているナショナルな論理とローカルな論理を分析した金明美の研究がある［金 2009］。金の問題意識の根底には、従来のスポーツ人類学が儀礼や遊戯などを「伝統」ととらえ、その「伝播」や「変容」に注目して、おもに機能主義的なアプローチからの分析に終始してきたことへの不満がある。そこでは、「スポーツ」という切り口から当該「社会」や「文化」のどのような面を浮き彫りにすることができるかについての方法論的議論は十分にされてこなかったのである［金 2009: 98］。彼女の研究は、地域のスポーツ実践の通時的、共時的検討をとおしたナショナリティとローカリティの相互形成という視点から、従来の研究が伝統スポーツと近代スポーツといった二項対立的な図式を設定することで、見落としてきた「文化」の生成過程を描くことに成功している。本書でも、伝統か近代かという二分法ではとらえきれないスポーツ文化の状況を描くために、トランスナショナルな現代世界を生きる人びとの生活に注目する。

ここまで国際移民と近代スポーツをめぐる先行研究を概観し、本書で「野球移民」をとりあげる理論的背景とその問題点について述べてきた。これをふまえ次節では、本書の視座と方法論について述べる。

第二節　本書の視座と方法論

二-一　「スポーツ移民」の同時代性

これまでスポーツ選手の国際移住をあつかった研究は、おもに社会学や国際関係を専門とする研究者によってグローバル資本との関連からなされてきた。そこでは、世界経済システムの文脈のなかにスポーツ選手の国際移住という現象をあてはめるだけで、「スポーツ移民」という用語を使用しながらも、スポーツ選手の移民としての姿は描かれることはなかった。また、「スポーツ移民」を送りだす社会の文化的な背景にまでふみこんで、移住要因を明らかにしようとする取り組みはなされることはなかった。ドミニカ野球についての数少ない議論も、こうした枠組みのなかでなされているために、アメリカによる文化的・経済的支配とそれへの抵抗という二分法に回収されてしまい、そのスポーツが当該社会の人びとにとってどのような意味をもっているのかという問いが生まれにくいという限界があった。そのため、スポーツ選手の国際移住をとりあげる必要性は明確にされず、国際移民研究のなかに位置づけられることのないままとなっている。

さらに、「スポーツ移民」が稼ぐ契約金は膨大な額にのぼり、その一部が出身地域の共同体に分配され、それが契機となってかつての伝統的な価値観や規範が再活性化するという現実があるにもかかわらず、国際移民研究においてもその影響については関心が払われることはなかった。その要因としては、国際移民研究の中心を社会学が占めていたことから、「野球移民」の絶対数の少なさや比較的短い労働期間が定量的分析の対象とされにくかったことがあげられる。そのことは、従来の国際移民研究が社会経済的な面に注目し、移民をいかに受け入れ社会に統合するかという点にもっぱら関心を集中させてきたことを浮き彫りにしてはいないだろうか。

もうひとつの要因として、野球という題材がこれまで軽視されてきたというよりはむしろ、意識的に避けられてきたことが考えられる。ペッサールは「平均的なアメリカ人がアメリカのドミニカ移民について知っているのは、サミー・ソーサのような大リーガーのことか、ドラッグの売人のことである。……ステレオタイプ化されないときのドミニカ人は、大きく括られての『ドミニカ人』である」と述べている[Pessar 1995 : 1]。そのため、これまでのドミニカ移民研究は、大きく括られるドミニカ人の多様な姿を描きだすことに重点を置く一方で、ドラッグの売人や野球選手はあつかってこなかったのである【5】。このように考えるとドミニカ移民研究は、ステレオタイプ化されている題材を避けることで他者イメージを追認してきたとの誹りを免れることはできないのである【6】。

こうした本書の問題意識に示唆をあたえてくれたのは、杉本尚次の「多国籍ベースボールの時代」と題する小論である。アメリカにおけるベースボール（野球）の歴史を多民族化する過程に重ねあわせる杉本は、大リーグ（M

LB）の発展は、マイノリティや外国出身選手進出の歴史であると論じた［杉本 2005: 46］。歴史的に移民をうけいれることで国民国家を形成してきたアメリカでは、当然の帰結としてナショナル・パスタイム（国民的娯楽）とよばれるベースボール（野球）も多民族化することになったのである。この議論で重要な点は、「スポーツ移民」の増加を特殊な現象として捨象せずに、広く移民現象のひとつとしてとらえたことであるが、それを可能としたのは、杉本自身も述べているように民族学的視点であった［杉本 2005: 43］。このことは、前節で概観した移民の発生要因である①世界経済の構造や当該国家間の関係、②移民をとりまく社会的ネットワーク、③移民を送りだす社会に形成される「移住の文化」あるいは「トランスナショナリズムの文化」、が「スポーツ移民」の発生要因にもなることを示唆している。これについては、次章以降において、フィールドワークで得られたデータをもとに明らかにしていく。

ここまでの議論をふまえ、本書で使用する「スポーツ移民」という用語の定義をしておきたい。その前提となる移民について、ここでは「移住をうながす構造のなかで国境を越える人びとのうち、留学、旅行、現地駐在などの一時的な滞在期間が終われば帰国するものをのぞいた人びと」と幅広くとらえている。この下位区分として、「スポーツ移民」は以下のように定義される。「上記の移民のなかで、経済的な動機にもとづきスポーツ選手として国境を越える人びと」である。このように「スポーツ移民」とは、送り出し社会と受け入れ社会双方の関係性のなかで発生するものである。これから本書でとりあげる「野球移民」もこの「スポーツ移民」の定義にもとづき、記述・分析をおこなうこととする。

「はじめに」でもふれたように、「スポーツ移民」とよばれる現象は、ドミニカからアメリカに渡る「野球移民」だけに限らず、いまや世界中のあらゆる地域で、同時代的にみられる現象である。アフリカ・南米地域からヨーロッパに渡る「サッカー移民」、モンゴルから日本にやってくる「相撲移民」、オセアニアから日本やヨーロッパに渡る「ラグビー移民」、フィリピンからアメリカへと渡る「ボクシング移民」、ケニアから日本に渡る「陸上移民」など枚挙にいとまがない。

本書で、ドミニカの「野球移民」を国際移民研究のなかで議論する場を設定することに成功すれば、世界各地のあらゆる「スポーツ移民」のケースに援用可能な方法論を提供することになり、スポーツを切り口にした国際移民研究への新たな貢献になると考える。また、西欧諸国において移民二世以降の世代が、プロ・スポーツ選手になっていることから、移民の第二世代以降の文化実践やアイデンティティを考察する研究にも新たな視座を提供することになるはずである。

二-二　「野球移民」からの問いかけ

次に、近代スポーツを人類学的手法で研究するにあたり、その方法と意義について述べておきたい。本書の課題のひとつは、野球とドミニカ社会の親和性を明らかにすることである。そのために、「野球移民」を生みだす背景となった移民送り出し社会に存在する、相互扶助システムや伝統的な規範に着目する。また、「野球移民」と故郷の人びととの相互交渉を分析することをつうじて、彼らの生活戦略の実態とそれを支える論理について考察する。

こうした作業は、現在のドミニカの地方都市における「野球移民」と故郷の人びととの関係に限らず、世界各地の「スポーツ移民」が出身社会の人びとのあいだで展開する相互交渉を、フィールドワークにもとづき、ミクロな視点から記述・分析することを可能にするものである。しかしながら、こうした「スポーツ移民」をめぐる研究は、国際移民研究やスポーツ人類学の分野において、ほとんどなされてこなかった。前節で概観したように、従来のスポーツ人類学研究は、儀礼や遊戯などを「伝統スポーツ」ととらえ、その「変容」に注目して、おもに機能主義的なアプローチからの分析に終始してきた。あるいは、近代スポーツの「土着化」の過程をたどった研究は、自分たちの関心に強引にひきつけるかたちで、予定調和的に特定のスポーツを当該国家の「文化」だと結論づけた。また、近代スポーツの受容をめぐる議論においては、「支配と抵抗」、あるいは個人の主体的選択といった面が強調される一方で、共同体レベルにおいてどのような交渉がおこなれているのかといった面での考察が抜けおちていた。結果として、近代スポーツが当該社会の人びとによっていかに利用され、どのような役割をになっているのかということは分析の対象にされてこなかったのである。

このような問題を回避するために、本書では分析の対象を野球そのものではなく、「野球移民」を送りだす窓口である地域社会に定める。なぜなら、現代のスポーツ文化のトランスナショナルな状況をめぐる人びとの実践が生じているのはまさに地域社会だからである。このような観点から研究をすすめるうえで、本書が「野球移民」という用語を使用することは、以下の点で有効だと考える。ひとつめは、野球選手を移民ととらえることで、これまで国際移民研究が蓄積してきた研究成果を利用できることがあげられる。とくに、野球選手による富の分配を考察する際に、移民からの送金をめぐる議論のなかに位置づけることが可能となる。ふたつめは、移民という「人」を対象とすることで、これまでのスポーツ人類学研究がスポーツそのものに着目することで見落としてきた近代スポーツと地域社会の関係を考察する視点を獲得できることである。

これらの「野球移民」という用語を使用する理由は、そのまま本書の意義となる。まずひとつめは、本書が「野球移民」の移住経験と、スポーツを介した国際移住の実態を民族誌的に記述することで、一般の労働移民との連続性のなかで「スポーツ移民」という現象を理解する糸口が開けることである。このことに成功すれば、世界各地の同種のスポーツを分析する視点を提供することになり、国際移民研究への新たな貢献になると考える。

次に、「野球移民」と送り出し社会の関係に注目し、野球という近代スポーツがドミニカの人びとのあいだで特別な意味をもつようになったことを明らかにし、近代スポーツをとおして当該社会を描くことに成功すれば、スポーツ人類学へ新しい方法論を提供することになると考える。以上をいいかえるならば、本書は「野球移民」をとおして、ドミニカ社会の姿を描く試みであり、国際移民研究とスポーツ人類学研究双方への貢献をはたすものだといえよう。

第三節　本書の目的と構成

ここまで先行研究を整理するなかで、「スポーツ移民」ないしは「野球移民」がどのような研究領域に位置づけられるべきかについて述べてきた。以上をふまえ本書では、ドミニカからアメリカに渡る野球選手を対象として、彼らの移住経験をとおして浮かびあがるドミニカの人びとの生活世界を、「野球移民」と故郷の人びとの相互交渉に着目して明らかにすることを目的とする。

すでに述べたように、わたしの問題意識は、なぜこれほど多くのドミニカ出身選手が大リーグで活躍しているのか、またカリブ海地域の国と比べて、なぜドミニカだけが突出しているのかという点から出発している。この点を明らかにするために、ここではふたつの課題を設定する。ひとつめは、「野球移民」の発生要因を今日の世界経済の面に着目して明らかにすることである。具体的には、MLB全球団がドミニカに所有するベースボール・アカデミーを頂点とするリクルート・システムの実態について検討する。なぜなら、このシステムが現在の世界経済の特徴を体現する形態をとっているからである。ふたつめの課題は、野球とドミニカ社会の親和性に着目し、「野球移民」の発生要因を明らかにすることである。つまり、アメリカで誕生した近代スポーツである野球が、ドミニカに伝播してから現在に至るまでの過程において、現地の人びとの生活戦略や伝統的な規範意識によって新たな意味づけがなされていく様相を描きだすことである。いいかえるならば、本書は、「野球移民」とはなにかを明らかにすることをつうじて、彼らを生みだしたドミニカ社会を理解しようとする試みでもある。

本書の構成は、第一章の理論・方法論的な検討にはじまり、第二章〜第五章までの五つの章をはさみ、結論にいたる構成となっている。

第一章では、先行研究の検討にもとづきその問題点を提示し、本書の視座と方法論的な議論を展開する。まず調査テーマとなったのスポーツ選手の国際移住と調査対象となった野球選手が、先行研究でプロ・スポーツのグローバル化という文脈のなかでのみあつかわれてきたことを指摘し、移民として位置づける必要性について検討する。そのため、国際移民研究とドミニカ移民研究の流れを整理する。また、方法論的な検討からは、近代スポーツをめぐる人類学的研究の方法論を批判的に検討し、最後に本書において「野球移民」という用語を使用する理由について述べる。

第二章では、ドミニカに野球が伝播してから現在にいたるまでの歴史を概観しながら、ドミニカにおいてMLBのリクルート・システムが確立していく過程をたどっていく。次に、MLBが世界戦略の一環としてドミニカに所有するアカデミーに着目し、その選手発掘・養成施設としての実態を明らかにする。さらに、アカデミーで働く人びとや選手たちがアカデミーという外部から移植されたシステムを自らの価値観にあわせるかたちで取りこむなかで、野球という近代スポーツをペロータとして意味づけていく過程を具体的な記述をとおして明らかにしていく。

第三章では、「野球移民」が誕生する背景にある移民送り出し社会の姿を、調査地の人びとの言動を規定する伝統的な規範や価値観に注目して考察する。ドミニカからアメリカへの移住には社会的ネットワークが大きな影響をあたえているが、その基盤となっているのが、出身地域に張りめぐらされた水平的な相互扶助と垂直的なパトロネージの仕組みであることを事例から指摘する。そのうえで、トランスナショナルに展開する移民と故郷の人びととの相互交渉の実態を明らかにしたうえで、そのなかから伝統的な価値観を投影した移民イメージが生みだされている過程を記述・分析する。

第四章では、第二章で論じた野球がドミニカの人びとの価値観にあわせるかたちで解釈され、実践され、語られることで、野球という近代スポーツがペロータという独自の文化として意味づけられていく過程のなかで、もうひとつの大きな役割を果たしている大リーガーによる富の分配について考察する。まず、ペロータが人びとにとって重要だとされているのは、それがカネを稼ぐための手段だからであり、そのカネが社会的に承認されたカネであることを指摘する。次に、大リーガーによる富の分配が宗教行事にあわせるかたちでなされていることに着目し、その行為を規定する伝統的なパトロネージの仕組みについて、大リーガーと共同体の人びととの相互交渉から考察をおこなう。

第五章では、ここまでの議論から明らかになったドミニカの文化が、移民とともに越境し、移住先においても維持されていることを事例で示し、なかでもペロータをめぐる価値観が根づよく移民の生きかたを支配しているのかを具体的な移民の実践を事例に明らかにしていく。

最後に、以上の議論をふまえ、結論を述べる。

第二章　野球からペロータへ

本章では、ドミニカに野球が伝播してから現在にいたるまでの歴史を概観しながら、ドミニカにおいてＭＬＢのリクルート・システムが確立していく過程をたどっていく。次に、ＭＬＢが世界戦略の一環としてドミニカに所有するベースボール・アカデミー（以下、アカデミー）に着目し、その選手発掘・養成施設としての実態を明らかにする。さらに、アカデミーで働く人びとや選手たちがアカデミーという外部から移植されたシステムを自らの価値観にあわせるかたちで取りこむなかで、野球という近代スポーツをペロータとして独自のものとして意味づけていく過程を、具体的な記述をとおして考察する。

第一節　調査の概要

本章の内容にはいるまえに、調査地であるドミニカの概要と調査方法について説明しておきたい。

一-一　ドミニカの概要

ドミニカは、カリブ海の大アンティル諸島に属するイスパニョーラ島をハイチとわけあい、島の東三分の二を占めている。面積は約四万八〇〇〇㎢と日本の東北地方よりやや小さく、人口は一〇四〇万三七六一人（二〇一三年、世界銀行）である。東端は西経六八度で、隣島のプエルト・リコまでは、モナ海峡をはさんで一一六kmの距離である。西端はハイチと接し、南北一八八kmの国境線が通っている以外はすべて海岸に接している（38ページ図2）。首都はカリブ海沿岸の都市サント・ドミンゴ（*Santo Domingo*）で、人口の三割以上が集中しており（約三三〇万人）、現在でも地方からの人口流入がつづいている。第二の都市サンティアゴをのぞくと、そのほかの都市の規模は大きくない。以下では、ドミニカが西欧近代のシステムに組みこまれてから現在にいたるまでの経緯をたどっておきたい。

一四九二年にコロンブスによって「発見」される以前は、五〇万人のタイノ族とよばれる先住民が暮らしていた。

彼らは紀元前七〇〇年頃に南米大陸から渡ってきたアラワク族の系統であり、首長を中心にした社会を形成し、狩猟採集や農耕による生活を営んでいたとされている[Wiarda 1969]。スペイン人の入植後、植民地政府による鉱山発掘のための強制労働と疫病が原因で、タイノ族はわずか八〇年間で絶滅した。一六世紀になると、新たな労働力として西アフリカからの奴隷が連れてこられ、結果としてスペイン人とアフリカ系の混血（ムラート）が進み、現在の人口のうち約七三％を占めるようになった。こうした影響は文化面にも散見される。宗教では、カトリックが国教となっている一方で、地方都市では西アフリカ起源の土着宗教と融合したカトリックが実践されている。公用語であるスペイン語には、カリブ海地域に特有のアクセントと語彙が認められ、タイノ語の語彙も継承されているほか、一九七〇年代以降にアメリカに暮らしていた移民がもちかえった英語からの借用語も使用されている。

一七世紀にはいるとイスパニョーラ島の西側は海賊の拠点となり、一七世紀末には海賊の流れを汲むフランス系の人びとがプランテーションを設け、黒人奴隷を使って規模を拡大する。やがて彼らとスペイン植民地政府との対立にフランス本国が介入し、一六九七年にはイスパニョーラ島の西側三分の一はフランス領として分割されることになった。一七～一八世紀にかけて、フランス領の黒人奴隷たちが植民地政府に対して蜂起し、ハイチ革命へとつづいていく。一八〇四年に黒人奴隷による世界ではじめての独立国家が誕生した影響で、サント・ドミンゴもハイチの支配下となる。一八四四年二月二七日、フアン・パブロ・ドゥアルテ将軍が率いる独立戦争に勝利し、ドミニカが誕生する。隣国ハイチによる植民地支配の歴史は、現在でも「反ハイチ主義」とよばれる感情として根づよく国民のあいだに浸透しており、一〇〇万人近いハイチからの出稼ぎ労働者に対する差別となってあらわれている。

ハイチからの独立後も脆弱な国家体制の時代がつづく。一九世紀後半には、慢性的に増加しつづけていた関係国への債務をアメリカに保証してもらう代償として、関税徴収権を譲渡することになった。当時のドミニカには、隣国のキューバ、キュラソー、プエルト・リコからの移民だけにとどまらず、中東のシリアやレバノンからの商人が移住するようになっていた。彼らの多くが肥沃な土地であるシバオ平野でタバコやサトウキビ、カカオやコーヒーといった農作物の栽培で富を蓄積し、カウディージョ（頭領）とよばれる地方都市の有力者となっていく。農作物

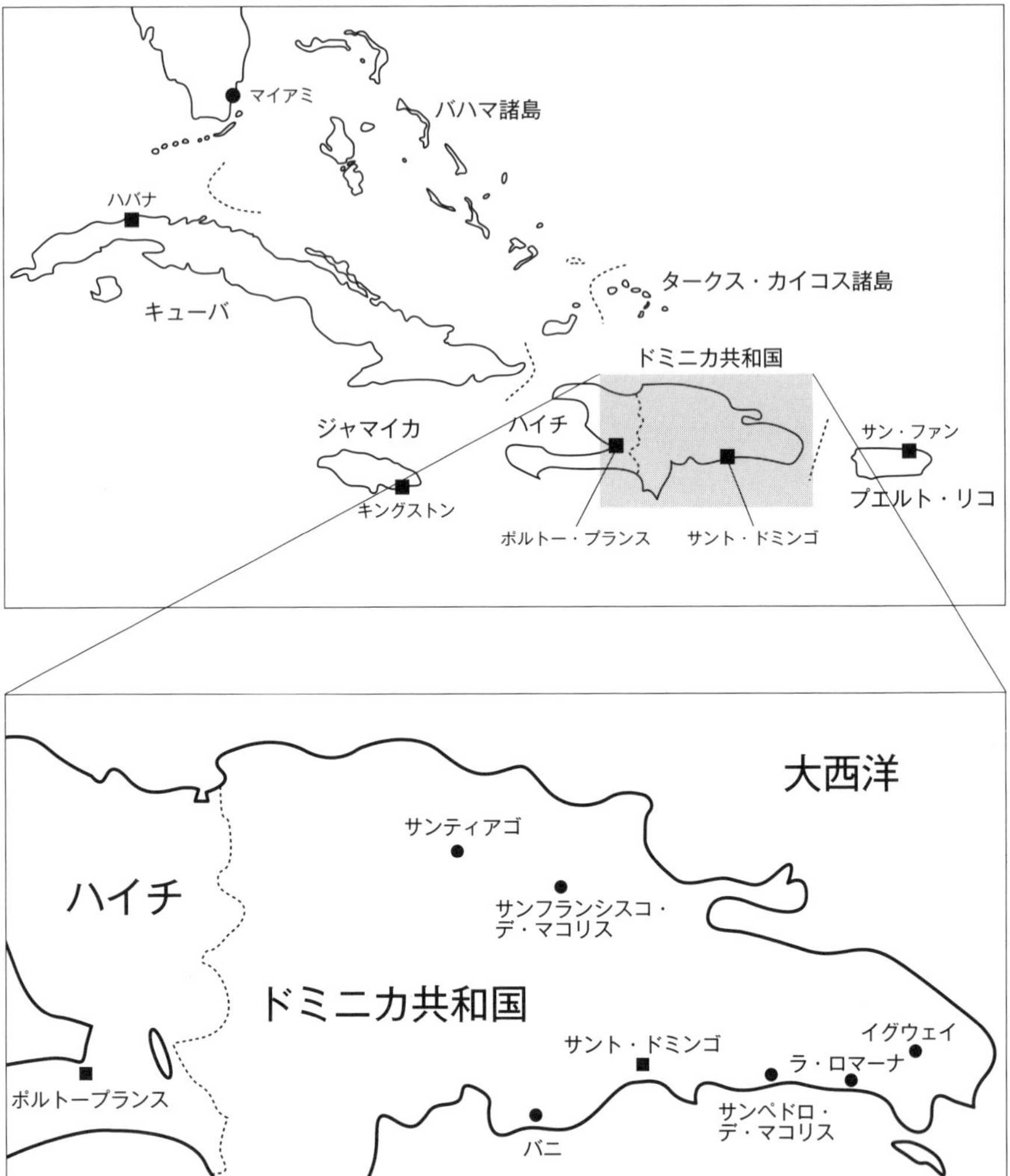

図2　ドミニカ共和国の位置

写真 1　首都サント・ドミンゴの風景。奥に見えるのはカリブ海

写真 2　ウィンター・リーグの試合風景

写真 3　丘のうえからながめた B 地区全体の風景

の流通の結節点としてサンティアゴは発展するにつれて、カウディージョから発展した財閥を数多く生みだし、現在でもドミニカの政治経済に大きな影響力を有している。

二〇世紀にはいると、アメリカがカリブ海地域の統治を積極的に推進しはじめる。財政再建を名目におこなわれた軍事統治の期間（一九一六〜一九二四年）に、アメリカ系資本による巨大なサトウキビ・プランテーションが整備され、ドミニカ経済は完全にアメリカの支配下に置かれた。こうした社会背景のなかからひとりの独裁者が誕生する。ラファエル・トルヒージョである。彼は、一八九一年にサン・クリストバルの郵便局員をしていた父親のもと、一一人兄弟の四番目として生まれた。サトウキビ・プランテーションの警備員をへてアメリカ占領下で創設された国家警察にはいると、一九二八年にドミニカ国軍と名称の代わった組織で参謀長に就任するまでになる。一九三〇年に大統領選挙で、軍の圧力を使って得票を集めて大統領に就任し、一九六一年五月三一日に暗殺されるまで独裁政治をおこなった［Wiarda 1969 : 34-49］。大統領の地位を手にいれた彼は、コメ、タバコ、砂糖などの主要農作物の生産と流通を支配するため、それらを家族が経営する企業の所有とし、抵抗する者は殺害した。トルヒージョ暗殺後もクーデターが勃発するなど混乱状態におちいるが、一九六五年のアメリカによる二度目の軍事介入によって終息する。その後、トルヒージョの側近だったバラゲルが大統領に就任すると、アメリカの後ろ盾を基盤に工業化や観光客誘致を推進し、経済成長を達成したが、一九九六年に政界を引退するまで長期間にわたり実権を掌握していた影響は、汚職の蔓延と貧富の拡大を招く要因となったといわれている【7】。

トルヒージョ独裁政権が崩壊すると、これまで制限されていた地方都市から首都サント・ドミンゴへの移住がさかんになると同時に、アメリカへの移住がはじまった。当初、アメリカ在住の移民からの送金は国家経済を上昇させ、「ドミニカの奇跡」とよばれる一九七〇年代の経済成長をなしとげる一因ともなった。しかし、一九八〇年代になると主要農作物であった砂糖の国際価格の低迷をうけ、国内経済は低迷する。失業率は三〇％を超え、国民の六割以上が貧困層に属するまでに経済は悪化する。一九九六年にレオネル大統領が就任すると、観光開発やフリーゾーン【8】への外国企業の誘致が推進され、年率六％の経済成長をとげるまでになったものの、外国資本に依存する構造的な欠陥は改善されず、貧困問題は解決をみていない。
二一世紀になると、多くの発展途上国同様、グローバリゼーションの進展とともに世界に広がる新自由主義経済がもたらす社会的不平等の拡大といった問題が、とくに貧困層の人びとに深刻な影響をおよぼすようになる。産業構造が伝統的な農業から、観光業中心のサービス業やフリーゾーンにおける製造業へと変化するなかで、地方から都市への移住がさかんにおこなわれてきた。しかしながら、外資獲得と雇用創出を目的にすすめられた観光開発やフリーゾーンの誘致は、その主体を旧宗主国であるスペインやアメリカの資本が独占するというポスト植民地的状況をより強化し、社会的不平等の解消につながらないばかりか、環境破壊や地域社会の崩壊、都市郊外のスラム化といった新たな問題まで引きおこしている。このような背景から、海外への移民は増加する一方で、現在では総人口一〇〇〇万人あまりのうちの二〇〇万人以上がアメリカの東海岸の都市を中心に海外で暮らしており、彼らからの送金がドミニカの一般家庭の生活を支えている。送金額は、日本円にして年間三〇〇〇億円にまでのぼり、移民からの送金が重要な外貨獲得手段となっていることがわかる。

一-二　調査の概要

本書の基礎となったデータは、二〇〇四年一二月～二〇一三年一月（計三〇か月）の期間に、ドミニカのペラビア県バニ市ロス・バランコネス地区および首都サント・ドミンゴ、アメリカ・ペンシルバニア州、ニューヨーク、ボストンで実施したフィールドワークで得られたものである。具体的な調査の時期および内容は以下のとおりである。

（調査期間）
(1)ドミニカバニ市ロス・バランコネス地区

二〇〇五年三月～九月、二〇〇八年九月～二〇〇九年三月、二〇〇九年七月～九月、二〇一〇年一月～二月、二〇一〇年九月～一〇月、二〇一一年一月～二月、二〇一二年二月、二〇一二年一二月～二〇一三年一月までの計二二か月、ペラビア県バニ市ロス・バランコネス地区で住みこみ調査を実施した（図4参照）。調査は、八五世帯を対象とした世帯調査とプロ契約選手（引退選手、現役選手）一九名とその家族、そしてアカデミー契約をめざす少年たちへのインタビューを実施した以外は、参与観察を中心にフィールドワークをおこなった。

(2)首都サント・ドミンゴ

ロス・バランコネス地区での調査に先だち、二〇〇四年一二月～二〇〇五年三月までの三か月間、および必要に応じて、官公庁や野球関係者への聞き取り調査のために断続的に滞在した。

また、二〇〇九年七月～八月のあいだに大リーグ球団タンパベイ・レイズのアカデミーにおいて現役選手、ゼネラル・マネージャー（GM）、コーチ、職員へのインタビューと参与観察を実施した。

(3)ニューヨーク市ワシントンハイツ地区

ドミニカへの往復時にドミニカ移民の集住地区であるニューヨーク市ワシントンハイツ地区で移民の野球とのかかわりについての意識調査を実施した。また、ニューヨーク市立大学ドミニカ研究センターにおいて最新のドミニカ研究動向の把握と文献・資料の収集をおこなった。

(4)ペンシルバニア州ヘーズルトン

二〇〇九年三月、六月、九月、二〇一〇年九月、一〇月、二〇一一年二月、二〇一二年一二月、一月の計八か月。ドミニカでの滞在先家族やロス・バランコネス地区からの移民が多く暮らしていることから、この町における参与観察と聞き取り調査を開始した。ここではおもに、一〇〇人を超えるドミニカ移民が参加しているソフトボール・

リーグの調査と調査対象者が加入しているチームへの聞き取り調査を実施した。

(5) マサチューセッツ州ボストン、リン
二〇一〇年二月にマサチューセッツ州ボストンとリンに暮らすバニ出身のドミニカ移民への調査をおこなった。
二〇一二年二月にもボストンに到着したばかりのバニ出身のドミニカ移民への調査を実施した。

第二節　ドミニカ野球の歴史

二-一　野球の伝播からMLBの選手供給地へ

野球をドミニカに紹介したのは、アメリカ人ではなくキューバ人であった。彼らは、キューバでの独立戦争（一八六八～一八七八年）に失敗した独立運動家たちで、ドミニカに亡命してきた人びとであった。彼らによって、一八九一年の六月にドミニカで最初のクラブチームがふたつ創設され、両者によってはじめて野球の試合がおこなわれた[Ruck 1991: 4-5]。アメリカでの留学から帰国した上流階級の若者たちにより、野球は首都サント・ドミンゴで広がっていく。一九〇七年、彼らが結成したリセイ・クラブ（*El Club Licey*）は、ドミニカでもっとも有力なプロ・チームとなり、現在でも国内最大の人気を誇るプロ野球球団ティグレス・デル・リセイ（*Tigres del Licey*：以下「リセイ」と略記）として存在している。

一方、地方で野球が広まったのは、おなじくキューバからの移民がサトウキビ栽培用の土地を購入し、収穫作業の合間の娯楽として労働者たちに教えたのがきっかけとされている。ドミニカ南東部のサンペドロ・デ・マコリスでは、アメリカ資本によって製糖工場の買収がすすみ、各工場において労働者たちは休憩時間や休耕期間の娯楽として野球が奨励された。一九一六～一九二四年のアメリカによる軍事占領時代を迎えると、サトウキビ・プラン

テーションで働く労働者たちの娯楽であった野球は、アマチュア野球の発展にあわせて次第に熱を帯び、製糖会社のオーナーは、優れた選手を工場のクラブに引き抜くようになった。やがて選手たちはサトウキビ畑には出ず、野球を専門にするようになっていく。そうした選手たちを取りこんでいったのが、一九一〇年に結成されたプロ野球球団エストレージャス・オリエンタレス（*Estrellas Orientales*：以下「エストレージャス」と略記）である。製糖業がさかんなサンペドロ・デ・マコリス周辺からこれまで多数の大リーガーが輩出しているのは、比較的はやい段階から製糖業が栄えたことにより、野球の発展に不可欠な資本提供者（パトロン）が数多く存在していたことが理由としてあげられる。野球が地方都市にも拡大していくなかで、一九二一年に、首都サント・ドミンゴにもうひとつのプロ球団レオネス・デル・エスコヒード（*Leones del Escogido*：以下「エスコヒード」と略記）が誕生したことを機に、プロ野球リーグが結成された。

前述のように、一九三〇年にはじまったトルヒージョによる独裁政権時代は、一九六一年に暗殺されるまでの三一年間におよんだ。彼は、野球が国民のあいだで人気のあることに目をつけ、国民の自分への不満をそらすために野球の普及につとめた。独裁時代、人びとの生活は忍耐を強いられるものであったが、野球の普及を推進した政策により野球は黄金期を迎える。一九五一年に再開されたプロ・リーグは夏の期間におこなわれ、トルヒージョの意向でドミニカ人選手がＭＬＢでプレーすることは禁じられていたが、一九五五年になると、国内リーグを冬に開催し大リーガーも招待するように方針を変えた。その翌年の一九五六年に、ドミニカ初の大リーガーが誕生した【9】。

一九五九年、キューバで革命による社会主義政権が樹立されると、その二年後、アメリカはキューバとの国交断絶および経済交流の停止にふみきる。これにより、それまでＭＬＢに大リーガーを供給してきたキューバからは、正式なルートによって選手が輩出されることはなくなった【10】。こうした国際情勢の変化が、おなじカリブ海地域にあるドミニカからの選手獲得に影響をあたえる。キューバ革命の直前にはじめての大リーガーが誕生していたこと、トルヒージョ暗殺後にアメリカ軍による二度目の軍事介入（一九六五年）を経験したことも追い風となって、ＭＬＢ球団のスカウトはドミニカ人選手の獲得に関心を示すようになっていく。

さらに一九七六年にＭＬＢでフリーエージェント制が導入されると、大リーガーの年俸は高騰し、各球団のオーナーの頭を悩ませる。その対策として、すべての球団がドミニカにフルタイムのスカウトを置くようになり、他球団に先駆けて選手を獲得する青田買い競争が激化する。契約時に文字の読めないドミニカの少年とその家族に契約内容を説明することもなく、なかば強制的にサインをさせるケースや、一七歳に満たない少年を親元から引き離し、他球団の目につかないように隔離したうえで、約束した契約金を支払わなかったケースさえあったという[Klein 1991：43]。一九八四年にホルヘ・ブランコ大統領が大統領令を施行し、ＭＬＢのコミッショナーも一七歳未満の少年との契約禁止の通達をだすまでは、このような活動が慣例化していた。

一九七七年にトロント・ブルージェイズのスカウト部長エピィ・ゲレーロは、若者をよりじっくり観察できるような施設を自費で建設する決断をした。彼が球団に提案したところ、球団はより壮大なプロジェクトを提案し膨大な資金を投入することを決めた。これが、のちにアカデミーとして知られる、現在ＭＬＢ全球団と日本のプロ野球チームの広島東洋カープが開設している選手発掘・養成施設の第一号である。アカデミーの設立には、球団拡張にともなう選手数の絶対的不足とフリーエージェント制度（ＦＡ制度）の導入による選手年俸の高騰という理由にくわえて、就労ビザ割りあて数の問題も背景にある。大リーガーともなると特殊技能者にあたえられるビザが発給されるが、マイナーリーガーはこれに該当せず、ビザは発給されない。アメリカ移民局は、ＭＬＢ機構に対して、外国人マイナーリーガー用に、年間九〇〇枚のビザを用意している。現在、ＭＬＢは三〇球団で構成されているため一球団あたり三〇枚という計算になる。これを3Ａ、2Ａ、1Ａ、ルーキー・リーグのそれぞれにわけなければならない。外国人選手を多く抱える球団は、比較的外国人の少ない球団からビザの割りあて数を売って貰うことでやりくりをしているという[Klein 1991: 56-57; 谷口 2004: 44-46]。このように、移民局からの規制をうける各球団がビザの必要のないドミニカ国内にマイナー・リーグ組織としてのアカデミーを置き、能力のある選手だけをアメリカに連れてくるという方法をとるのは、ビザ割りあて制限という事情も背景にあった。アカデミー設立を機にドミニカ出身の大リーガーの数は、一気に増大する。一九七〇年の時点で一八人であったドミニカ出身選手は、一九八〇年には三一人、一九九〇年には五四人となり、二〇一五年のシーズン終了時には、このシーズンだけで一三八人が在籍するまでになっている（11ページ図1）。

このようにみてくると、野球がそのときどきの政治や国際情勢から影響をうけ、とりわけアメリカとドミニカのあいだでの政治、経済、文化の領域における力関係が密接にかかわっていることが明らかになった。このことは、ドミニカ野球以外のスポーツにも共通する。ラテンアメリカの多くの国々では、サッカーが重要なスポーツとして存在しているが、ドミニカではほとんどなされることはない。野球とおなじようにペロータ（ボール）を使用する球技にもかかわらず、サッカーを意味するフトボル（*futbol*：フットボール）とよばれ、メキシコ人やブラジル人がするものだとされている。ラテンアメリカにサッカーが伝播したのは、アルゼンチンに職をもとめて移住したイギリス人が伝えたのがはじまりで、野球がドミニカに伝わったのとおなじ一九世紀後半である。ラテンアメリカをスポーツ地図として描くとすれば、カリブ海（ドミニカ、キューバ、プエルト・リコ、オランダ領キュラソー）、南米のカリブ海に面するベネズエラが野球、それ以外の中米が野球とサッカーの混在した地域（メキシコ、パナマ）、そしてベネズエラ以外の南米がサッカーというように色分けすることができる。

こうしたラテンアメリカにおけるスポーツ分布からは、野球とサッカーというスポーツの伝播が、本節で述べてきたようなアメリカとの距離（地理的、歴史的、社会経済的）に起因していることがわかる。ドミニカでは、隣島キューバでの対スペイン独立戦争に敗れたキューバ人（親米派）によって野球がもちこまれ、おなじ島をわけあうハイチでは、フランスの植民地だった経緯から、一八〇四年というはやい段階で独立を果たした後もサッカーが浸透していくことになったのである。そして、ハイチによるドミニカへのたび重なる占領が、ドミニカ人に反ハイチ主義を植えつけることになり、ハイチに伝わっていたサッカーがドミニカでうけいれられない理由のひとつにもなったのである。

次に、ウィンター・リーグとして知られるドミニカのプロ野球リーグについてみていくことにする。

二-二　ウィンター・リーグ

ウィンター・リーグとは、カリブ海地域で開催されるプロ野球のリーグ戦をさす。参加地域は、ドミニカ、ベネズエラ、プエルト・リコ、メキシコである。それぞれの地域でのリーグ戦の覇者が、二月に総あたりのリーグ戦（カリビアン・シリーズ）をおこなう形式となっている。ドミニカのプロ野球リーグは一〇～一月末までの期間に開催される。トルヒージョがMLBでのプレーを解禁する前年（一九五五年）に、大リーガーも参加できるようにと、MLBシーズンと重ならないようにするために、この時期に開催されることになった。リーグは六球団で構成されており、首都サント・ドミンゴにリセイとエスコヒード、サンペドロ・デ・マコリスにはエストレージャス、サンディエゴには、アギラス・シバエーニャス（*Águilas Cibaeñas*：以下「アギラス」と略記）、サンフランシスコ・デ・マコリスには、ヒガンテス・デル・シバオ（*Gigantes del Cibao*：以下「ヒガンテス」と略記）、ラ・ロマーナには、トロス・デル・エステ（*Tros del Este*：以下「トロス」と略記）と国内の比較的大きな都市に本拠地が置かれている。なかでも、リセイとアギラスの両チームはつねに優勝争いをすることから、熱狂的なファンが多く、それぞれリセイスタとアギルーチョとよばれている。

一〇月のシーズン開幕当初は、各球団とも若手主体のチーム構成でスタートをするが、一一月なかばを過ぎる頃から、ドミニカ出身の大リーガーやマイナー・リーグの選手が参加するために、レベルと国民の関心もあがっていく。契約金が安いうえに、せっかくのシーズンオフを休暇にあてたいにもかかわらず、多くの選手が参加しているのは国内のファンに喜んでもらいたいという理由からである。多くのドミニカ人選手がMLBでプレーしているが、ほとんどの国民は実際の試合を衛星中継でしか観ることができないのである。一九九〇年代後半、大リーガーたちがウィンター・リーグに参加しなくなったことがあった。そのことを憂慮した当時のメヒーア大統領が公邸に選手を集めて、出場をうながしたのもこうした事情が背景にある。

一方のマイナー・リーグの選手たちにとっては、ウィンター・リーグが就職活動の場になっている。来シーズンの契約先が決まっていない選手は、とくに目の色を変えて試合にのぞむ。ウィンター・リーグには、MLB球団をはじめ、日本、韓国、台湾、メキシコなどのチームがスカウトを派遣するからだ。たとえば、日本のプロ野球球団である中日ドラゴンズは、二〇〇六年から若手選手を調整目的でウィンター・リーグに参加させるようになった。その際、コーチが同行し、有望なドミニカ人選手がいれば育成選手として獲得するといった活動を展開している【11】。他球団も、スカウトや渉外担当スタッフを派遣するようになっており、球場のバックネット裏には、複数の日本人の姿をみかけるようになった。このように、マイナー・リーグに所属する選手にとって、ドミニカのウィンター・リーグは、自分を売りこむ格好の舞台となっているが、その背景にはプロ野球球団がグローバルに展開するスカウティング活動がある。MLBはアメリカ国内でファンの高齢化や嗜好の多様化が進行するなかで、新たなファン層の拡大を国外に求めるようになった。プロ野球球団の収入を支える大きな柱は、テレビの放映権による収入である。そのため、これまで試合中継をしていなかった地域からスター選手を発掘することで、テレビの放映権による収入を得ようとしているのである。近年、日本のトップレベルの選手がMLBに移籍するようになったのは、選手個人の希望だけではなく、MLB側のこうした思惑も大きく影響しているのである。一方、MLB球団が中南米出身の選手を多く獲得するもうひとつのメリットは、同地域からの移民が増加しつづけているなか、ケーブルテレビのスペイン語専門チャンネルやスポーツ専門チャンネルの契約数の増加が期待できることである。

このように、ドミニカ国内のプロ・リーグとしてはじまったウィンター・リーグは、ドミニカ国民にとっては娯楽を提供する場に、出場する選手にとっては就職活動や故郷への恩返しの場に、各国のプロ野球球団にとっては、経営の世界戦略に不可欠な場というように、三者三様の思惑が交錯する舞台へとその位置づけを変化させてきたのである。

二-三　野球の社会的地位

それでは、実際に野球はドミニカ国内でどのような社会的な位置づけにあるのだろうか。野球の社会的地位は、ドミニカが慢性的な貧困を抱える国であるという経済的な背景をぬきには語れない。ドミニカでは伝統的な農産物である砂糖の輸出量の低下などを背景に、ここ三〇年で地方から都市部への移住が急速に進行した。都市に移住した人びとは未熟練労働者として低賃金で働くことを余儀なくされ、求職状態になるケースが多い。それでも地方よりは日銭を稼ぐ機会があると考える人は後を絶たず、首都への人口流出に歯止めがかからない。一九九三年には、二一〇万人だった首都サント・ドミンゴの人口は、二〇〇二年には二七〇万人にまで増えており、この数字だけみても都市への人口集中がいかにはやいテンポで起きているかが理解できる。ドミニカはまた貧富の格差の激しい国でもある。一九九八年に最富裕層一〇％に配分された所得は、全体の三七・四％を占め、最貧困層一〇％に配分される所得の一八・七倍を占めている【12】。

このような貧困状況のなか、アメリカで活躍するドミニカ出身選手の数は増えつづけ、MLB全体の年俸ランキングの上位にドミニカ人選手たちが次々と名前を連ねるようになってきた。その顕著な例は、ロビンソン・カノ選手で、一〇年契約の総額で二億四〇〇〇万ドル（約二四四億四〇〇〇万円）、ドミニカで生まれ両親とともにアメリカに移住したマニー・ラミレス選手は、年俸二〇〇〇万ドル（約二二億円）、首都サント・ドミンゴ出身であるペドロ・マルティネス投手は年俸一三〇〇万ドル（約一四億三〇〇〇万円）と実に多額の契約金を手にしているのである。このような情報は毎日、テレビ・新聞・ラジオなどのマスメディアをとおしてドミニカ中に届けられるとともに、地元出身の大リーガーが豪邸に住み、高級車でバリオ（バリオ〈*barrio*〉とは、ドミニカにおいて、県〈*provincia*〉、市〈*municipio*〉に次ぐ最小の行政単位であり、人びとの生活拠点である共同体としての意味づけを有している）に乗りつける姿を子どもたちはみている。さらに、ハリケーンや洪水といった災害時には、自家用ジェット機で救援物資を被災地へ輸送し、多額の義捐金で災害復興に貢献する。なかには福祉施設を建設する選手もみられ、社会貢献活動の例は枚挙にいとまがない。野球教室を開設し、経費をすべて負担し無料で子どもたちの野球環境を整える大リーガーも少なくない。こうした姿は、貧困層の人びとにとっての希望の灯りとなっており、彼らの存在は異彩を放っているといえる。ここでは、広島東洋カープのアカデミーを経由し、日本のプロ野球に在籍した後、ＭＬＢに移籍したティモニエル・ペレス選手の事例をみていきたい。

フィールドノート1　ドミニカ発、日本経由、アメリカ行き

二〇〇五年にシカゴ・ホワイトソックスのワールドシリーズ優勝に貢献するなどの活躍で知られるティモニエル・ペレス選手（以下、ペレス選手）は、一九七五年にサン・クリストバル県ホアン・バロンに生まれる。ホアン・バロンは首都からバスを乗り継いで約二時間の山あいに位置し、住民の多くは農業や畜産業で生計を立てている。ペレス選手は六歳の頃に野球をはじめたが、その理由について次のように述べた。「ペロータが好きだったし、ペロータが生活のすべてだった。この国では一番人気があって、ドミニカ中の子どもたちはペロータの練習をするのが習慣だから」。彼の家の近所にも野球場があり、プログラマ（野球教室）にはコーチがいた。「僕のコーチは、いまオークランド・アスレチックスのスカウトをやっているけど、もとはアマチュア野球のキャッチャーで、このバリオの出身だった。毎日学校が終わると、友だちと一緒に彼からペロータを教えてもらった。月に一〇ペソ払うだけでよかった」。

プログラマで練習をしているところを広島カープのスカウトが発掘し、彼の人生が大きく変わる。「僕は毎日ここで練習をしていた。そこに広島のスカウトが来てくれた。運がよかったと思う」。アメリカのチームには行きたくなかったのかとの質問には、「僕を助けてくれたのは広島だった。選んでくれたのが広島だったから。でもドミニカの子どもたちはみんなアメリカでプレーをしたいと思っている。僕もバ

リー・ボンズが好きだったしね」。広島カープのアカデミーで六か月を過ごし、才能を認められ日本に渡る。小柄な身体だがシャープなバッティングと俊足を買われ、レギュラーに定着する。「仲間の日本人選手がみんな楽しい人たちだったから、日本にははやく慣れることができた。契約金で家族を助けることもできたし、とてもよかったよ」。日本で四年間プレーした後、ポスティングシステムでニューヨーク・メッツに移籍し、大リーガーになる夢がかなった。「アメリカでやってみたかったし、日本でプレーする機会もあたえて貰って、そのあいだに好運にもアメリカでプレーする準備ができて、最高だった」。移籍してすぐにワールドシリーズ出場を果たし、故郷に凱旋する。そのときのバリオの熱狂ぶりがすごかった、と写真を見せながら語ってくれた（写真4）。「バリオ中のみんなが出迎えてくれて、まるで優勝パレードみたいだった。この日からしばらくはフィエスタ（fiesta：祭り）がつづいた。これがこの国のいいところさ」。こうしたファンへの恩返しの意味もこめて、彼は毎年ウィンター・リーグに出場しているという。

二〇〇五年の年俸は一〇〇万ドル（約一億円）。家を四つ所有し、現在も新築中で、大きさは日本の建売住宅の標準サイズほどであったが、バリオのなかではやはり目立つ建物である。車もシボレーの高級車を二台所有し、ドミニカン・ドリームの象徴につつる。なぜドミニカからよい選手がたくさんでてくるのかという質問には、「貧しい家庭が多いから、選手はみんな心の底からプレーしている」。そしてほかのスポーツではなくどうしてペロータなのかについては「ペロータをするのが一番簡単だから。子どもたちは野球ボールじゃないボールやバットならいつでももって

写真4　出身地のバリオに凱旋するペレス選手

いるよ。それを使っていつのまにかペロータをはじめている」。故郷のバリオへの恩返しについて聞くと、「いまでも子どもたちにはユニフォームやスパイクやボールなんかをプレゼントしている。もし神様が助けてくれるなら、もっとたくさんの少年たちを助けたい。そして助けを必要としているお年寄りや孤児たちを救いたい」。

インタビューの後、彼の生まれた家を訪ねて、彼が通った小学校に行き、毎日練習していた球場に足を運んだ。木とトタン屋根でつくられた小さな家の集落のなかに球場はあった。一〇〇人あまりの子どもたちがペレス選手の姿をみつけて駆け寄ってくる。球場では一五、六歳の少年たちが第二のペレス選手をめざし練習に励んでいる。シーズンオフでこのバリオにいるときは、毎日、球場に顔をだすという彼は、野球道具を寄付し、コーチ役の友人にも生活費を渡しているとのことだった。

最後の質問を彼にする。なぜこの国の多くの人びとは貧しいのだろうか。「この国はそんなに貧しくない。もし政治家が悪くなければ。つまり、この国はかなり豊かだけど、政治家が悪いから暮らしがよくならない」。

（二〇〇五年二月三日、ドミニカ、サン・クリストバル、ホアン・バロン県にて）

この事例は、山間部の小さな村の貧困世帯で育ち、野球の才能を資本に成功をおさめた、大リーガーの典型的な成功物語である。彼の歩んできた人生や出身地のバリオとの向きあいかたは、多くのドミニカ人大リーガーに共通しているものである。ほとんどの選手は、アメリカで成功しても、かならず出身地のバリオに帰り恩返しをする。こうした姿からは、貧しい生活のなかで育った人間の使命感が伝わってくる。ペレス選手の話からは、貧困という社会的背景が、子どもたちが大リーガーをめざす原動力となっていることがわかる。その一方で、こうした地元出身選手のふるまいが子どもたちに影響をあたえていることがわかる。つまり、社会経済的な背景やメディアをとおした大リーガーの言動もさることながら、現実の生活のなかでの大リーガーとの接触が故郷の人びとの野球観に影響をあたえているのだといえる。

こうしたドミニカにおける野球の位置づけをふまえたうえで、次節以降では、ＭＬＢの人材供給地としての姿を具体的に記述していきたい。

第三節　野球資源の開発

三‐一　原石を発掘する

現在、ドミニカにはＭＬＢの三〇球団と日本のプロ野球球団の広島東洋カープがアカデミーを所有している。組織上はＭＬＢの傘下に属しているため（以降、広島は除く）、選手の年齢制限などＭＬＢの規則が適用される。六～八月に開かれるアカデミー対抗戦（以下、サマー・リーグ）も、マイナー・リーグのなかのルーキー・リーグと位置づけられている。サマー・リーグの出場資格は、各チーム選手登録三〇人のうち、二〇歳以上の選手は八人、二一歳以上の選手はふたりまでと決められている。そのため、各球団は二〇歳以下の選手としか契約をしたがらない傾向があり、選手契約時の年齢詐称につながっている。

各アカデミーのスカウトがドミニカ中を飛びまわり、一七～二二歳までの少年たちを探し歩く。彼らが訪れる先は、ドミニカの至るところにあるバリオの野球場である。そこでは、幅広い年齢層の子どもたちが毎日、朝から夕方まで練習に明け暮れている。少年たちは年齢によってふたつのカテゴリーにわけられ、一五歳以上の少年はプログラマ（*Programa*）とよばれる野球教室でコーチに指導をうける。一四歳以下の子どもたちはリーガ（*Liga*）とよばれる少年野球教室に所属し、土曜日には近郊のバリオへと練習試合にでかける。

アカデミーのスカウトが対象にしているのが、プログラマに所属する選手たちである。どの地域でも球場があるところにはプログラマが存在し、しかも午前と午後では別のプログラマが練習をしていることから、ドミニカ全土で考えると膨大な数のプログラマが存在すると考えられる。わたしの調査地であるペラビア県には、球場が四〇個ありプログラマの数は三五個であった（二〇〇九年時点）。プログラマの授業料は首都の比較的裕福な家庭の子どもが通う教室以外は、わたしが訪れたほとんどの場所で無料か、わずかな金額を徴収するところが圧倒的に多かった。運営に必要なボールやバット等の野球用具は地元出身の大リーガーたちの寄付に拠るケースが多いのも特徴である。コーチは、選手がどこかのチームと契約を交わした際に契約金の二五~五〇%程度を謝礼としてうけとる約束を子どもたちと交わしており、なかには弁護士に頼んで個々の少年たちと契約を交わしているケースもみられた。

各球団のアカデミーは、ドミニカ各地に情報提供者を抱え、見こみのありそうな少年がいればその地区を担当するスカウトに連絡がはいるようになっている。プログラマのコーチが情報提供者を兼ねているケースもあり、連絡をうけたスカウトは、球場に足を運んでチェックする。獲得したいと思った選手には、トライアウト（アカデミーの入団テスト）の日程を告げて、交通費を手渡す。アカデミーのスカウトやプログラマとは別に、ドミニカにはブスコン（*buscon*：探す人）とよばれる人びとがいる【13】。彼らは将来性のある少年を探してきて、自分の所有するプログラマでトレーニングをさせる。地方出身の選手には、宿と食事を提供する。そして、選手がアカデミーと契約すると契約金の二五~五〇%を少年からうけとっている。知りあいのプログラマに送り、彼らがアカデミーと契約した際には、報酬をプログラマのコーチとわけあうブスコンもおり、存在形態は組織的なものから個人で動くものまで幅広い。彼らは特定の球団に属しておらず、MLBの規制をうけることなく自由に活動ができるため、一七歳未満の選手をアカデミーのスカウトに先駆けて探しだし利益を得る。ときには、プログラマから選手を引き抜きアカデミーに連れていくことから、選手泥棒ともよばれているが、アカデミーにはいりたい少年からすれば、カネを払う相手がブスコンであるか、プログラマのコーチであるかは問題ではなく、むしろアカデミー契約の可能性が増えるのは歓迎すべきことだとうけとめられている。

ここで具体的なスカウトの活動を事例に、どのように野球選手が発掘されるのかについてみていきたい。

フィールドノート2　ブスコンになるための下積み生活

ドミニカには、MLB全三〇球団がアカデミーを置いている。各球団は、四〜五人の現地スカウトを雇い、東部・首都・北部・南西部の四つのエリアを担当させている。給料は、八〇〇〇〜一万二〇〇〇ペソで、彼らの多くはプロ野球経験がない。

ニューヨーク・メッツのスカウトであるカルロス（二六歳）の担当地区は、首都サント・ドミンゴと南西部である。わたしが首都のプログラマで調査をしているときに知りあった。首都西部のアイナ（*Haina*）出身で、少年時代には、アカデミー契約をめざして練習をしていたが、二〇歳になったのを機に大リーガーの夢をあきらめた。しばらく、プログラマのコーチをしていたが、三年前にスカウトに採用された。中古のカローラで一日五〜六個の球場をまわる。給料は、月一五〇ドルとけっして高いわけではない。ただし、ガソリン代や携帯電話代を支給されるのでなんとか生活はやっていけるという。さらに自分が探してきた少年がアカデミー契約を結ぶと、ボーナスが手にはいるのが魅力だという。

カルロスの朝は早い。八時すぎにははじまるプログラマの練習にあわせて、七時前に首都の家を出発する。車にスピード・ガンとストップ・ウォッチ、それに各地のブスコン、情報提供者、プログラマのコーチの名刺を積んで、車で一時間ほどの町ニサオ（*Nizao*）へと向かう。ブラディミール・ゲレーロが発掘された球場である。二匹目のドジョウというわけではないが、やはり、大リーガーが誕生したバリオは気になってしまうと笑う。この球場を選んだのは、三日ほどまえに情報提供者から電話があり、いいショート・ストップがいるが、他球団のスカウトも数人みにきていると言われたからだ。ドミニカでは、野球少年という金脈を掘りあてようと、球団間の競争が激しく繰りひろげられている。大抵の情報は、大袈裟で空振りに終わることになるのは経験からわかっていても、ついつい気になってしまうのだという。

カルロスが球場にあらわれると、コーチや少年たちの表情が引き締まる。すぐさまコーチがやってきて、選手の情報が伝えられる。コーチは練習をとめて指示をだし、短距離やピッチングのテストが即興でおこなわれる。一六～二〇歳くらいまでの少年たちが必死の形相で塁間を駆け抜ける（基準は、六〇ヤード〈約五五m〉を六・四秒以内）。ピッチャーは力がはいりすぎて、コントロールが定まらない。カルロスは、ときおりフォームのアドバイスをする以外は、スピード・ガンの表示を凝視している。一六歳以下の投手なら、八八マイル（一四一キロ）、一七歳以上なら九〇マイル（一四四キロ）が基準となる。ほとんどの少年たちは、華奢な体型をしているが、アカデミーでの食事とトレーニングで球速は簡単にあがるため、自然なフォームで投げているか、変な癖がついていないかの二点だけにカルロスは注目する。左投げの投手にアカデミーのトライアウトの日にちを告げ、バス代を手渡し、カルロスは次の球場へと向かう。

写真５　首都のオリンピックセンターの片隅で早朝から練習する少年たち

　車のなかで、いまの少年が契約できると思うかと質問すると、「難しいよ。でも左投手だからね」と答えた。MLBは慢性的な投手不足に陥っている。とくに、左投手は貴重で、少しでも可能性があればアカデミーのテストをうけさせるのだという。ただし、アカデミーのトライアウトによんだ少年が、あまりにもひどいピッチングをしたら、自分の評価が下がってしまいかねないので、そのへんの按配が難しいとのことだった。カルロスはこの仕事をずっとつづける気はないという。将来、自分もブスコンになって稼ぎたいと考えているからだ。そのために、彼は仕事が終わる夕方から大学の夜間部に通い、弁護士試験に備えた勉強をしている。スカウトのうちは、できるだけ多くのブスコンや情報提供者との人脈を増やすとともに、有力なブスコンの契約交渉術を学ぶ機会だと割りきっている。

（二〇〇五年二月一七日、ドミニカ、サント・ドミンゴ、オリンピック・センターにて）

この事例からは、各球団がドミニカ全土に情報提供者を抱え、他球団に先駆けてなるべく若い選手を獲得しようとしていることがわかる。また、アカデミーにはいれば身体面・技術面での成長が見こめるため、スカウト段階では選手としての素質に注目していることがわかる。同時に、有望な少年をみつけても簡単に契約にこぎつけることができない様子も明らかになった。スカウトは、他球団との競争にくわえ、少しでも高い契約金を手にするために手練手管を弄するブスコンに頭を悩ませている。では、スカウトたちに自分の選手をみてもらい、アカデミー契約を勝ち取ろうとするプログラマのコーチやブスコンはどのように少年たちを確保し、売りこんでいるのだろうか。ここでは、何人もの選手を抱える首都の有力なブスコンと比較的規模の小さなプログラマのコーチの事例から検討する。

フィールドノート3　闘鶏とおなじだよ

首都サント・ドミンゴの西端にあるドセ・デ・アイナ（*12 de Haina*）にプログラマとリーガを所有するジョアン（四八歳）は、球場に事務所を構え、秘書と三人のコーチを抱える有力なブスコンである。彼のチームには首都だけではなく、ドミニカ中から集まってきた少年たちが所属し、その数は五〇人以上にのぼる。選手たちとは、アカデミー契約をした場合、そのうちの二五%をうけとる契約をかわしている。すでに大リーガーを三名輩出し、彼らからは謝礼として契約金の一部をうけとっている。

彼のプログラマには多くのアカデミーのスカウトが連日顔をだすが、少しでも契約金をつりあげるために、トライアウトで合格する少年がいても簡単には契約をさせずに、他球団からのオファーを待つ戦略をとっている。こうしたジョアンの手法をスカウトたちは苦々しく思いながらも、優秀な選手を輩出する彼のプログラマを無視するわけにはいかないのが現状である。さらに、ジョアンは、アカデミーのスカウトさながら、各地に情報提供者を抱え、めぼしい選手がいると聞けば自分の目で確認し、気にいった選手を家に住まわせ、練習だけではなく、食事やビタミン剤をあたえて文字通り育てている。彼に言わせれば、「僕のおかげでスカウトは地方まで出かけずによい選手をみつけることができるのだから、感謝して欲しいくらいだ」とのことである。少年たちを家に住まわせていることについては、「ガージョ（*gallo*：闘鶏）だよ。エサをあたえ、練習をさせて、元気がなければビタミン剤を注射する。手間もカネもかかるけど、試合に勝てばその何倍ものカネが返ってくる」と説明した。さらに、地方で探しあてた少年が一八歳を超えていれば、彼の親族に一六歳以下のイトコや弟がいる場合は、その出生証明書を準備し、少年にはその人物になりきるように指導することもある。ただし、こうしたジョアンの強引な手法には、一番の当事者である少年たちから不満の声も聞かれる。契約金をつりあげるために契約を即決しないことにより、どの球団からも最終的に契約が見送られるケースもでているからだ。

（二〇〇八年九～一二月、ドミニカ、サント・ドミンゴ、ドセ・デ・アイナにて）

フィールドノート4　零細ブスコンの戦略

ロンブレイ（四五歳）は、首都サント・ドミンゴのオリンピック・センター（*Centro Olímpico*）にある野球場の片隅で、毎日一五人ほどの少年を指導している。ロンブレイの祖先はココロ（*cocolo*）とよばれる英領ヴァージン諸島からの移住者で、サン・ペドロ・デ・マコリス郊外の町コンスエロ（*Consuelo*）のサトウキビ農場で働いていた。軍隊の野球チームで活躍したことからアマチュア野球連盟から声がかかり、ドミニカ代表チームのスカウトとなる。これを機に、サント・ドミンゴへやってきた彼は、オリンピック・センターの片隅でプログラマを開設する。

ロンブレイは、午後二時を過ぎたころ、郊外のバリオにある家からボールのはいった袋を抱え、バスを乗り継ぎ一時間をかけてやってくる。球場脇の木陰に腰かけ、学校を終えた少年たちがやってくるのを待つ。少年たちが到着すると、球場をランニングさせる。その後は、遠投やバッティングの練習とつづき、おなじ球場を使用している別のプログラマと練習試合をしているうちに夕方になる。三年前にアカデミー契約を結んだ選手が誕生したことから、裕福な家庭の子どもが練習を希望するようになり、土曜日に小さな子どもたちも教えるようになった。二〇人あまりの子どもから毎週一〇〇ペソをうけとり、ロンブレイはこの収入で生計をたてているが、プログラマの少年たちとは、契約書を交わし、アカデミー契約が成立した際には、二五％の謝礼をうけとる約束をしている。

少年たちに、なぜロンブレイのプログラマを選んだのかを聞いたところ、各球団のスカウトが頻繁にやってくることをあげた。このプログラマがあるオリンピック・センターでは、合計四つのプログラマが活動していることから、各球団のスカウトが毎日のように顔をだす。これにくわえ、ロンブレイのプログラマが人気なのは、弟のピンキーがシンシナティ・レッズのスカウトをしていることである。ピンキーは帰宅前に立ち寄り、少年たちにアドバイスをしていく。少年たちからすれば、選考する側の人間から指導をうけることができるのは魅力で、それがこのプログラマへの吸引力となっている。また、ピンキーは、地方で有望な少年がいればすぐにトライアウトには連れていかずに、いったんロンブレイに預けて、レッズのトライアウトを

写真6　ロンブレイのリーガ（野球教室）の少年たち

うけさせるという、ブスコン顔負けのスカウティングをしているが、それは結果として、ロンブレイの評判を高めることになっている。

（二〇〇五年一～八月、ドミニカ、サント・ドミンゴ、オリンピック・センターにて）

ふたつの事例からは、プログラマのコーチとブスコンのあいだに明確な違いはないことがわかる。両者は、ともに少年に野球を教え、球団に少年を売りこむことで生計をたてている。さらにスカウトからのアクションを待っているだけではなく、自分から積極的に少年を探し歩き、少しでも好条件の契約を勝ち取ろうとしていることである。ただし、両者の違いは、ジョアンが豊富な資金力を背景にして、大規模に運営しているのに対し、ロンブレイはアカデミーのスカウトをしている弟を利用しているものの、基本的にはひとりで少年を指導し、ほかのプログラマとも協力しながらアカデミー契約をめざしていることである。ここで強調しておきたいのは、ブスコンの仕事の特徴とは自分で発掘した少年を鍛えあげ、アカデミーに高く売りつけることである。詳細は後述するが、ここでは、アカデミーとの契約にこうしたブスコンの存在が不可欠となっていることを指摘しておきたい。

三-二　アカデミーの運営

各地でスカウトの目にとまった選手は、トライアウトをうけるために指定された日時にアカデミーにあらわれる。そこで、アカデミーの監督、コーチ、他地区担当のスカウトらのまえで試験をうけることになる。合格した選手は、保護者とともに契約書にサインをする。契約金の相場をみると、一九九〇年代では最高四万五〇〇〇ドル（約四五〇万円）、平均四〇〇〇ドル（約四〇万円）であったのが、近年では球団数が増加し、競争が激化したことによって、金額は高騰している。スカウト協会の資料によると、二〇〇四年一月から二月末までの期間に各アカデミーが契約した選手の最高金額は、サンディエゴ・パドレスと契約をしたピッチャーの四四万ドル（約四〇〇〇万円）であった【14】。契約金額がドルで支払われるのも選手には魅力である。参考までに、軍隊の下級兵士の月給が三〇〇〇ペソ（約七五〇〇円）である。

選手が在籍できる期間は、契約時の年齢が一七〜一九歳であれば三年間、二〇歳以上であれば二年間と定められており、この期間に結果を残せなかった選手は放出される。放出された選手は、年齢が若ければ他球団と契約できるチャンスがあり、資金力に乏しい球団は、この放出された選手に目をつける傾向にある。各アカデミーには、一七〜二二歳までの選手が常時四〇〜六〇人在籍しているため、全三〇球団では一二〇〇〜一八〇〇人の選手がアカデミーに在籍していることになる。クラインが街頭で無作為に実施した調査によると、一〇〇人のうち九八人までがアメリカのチームと契約した友人もしくは親類をもっていると答えた［Klein 1991：59］。さきほどの契約金額が毎年のように、一〇〇〇人以上の選手の手に渡ることを考えると、地域経済にあたえる影響はけっして少なくないことがわかる。契約金にくわえて、サマー・リーグが開催される三か月間は、給料として七五〇ドル（約八万二五〇〇円）が支払われる。ドミニカの新聞は、サマー・リーグ特集の記事を組んで、「アカデミーと契約できた貧しい選手たちの家族にとって七五〇ドルは支えとなる。そして、入学する選手たちは、無料で泊る場所と栄養たっぷりの食事、健康、ジム、教育、英語やパソコンの知識を得ることができる」と述べている［*Listen Diario*, 18 *Agost* 2005］。この記事にあるように、アカデミーには、ドミトリーのほかに食堂、トレーニングジム、医務室、ロッカールーム、娯楽室が整備されている。契約直後には、痩せて骨がみえていた選手たちも、アカデミーでの食事とトレーニングで三か月もたてば見違えるような身体になっていく。ここでは、ＭＬＢ球団のひとつであるタンパベイ・レイズ（以下、レイズ）のアカデミーでの調査をもとに、そうしたアカデミーの実態についてみていきたい。

レイズのアカデミーは、首都サント・ドミンゴの郊外にある。二〇〇九年五月に完成したばかりの、リゾートホテルを思わせる瀟洒な煉瓦造りの建物である（62ページ写真7）。一階には、事務所のほかにロッカールーム、食堂、ジム、医務室、ミーティング・ルームがある。中央の階段をあがった二階には、四人用のドミトリーが二〇室あまり並んでいて、ここが選手たちの部屋になる。部屋には、ホテルの客室さながらに、ユニットバスや無線ＬＡＮ

が完備され、貧しい地域で育った選手は、「もうアメリカにいるみたいだ」との感想を漏らしていた。野球場は二面、内野だけのものがひとつ、屋根つきの打撃練習場、六人が同時に投げられるブルペンがある。この施設ができるまでは、すぐ近くにあるロサンゼルス・ドジャース（以下、ドジャース）の施設を間借りしていた。

スタッフは、ゼネラル・マネージャー（GM）のエディ・トレド氏（以下、エディ）を筆頭に、秘書、管理部長、道具係二名、警備員六名、食堂の料理人四名、掃除婦二名、グラウンド整備一名、バスの運転手一名で、すべてドミニカ人である。コーチは、監督とトレーナーをあわせて九名、スカウトが四名という布陣である。ここでは、まずアカデミーの大枠を把握するために、統括責任者であるGMのエディへのインタビューから、アカデミーがどのような方針のもとで運営されているのかをみておきたい。

写真7　完成したばかりのタンパベイ・レイズのアカデミー

フィールドノート5　ドミニカ球界の実力者

GMであるエディは、一九五三年に首都サント・ドミンゴで生まれた。子どもの頃からペロータに囲まれていたと話す。祖父がラジオで聴いていたウィンター・リーグの実況中継を子守唄に育ち、夏になると大人たちに連れられて、リーガ・カンペシーノ（*liga campesino*：都市対抗戦リーグ【15】）を観戦した。そこで目に焼きつけたプレーを真似しながら、バリオの友だちと毎日ボールを追いかけた。エディはそれを家庭での教育だという。この国は、子どもが自然とペロータを好きになるような環境が整っているという意味である。当時、プロになるにはアマチュア野球で活躍する必要があったが、自分にはそこまでの才能はなかったと振りかえる。その後、大学に通いながら銀行で働きはじめたものの、ペロータへの情熱を断ち切れずに、一九七六年にエンゼルスのスカウトへと転身する。四年後、ニューヨーク・メッツのスカウトになると、二〇〇六年にレイズのGMに就任するまでの二六年間で三〇人以上の大リーガーを発掘した。そのなかには、ホセ・レイエス、カルロス・ゴメス、ネルソン・クルースなどのスター選手がふくまれており、エディのスカウトとしての力量がうかがえる。二〇〇〇年代になると、ウィンター・リーグの各球団からのオファーが殺到し、アギラスで八年間、リセイで三年間、ヒガンテスで三年間それぞれGMを務め、戦力強化に貢献する。二〇〇六年八月、レイズの副社長から声がかかり、GMに就任する。あたえられた役割は、ラテンアメリカにおける選手の発掘・養成の責任者であった。多くの少年をMLBに送りこんできたエディは、ドミニカからなぜ多くの大リーガーが誕生するのかとの質問に、「身体能力、気候、ラテンの血、そして貧困」と答えた。成功する選手の条件を「頭がよくて、真面目であることだ」という。どれだけ野球の才能があっても、アメリカの環境に順応できずに帰国した選手を多く見てきたエディの実感である。レイズのアカデミーでもこの方針が貫かれており、選手との面談をとおして適正を把握しているとのことであった。最後にエディは、自身の人生を振り返りながら、「ペロータは冒険だ」と言った。その理由として、ペロータへの情熱を断ちきれずに職業にしたこと、そのペロータから人生にとって必要なことをすべて学んできたことをあげた。そして、「それは、これまで発掘してきた選手たちにもあてはまる。ペロータが人生を変えたのだから」と語り、インタビューを締めくくった。

（二〇〇九年八月一八日、ドミニカ、サント・ドミンゴ、MLB球団レイズのアカデミーにて）

エディのことばからは、アカデミーがアメリカの基準にあった選手を発掘・養成する役割をになっていること、それを忠実に実行するGMの姿が浮かびあがる。それは、これまでの先行研究で描かれてきたアメリカに従属するドミニカ像を示しているともいえなくはない。しかしここで注意すべきは、エディのように多くのスター選手を発掘し、ウィンター・リーグの球団から頼りにされるほどの実力者が、ＭＬＢのリクルート・システムが発展していく過程と歩調をあわせるように誕生している点である。エディの人生をみると、ドミニカにＭＬＢのスカウトが常駐しはじめた頃にスカウトに転身をとげ、アカデミーが設置されてリクルート・システムが完成していく時代を、アカデミーのスカウトとして支えてきたことがわかる。このあいだに彼は多くの大リーガーを発掘し、ドミニカ野球の地位をあげることに貢献している。結果的に、アカデミーを頂点にしたリクルート・システムの構築に多大な影響をあたえることになったが、彼自身は、「ドミニカ野球のため」というような意識はなく、むしろ選手個人にとって野球が人生を切りひらいてくれるものになるのだと考えていることがわかる。こうした考えかたは、選手の発掘だけではなく、裏方であるアカデミーのスタッフの集めかたにもあらわれている。

フィールドノート6　裏方たちを集める

道具係のローベル（二二歳）は、二〇〇七年からレイズで働くようになった。兄がウィンター・リーグ球団のリセイで道具係をしていた関係で、エディから声がかかり職を得た。プロ野球選手をめざしていたものの、スカウトから声がかかることはなく、野球の道をあきらめかけていた頃だった。アカデミーで働けるうえに、月に五〇〇ドルの給料を貰えることは本当に幸運だったと語る。仕事は、朝の六時三〇分からアカデミー中に飲料水タンクを配ることからはじまる。朝食後、前日の練習で使った大量のタオルを洗濯する。それが終わると、ボールや椅子、スポーツ飲料をグラウンドに運ぶ。昼食後、試合で使った選手のユニフォームとスパイクを集めて洗う。アカデミーの選手には、ユニフォーム一式だけではなく、ボールやバットも支給される。ただし、チームが契約している会社以外の道具を使いたいときは、自分で購入することになる。道具係のローベルはこうした道具の管理もしており、早朝から夕方まで食事の時間以外はほとんど手を休める暇がない。さすがにスパイクを洗う余裕はないので、アカデミーの近くに住む一五歳の少年に一日一〇〇ペソを払って手伝わせている。ローベルの目標はスカウトになることである。そのために、いまは道具係として真面目に働きながら球団関係者に顔を売っておきたいと考えている。彼のロールモデルとなっているのは、エディである。「プロの経験がなくてもGMになれることを証明してくれたから」とのことである。

もうひとりの道具係であるミゲルは、このアカデミーの選手だった。昨年、自由契約となったが、父親がレイズの運転手をしていたことから、道具係に採用された。その父親は、近くにあるドジャースのアカデミーで運転手をしていたが、その施設を間借りしていたレイズのGMにエディが就任したあとに、レイズの運転手に採用されている。そのドジャースに採用されたのも、すでにグラウンド整備の仕事をしていた妻の兄から推薦してもらったのがきっかけである。

北部担当スカウトのレイミィもまた、エディ人脈でこのアカデミーにやってきた。シンシナティ・レッズのスカウトをしていたが、自分を呼んでくれた上司が他球団に引き抜かれたので、ニューヨーク・メッツのアカデミーを統括する人物に今後の身の振りかたを相談した（この人物は、レイミィの出身地のプログラマのコーチもしていた）。彼は、自分の元同僚で仲の良かったエディに声をかけて、レイミィをスカウトとして採用してもらうようにお願いしてくれたという。これまでにふたりの選手を発掘しているレイミィは、「GMが変われば、スカウトもチームを離れるというのはよくあることさ。そんなとき、ドミニカ人はエンジャベ

写真８　レイズのスカウトたち

(つて)を頼ってなんとか次の仕事を見つけようとするんだよ」と教えてくれた。

秘書のシンティアは、サン・フランシスコ・デ・マコリス(以下、サン・フランシスコ)のホテルでレセプションの責任者をしていた。おなじサン・フランシスコにあるプロ野球球団のヒガンテスでGMをしていたエディは、会議でそのホテルを利用した際にシンティアの仕事ぶりを気にいり、レイズに誘った。すると偶然にも彼女は、サン・フランシスコ出身の大リーガーで、ヒガンテスが本拠地にしている球場の名前(*Estadio Julián Javier*:フリアン・ハビエル球場)にもなっている、フリアンのメイということだった。フリアンや彼の息子でおなじく元大リーガーのスタンリーともかねてから懇意にしていたエディは、ホテル時代の報酬をうわまわる八〇〇ドルの月給を提示し、すぐに自分の秘書になってもらうように頼んだ。父親が市役所に勤めるかたわら、土曜日には近所の子どもたちに野球を教えていたことや、オジやイトコが大リーガーだったことから、野球関係の仕事に就くことへの不安などはまったくなかった。おもな仕事は経理事務と、選手のビザ申請である。サマー・リーグで良い成績を残した選手がフロリダのタンパによばれるたびに、B1(短期商用)査証が必要となるため、彼女がその申請業務をになっている。

(二〇〇九年八月四、七、一〇、一一、一八日、ドミニカ、サント・ドミンゴ、MLB球団レイズのアカデミーにて)

フィールドノート7　料理人たちのアカデミー

「ドミニカ人には料理人の血が流れている」と胸をはるメルビン(四三歳)は、二〇〇九年の五月に完成予定であるアカデミーの料理長として、ほかの三人に先駆けて採用された。レイズが新しい施設を建設中であることは、新聞のスポーツ欄の記事で知っていたが、まさか自分がそこで働くことになるとは思ってもいなかった。料理人のネットワークをつうじて、エディが料理長を探していることを知り、名乗りでた。自分の料理が未来の大リーガーを育てるのだと思うと、観光客相手につくるよりも数倍も魅力的に思えたからだ。アカデミーに慣れるために、ドジャースの厨房を見学するようにいわれた。同時に、一緒に働く料理人を探すことも彼にあたえられた役目だった。まっさきに頭に浮かんだのは、一〇年前から目をかけてきた七歳下のサンディだった。ホテル・エンバハドールやハラグアというドミニカでも最高級とされるホテルの料理人をしていたときに、皿洗いからはじめて、料理の腕をコツコツ磨いていたサンディと知りあった。自分が違うホテルに移るたびに、サンディにも声をかけて、おなじ厨房で働いてきた。空港近くのクオリティ・ホテルでは、ふたりで厨房をまわしていたくらいだ。その後、プンタ・カーナのリゾートホテルの料理人になっていたサンディに電話をすると、彼も「アカデミーの選手に料理をつくる仕事か」と声を弾ませた。

もうひとりの料理人ボボロ（三六歳）は、人生の大半をアカデミーで過ごしてきた。一三歳のとき、ドジャースのGMを務めるアビラの農場で働いていた父親が用具係に採用され、ドジャースのアカデミーに住みこみで働くことになった。ボボロも自然と、アカデミーの雑用を手伝うようになり、スパイク磨きや洗濯係をするうちに、食堂でジャガイモの皮むきなどもやるようになっていく。やがて、厨房に立つことを許された彼は、見よう見真似で料理を覚え、一〇年前からは住みこみで働く彼が、朝食の担当をまかされるまでになった。ところがドジャースの管理部長が交代すると事情は一変する。道具係をはじめ、料理人、グラウンド整備士、掃除婦などを次々とクビにし、自分が採用する人物に切り替えていったのだ。「ドジャースはやりすぎた。問題を抱えたよ」と当時を振り返り、「トランキー

写真9　（左から）朝食の用意をするメルビンとサンディ

ロ（*tranquilo*：落ち着いた状態）であるべきだ。ここ（レイズ）のようにね」と語った。

ドミニカでは、知りあいと挨拶を交わす際の決まり文句があり、「ディメロ！（*Dimelo*：調子はどう？）」と聞かれると、「トランキーロ」と答える。また、興奮している人をなだめるときにも、「トランキーロ」が使われる。ボボロには、ドジャースのやりかたが、人間関係のつながりをとおして機能していた落ち着いた状態に波風をたてるものにうつったのである。こうしたゴタゴタに嫌気がさしたボボロは、二〇年以上も暮らしてきたドジャースのアカデミーを去り、近所に新しく建設されるレイズに移ることを決める。ドジャースの食堂を見学しにきていたメルビンと話をし、朝食担当として採用されることになった。

（二〇〇九年八月四日、ドミニカ、サント・ドミンゴ、ＭＬＢ球団レイズのアカデミーにて）

このように、ほとんどのスタッフがなんらかのかたちでエディとのつながりをもっていたことがわかる。エディがスカウトとしての能力を有していることは事実であるが、彼をドミニカ球界における実力者にまで押しあげたのは、自分の近くにいる人びととのつながりを重視する姿勢であったといえよう。それは、ドジャースの管理部長が職権によってこれまでのネットワークを破壊し、契約社会の論理をもちこんだことにより、アカデミーで長年暮らしてきたボボロという料理人を失ったのとは対照的である。また、料理人のメルビンが、自分が懇意にしている人物に声をかけたように、あらゆるレベルにおいて人間関係のつながりが重要とされていることが明らかになった。詳しくは次章で述べるが、ドミニカでは個人的にネットワークを駆使して就職や仕事の情報を仕入れることが一般的で、そのためには日頃から拡大家族の成員や友人と頻繁に連絡をとり、つねに情報を収集することが大切とされている。こうして構築されたネットワークは、さまざまな情報へのアクセスを可能とし、それがパトロネージの回路にもなっているのである[Georges 1990: 80]。逆にいえば、エディやメルビンのようなパトロンの立場にあるものは、人間関係のつながりをとおして接近してきたものに対しては、パトロネージを行使することが求められているのである。

三-三　原石を磨くアカデミー

では、選手発掘・養成施設であるアカデミーでは、どのように選手育成がなされているのだろうか。二〇〇九年八月五日のスケジュールに従い、アカデミーにおける一日の流れを追っていきたい。なお、わたしがレイズのアカデミーの調査を実施した時期は、サマー・リーグの開催期間中だったことから、練習は早朝の時間帯のみだった。

朝六時に朝食の準備ができあがると、七時三〇分のミーティング開始までに朝食をすまそうと、選手たちがパラパラと食堂にやってくる。この日は、茹でたギネオ（食用バナナ）に卵料理、ハムとジュースが用意されていた。アルゼンチンから来ている選手もいるために、シリアルとパンも選べるようになっている。眠たい目をこすりながら、各自が料理を皿によそっていく。朝食担当の料理人ボボロによれば、朝食はいわゆるアメリカン・ブレイクファーストにギネオかプラタノ（料理用バナナ）を添えるようにしているとのことだった。自宅から通っている監督やコーチもアカデミーで朝食をとる。七時三〇分になるとすべての選手とコーチがグラウンドに集合し、ミーティングとストレッチがはじまる。七時五〇分からは、ポジション別にわかれての打撃練習に移り、指名された選手は打撃練習場で「特打ち」をおこなう。八時一〇分になると、全選手が再度集合し、キャッチボールで肩をならす。試合に出場する選手は、これで練習を終えて、シャワーと着替えをするために各部屋へと帰っていく。残った選手は、ノックやブルペンでの練習をつづけ、九時二〇分にすべての練習が終了する。この日は、カンザスシティ・ロイヤルズのアカデミーで試合があるために、九時三五分になるとケガをしている選手を

写真10　アカデミーの練習風景

残してバスで出発する。このように、アカデミーの練習はあらかじめ決められたスケジュールに従い、選手をグループにわけて効率的に進められていく。レイズでは、大リーグからマイナー・リーグまでのすべてのチームで、統一方針にもとづく練習メニューが組まれている。定期的にマイナー・リーグ巡回コーチが視察に訪れ、練習内容をチェックするという徹底ぶりである。

試合を終え、一四時にアカデミーに帰ると昼食である。フライドチキン、ご飯、アビチュエラ、タマリンドのジュースといったドミニカの定番メニューが待っている。何度でもお替わりをしてもよく、一〇代後半の若者たちは黙々と平らげていく。食後、ほとんどの選手は昼寝をする。なかにはトレーニング・ルームで身体を鍛える選手やトレーナーからマッサージをうける選手もいるが、この時間の使いかたは選手の自主性にまかせている。一六時からは、英会話の授業が開かれる。初級クラスと中級クラスにわかれて、毎日一時間おこなわれるが、これには全員の出席が義務づけられている。

写真11　アカデミーでの英会話授業の様子

英語の初級クラスがはじまる（写真11）。この日のテーマは過去形を使った会話である。yesterday、last night、five years ago といった英単語をスペイン語の単語におきかえて説明されたあとに、各自で簡単な例文をつくる課題がだされた。全員が一斉に手をあげて、次々に発表していく。なかには、午前中の練習の疲れから睡魔を必死にこらえている選手もいて、少し気の毒に思える。このなかの全員がアメリカに行けるわけでもないのに、なぜ英会話の授業が必要なのだろうか。こんな逸話が残っている。元レッドソックスのペドロ・マルティネス投手が、まだアメリカに着いたばかりで英語が話せなかった頃、バスの乗りかたがわからずに、ホテルまでの長い道のりをトボトボと歩いて帰ったという。そのホテルでも、シャワーの温水の出しかたがどうしてもわからなかった。それでも、フロントに電話もできずに、一晩中ふるえていたという笑えない話である。この話はドミニカでは有名で、各球団は、選手が野球だけに集中できるようにと、アカデミーで最低限の英会話を教えるようになった。もうひとつの理由としてエディがあげたのは、「これぐらいの英会話が習得できないような選手は、野球でも成功しない」というものであった。英会話の習熟度も選手を選別する際の判断材料になっているのである。これ以外にも、サインプレーやアドバイスへの理解度もコーチから報告をうけ、総合的に判断するということであった。

授業を担当するのはドミニカ人のホセ・ラーラ氏（以下、ラーラ氏）である。普段は首都のインターナショナルスクールで英語の講師をしているが、その給料だけでは食べていけないので、新聞の求人広告を見て応募した。ラーラ氏は、ニューヨークのブルックリンで二〇年間、OA機器の営業マンとして働いていた。選手たちがアメリカに渡っても苦労しないようにと、自分が経験して必要だと感じた英会話を教えることを心がけているそうだ。これは別の日になるが、授業がはじまるとラーラ氏は、ホワイトボードに「American Way」というタイトルと一緒に、次のようなことを書きはじめた（表1）。

これらの項目はすべて、アメリカではあたりまえとされることであるが、ドミニカでの生活では想像もつかないものである。選手たちの反応をみると、最初は自分たちへのアドバイスとは気づかなかったようで、笑っているのはアルゼンチンから来ているふたりだけであった。ラーラ氏は、ひとつずつの項目を丁寧に、自分の経験を例にあげユーモアをまじえながら解説をする。そのことばには、二〇年におよぶニューヨークでの生活で、数えきれないほどの失敗を重ねてきた苦労がにじんでいた。「ドミニカからアメリカに渡った移民たちにとって、アメリカでの生活に適応していくためには、これらの項目を習得する

表1　レイズのアカデミーでの英語授業から「American Way」

1	Time is money	時は金なり
2	Mind your own business	他人にかまうな
3	Save money	ムダ使いはするな
4	Pay your debits (bills)	カネを借りたら返すこと
5	Respect the elder	目上の人を敬うこと
6	Keep a budget	生活費は残しておく
7	Take a vacation	休暇をとること
8	Living alone	ひとり暮らし
9	Your credit	人の信用を得なさい
10	The mail system	郵便制度
11	Garbage disposal	生ゴミは処分する
12	Making lines. (waiting)	順番をまもること

ことが必須の条件だった」とラーラ氏は語る。「ただし、実際に行ってみないと、納得はできないと思うよ」ともつづける。「みんなには僕のような思いをして欲しくない。あらかじめ知っておけば、する必要のない苦労だからね。君たちは野球に集中しなさい」とその日の授業を締めくくった。

中級クラスの授業が終わると一八時からは夕食である。ユカ、サラミ、果物、ジュースという軽食だが、ドミニカでは一般的な夕食のメニューである。料理長のメルビンによれば、「選手はドミニカ料理以外をだしても手をつけないから、どの家庭でも食べるメニューをなるべく何種類も用意することにしている」そうである。たしかに、どの時間帯のメニューもわたしが居候先で食べたことがあるものばかりであった。夕食後は、完全に自由時間となる。ただし、外出は禁止であるため、自分のベッドでインターネットをしたり、音楽を聴いたり、家族や恋人に電話をかけるなどをして過ごす。アカデミー内の共有スペースにはケーブルテレビがひかれており、ＭＬＢの試合を観る選手たちも数人いる。プロテスタントの敬虔な信者が三人いたが、彼らは夕食後にそろってグラウンドに出て、一時間ばかり祈りを捧げていた。外出も禁止されており、とくにすることもない選手たちは二二時には就寝する。以上が、月～金曜日にかけてのアカデミーでの日常である。土曜日の朝になると、アルゼンチンからのふたりを残して、すべての選手が家へと帰っていく。月曜日の朝にまた戻ってくるまでの束の間の自由時間を享受するのである。

こうしてみてくると、ドミニカのアカデミーはラテンアメリカ選手の発掘・養成施設の様相を呈していることがわかる。世界の中核から周辺地域に製造拠点を移してきた世界経済の構造と見事に一致する形態である。それは、ドミニカ政府が誘致したソーナ・フランカ（フリー・ゾーン）の野球版だといえる。つまり、現地で安価な原材料（少年）を調達し、工場（アカデミー）で会社（球団）が選別し、加工を施し（コーチング）、アメリカの基準にあった製品（選手）だけを送りだすという形態が、現在のトランスナショナルな経済活動の究極の姿をあらわしているといえる[窪田 2006: 18]。さらに、そのスカウト網は、ドミニカ国内だけにとどまらず、ラテンアメリカの選手を発掘し養成する役割もになっている。資金力のある球団は、ベネズエラやコロンビアなどにもアカデミーを置いているが、多くの球団はラテンアメリカの国々にスカウトを派遣し、契約した選手をドミニカのアカデミーに連れてきてサマー・リーグに参加させている。アカデミーは、その集約地となっているが、ドミニカ政府もアカデミーに対しては、税金を免除することでその運営を支えているのである。

　クラインは、アカデミーの存在が、政治経済状況とおなじく野球においても、アンドレ・ガンター・フランクのいう「従属的低開発」状況を招いていると指摘する[Klein 1991：55]。たしかに、アメリカによって構築されたシステムとＭＬＢの下部組織であるアカデミーが、プロ野球選手の入口となっている状況は、ドミニカ人がアメリカのシステムに従属していると取られる向きもあるだろう。しかし、すでに述べたように、ＭＬＢのリクルート・システムをとりまく環境は複雑に入り組んでいる。一見、アカデミーを頂点にしたピラミッド構造にもみうけられるが、ブスコンやプログラマのコーチのように組織に属さない、ペロータを生業にする人びともプロ野球選手の誕生に重要な役割をになっているのである。ここでの生業としてのペロータとは、アメリカ発祥の近代スポーツである野球が、ドミニカ社会に受容された野球そのものであるばかりではなく、産業としての野球を成立させている仕組みや運営方法といったものの複合体をさしている。そのようにみるならば、生業としてのペロータがみすえているものは、野球とは異なりアメリカへの「野球移民」を生みだすことなのだといえよう。こうしたＭＬＢを頂点とする野球選手の発掘・養成の構造を図式化したのが、図３である。

　これは、ＭＬＢ球団を頂点としたピラミッド構造のなかに、多様なドミニカ人のアクターが組みこまれていることを示している。このことは以下の点において重要である。第一に、資本主義の原則のもとでおこな

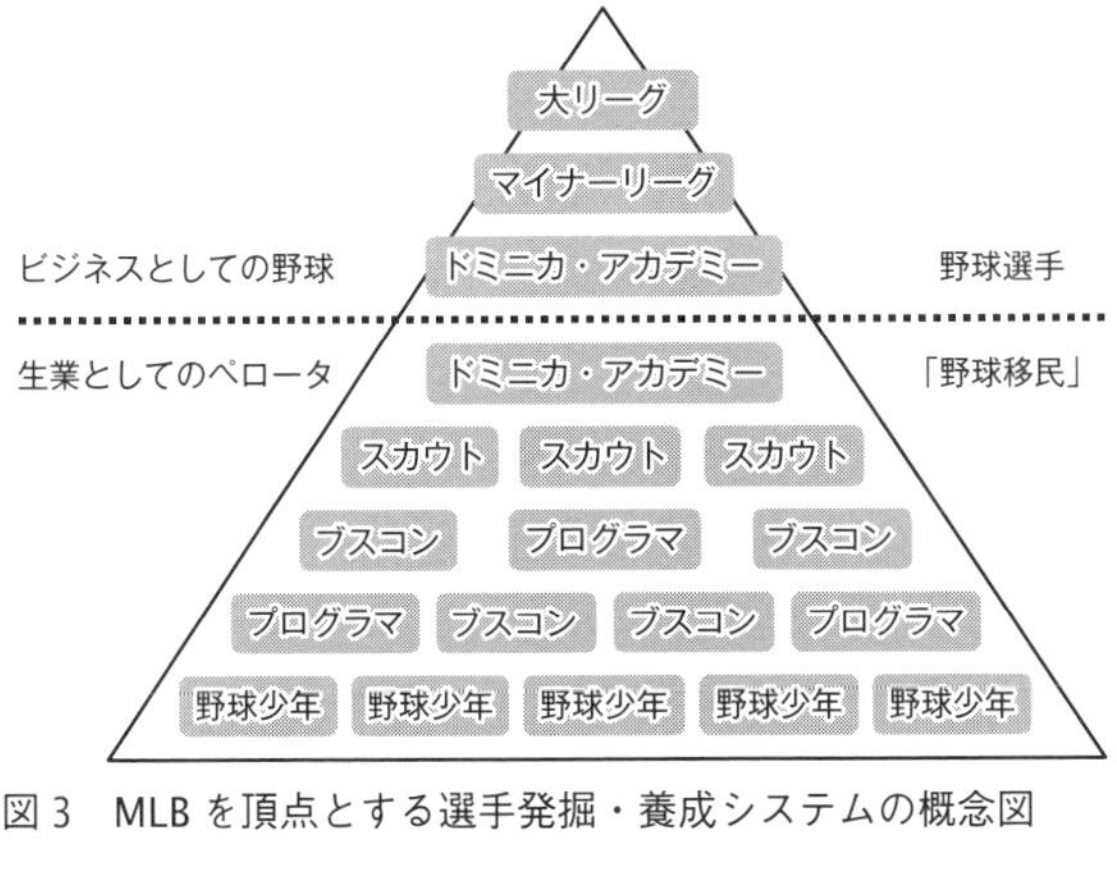

図３　MLB を頂点とする選手発掘・養成システムの概念図

われるＭＬＢの選手発掘の過程にドミニカ人の生活世界が介在することで、ドミニカ野球のピラミッド構造が安定的に維持されることにつながっているのである。いいかえれば、アカデミーのスタッフ採用の経緯からもわかるように、ＭＬＢが世界戦略の一環としてドミニカに構築した野球システムを、現地の人びとが伝統的なネットワークのひとつであるパトロネージの回路を利用するといった方法で、自らの生活世界のなかに取りこんでいることを示唆している。

第二に、ＭＬＢ組織に属さないブスコンが、アカデミーに先駆けて選手を獲得し、育て、高く売りつけることで生計をたてているということである。ひとりのブスコンが、その方法をドミニカで古くから親しまれてきた闘鶏になぞらえていたことからもわかるように、アカデミーという外部からはいってきたシステムを、ドミニカの人びとが自らの生活戦略のために再組織化してきたことを示しているのである。このようなドミニカ社会の価値観にもとづき運営されているという事実からは、ＭＬＢを頂点としたリクルート・システムが、クラインが垂直的な構造ととらえたものとは異なる、多様なアクターが介在する重層的に構成されたものだということができる【16】。

ここまでＭＬＢのリクルート・システムにおけるブスコンやアカデミーの選手発掘・養成の実態について、おもに選手を獲得する側からみてきた。次に、アカデミーに所属する選手たちが、どのようにしてアカデミーにたどり着いたのかという点についてみていくことにする。

三-四　アカデミーへの道

ドミニカの子どもたちがどのようなきっかけで野球をはじめるのか、という問いに答えるのは困難である。ペレス選手も「子どもたちは野球ボールじゃないボールやバットならいつでももっているよ。それを使っていつのまにか野球をはじめている」と答えているし、エディもまた、「子どもが自然と野球を好きになるような環境が整っている」と言うように、明確なきっかけは存在しないと考えられる。レイズのアカデミーに所属する選手に聞き取り調査を実施した結果からも、おなじような答えが返ってきた。しかし、知らないうちにはじめた野球が、カネを稼ぐ手段として意識されるまでの経緯は、それぞれの選手によって異なっている。ここでは、レイズの選手への聞き取り調査から三人の選手の事例をみてみたい。

フィールドノート8　モロ【17】を食べるために

ホアン・ゲレーロは、一九九一年にサン・ペドロ・デ・マコリスで生まれる。父親はモト・コンチョ（バイクタクシー）の運転手で家は貧しかった。四歳くらいのときに、近所の子どもたちとペロータをして遊んでいた記憶がある。ボールなんてなかったから、牛乳パックを広げたのをグローブにして、靴下を丸めたボールを投げていた。それ以外にもビティージャ【18】やトウモロコシの粒を投げて、木の棒で打ったりして、毎日暗くなるまで友だちと遊んでいた。勉強なんてしないで、ペロータばかりしてたから、ママにはいつも叱られていた。僕が子どもの頃は、ペドロ・マルティネスが絶好調の時期だったから、彼の投げる日は、近くのコルマドまでテレビを観にいった。ペドロは貧しい家で育ったのに、いまではドミニカの英雄になっていることを知ってますます好きになった。昼食に肉がでるのはクリスマスくらいだったし、いつか毎日肉入りのモロが食べられるようになってやるって誓った。

七歳のとき、ニューヨークに移住していた近所の人が帰ってきて、お土産にグローブをくれた。それもちゃんと左利き用のだった。それから、近所の球場でやっているリーガに通うようになった。ふたりのオジ（母親の兄弟）が元アカデミー契約選手で、家に来るたびに野球の話をしていくから、自然と僕も将来はアカデミーと契約して大リーガーになってやろうと思うようになった。リーガは楽しかったけど、毎週土曜日にカネをもっていかないといけなくて、でもうちにはそんな余裕がないからママが何度もコーチにお願いしてくれた。ママはいつも「まっすぐな人生を歩みなさい」と言っていた。それは人のモノを盗んではいけないとか、人を騙してはいけないって意味だったけど、ペロータをすることを止められたことはなかったから、もっと上手くなってペロータで稼げるようになってやるって誓った。

一六歳のとき、イトコがフロリダ・マーリンズのアカデミーと契約した。あいつが契約できたのならと思うと、アカデミーが現実的な目標になった。それで、彼が練習していたプログラマにはいることにした。そこは、サンペドロでも有名なプログラマで、これまで六〇人以上のアカデミー選手がでているところだった。そこには毎日、いろんなチームのスカウトが顔をだした。僕は、左投手で、身長も高かったから（一八九㎝）、いろんなスカウトに声をかけられた。でも、ガリガリ（七二㎏）でスピードのあるボールを投げられなかった。だから、レイズのトライアウトによばれて、合格とわかった時には信じられなかった。しかも契約金は、四万五〇〇〇ドル（約四一〇万円）だった。プログラマのコーチに二〇％（約九一万円）を払って、欲しかったバイクを買って、残りは全部ママに渡した。毎日、肉をだしてと頼んだよ。ママは家を増築することにして、家具を買いそろえた。冷蔵庫も、ガスコンロも新品のものが届いた。週末に家に帰るたびに、家がきれいになっていくのを見て、やっと自分がプロ野球選手になった実感が湧いてきた。まだ、大リーガーになる夢が残っているけど、自分のことを誇りに思うよ。

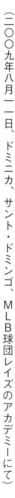

（二〇〇九年八月一一日、ドミニカ、サント・ドミンゴ、ＭＬＢ球団レイズのアカデミーにて）

フィールドノート９　大リーガーのくれたバット

ルドソン・イセニアは、一九八九年にカリブ海にあるオランダ領セント・マーティン島で生まれる。ドミニカ人の父親が、セント・マーティンのホテルで働いている期間に、現地の女性とのあいだに生まれた。家族とともに、二歳のときにサンペドロに帰ってきた。ペロータをはじめたのは、五歳の頃。近所の友だちと一緒にオレンジをボールに見立てて、木の棒をバットにして遊んだ。グローブは道端に捨てられている牛乳パックだった。一〇歳のとき、イトコがエストレージャスの試合に連れていってくれた。すると、対戦相手のアギラスに所属していた大リーガーのメンディ・ロペスが使っていたバットをくれた。それがきっかけとなって、ペロータに夢中になった。一二歳のとき、テレビでヤンキースの試合を観て、キャッチャーをしていたホルヘ・ポサダ捕手に憧れ、母親にキャッチャー・ミットを買って欲しいとねだった。母親がスパイクとバッティング用の手袋も買ってくれたので、それを使いたくて、本格的に練習をはじめた。一六歳になると、プログラマにはいってアカデミーをめざすようなった。一八五cm、八〇kgと大柄だったことからプログラマのコーチに外野手への転向をすすめられる。一七歳のときに、ヤンキースのスカウトから声をかけられ、はじめてトライアウトを経験した。契約はできなかったけど、そのときに自分の才能に気がついた。その自信のおかげで、練習にも積極的になり、やがてレイズのトライアウトに合格する。契約金は、八万八〇〇〇ドル（約八〇〇万円）だった。

（二〇〇九年八月一一日、ドミニカ、サント・ドミンゴ、MLB球団レイズのアカデミーにて）

フィールドノート10　祖母に導かれた

レイズの正捕手であるジョナタン・ゴメスは一九八八年に首都サント・ドミンゴに生まれる。生後まもなく両親の故郷であるイグウェイの田舎に引っ越し、母親の実家で育つ。イグウェイのリゾートホテルで働いていた父親は、彼が七歳になった年（一番下の妹が生まれた年）に、ジョラ【19】でプエルト・リコへ旅立った。母親は近くの家で家政婦をしていたが、父親からの送金が滞ることもあり、生活は苦しかった。おなじバリオに暮らす親類が助けてくれたけど、彼らもおなじように貧しく、生きるのに精一杯という暮らしだった。そんな状況をのりきるために、祖母はドゥルセ（お菓子）をつくって売るようになった。そして、彼に売り歩くように言った。大量に売れ残ったドゥルセをもちかえると祖母に叱られた。彼は、その当時のことを振りかえり、「強要された生活（*vida forzada*）」と表現する。小さな頃には、近所の友だちとビティージャをして遊んでいたが、ドゥルセを売り歩くようになると、ペロータをする時間はなくなったし、そんな元気も残っていなかった。三年たっても状況は変わらなかったので、彼は首都サント・ドミンゴに暮らす母方のオジの家に預けられることになった。ソフトボールをやっていたオジに、どうしてペロータをしないのかと何度も聞かれた。そのたびに、「好きじゃないから」と答えていた。別に嫌いではなかったから、いまでもどうしてそんな風に答えたのか理由はわからない。一一歳になっていた。

プエルト・リコにいる父親がようやく、安定した仕事に就くことができて、わずかな額だが、定期的に送金をしてくるようになった。それで彼は、イグウェイの家族のもとに戻ることになった。しばらくすると、祖母が町の球場でやっているリーガに勝手に申しこんで、明日から毎日、練習にいくように言った。祖母は昔からなんでも自分で勝手に決めて命令する人だったから、驚かなかったけど、ひとつ問題があった。グローブもスパイクもユニフォームもなくて、運動靴さえ一足しかもっていないことだった。でも、球場に行き、まわりの子どもも似たような様子なのを知り、気持ちが楽になった。昼に学校から帰ると、毎日、おなじズボンと運動靴で通った。グローブは誰かのを借りればよかった。町までは、ボーラ（*bola*：通りすがりの車やバイクに便乗すること）で通ったからカネは一切かからなかった。午後に町まで野球をしにいくのが待ち遠しかった。

一六歳になった頃には、アカデミーにはいりたいと思うようになっていた。誰から言われたわけでもなく、今度は自分でイグウェイにあるプログラマを探してきた。だが、そのブスコンが嘘ばかりつく男だったので、半年で辞めることになる。スカウトが来ると言ったのに来なかったり、遠征試合にいくと言うので楽しみにしていると、いつまでも実現しなかったりということが頻繁にあったからだ。プログラマの練習が終わってボーラの車を探しながら歩いているとき、彼を乗せてくれたのが別のブスコンの情報提供者だった。じつは、彼のプレーに目をつけて、勧誘する機会をうかがっていたのだ。辞めるタイミングを探していた彼は、そのブスコンの家に住みこんでアカデミーをめざすことを決め、ラ・ロマーナ（*La Romana*）へと向かう。ここで、一年半を過ごしたものの、なかなか契約まではたどり着けなかった。一八歳の誕生日がせまっていた。

年齢を重ねるほど、契約が難しくなり、契約金も安くなることを知っていたので、このままではいけないと首都での遠征試合の折に声をかけられたバニのブスコンに電話をし、住みこみで練習をさせて欲しいと伝えた。そのブスコンを選んだのは、彼がヤンキースのスカウトを一三年間していたことが記憶に残っていたからだ。いまのブスコンに事情を話すと、バニのブスコンとは旧知の仲だったので、もし契約した場合は、契約金の一五％ずつを両者に支払うことを条件に移籍を許してくれた。バニに行くまえに半年ぶりに実家に帰った彼は、母親に「ペロテロ（野球選手）になる夢がかなわなかったのに、どうしていつまでも旅をしているの」と泣きつかれた。「まだ途中だよ」と母親を振り切って、バニへと向かった。

二〇〇六年一二月。レイズのトライアウトによばれ、二か月かけてじっくりとテストをされ、ようやく正式に契約を交わすことになった。二万八五〇〇ドル（約二六〇万円）の契約金のうち、三〇％にあたる八五〇〇ドル（約七七万円）を約束どおりにふたりのブスコンに支払い、一万七〇〇〇ドル（約一五五万円）を祖母に渡して残りは銀行に預けた。祖母は、二〇〇〇ドル（約二〇万円）をかけて家を改修した。

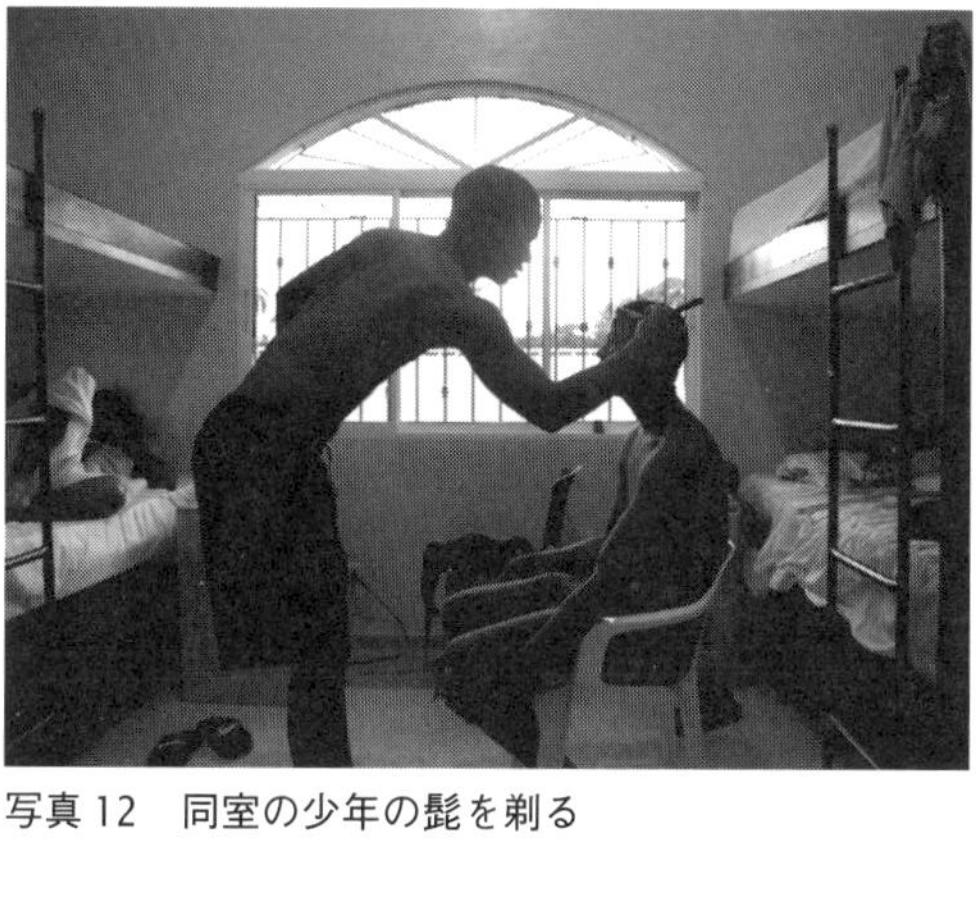
写真12　同室の少年の髭を剃る
（二〇〇九年八月六日、ドミニカ、サント・ドミンゴ、MLB球団レイズのアカデミーにて）

これらの事例に共通するのは、知らないうちにペロータをはじめていたということ、また、そのペロータがある時点を境に、明確にカネを稼ぐ手段へと変化したことである。それを可能としたのはシステムとして確立されていたアカデミーであり、そこへ選手を送りこむことを生業とするブスコンの存在だった。選手たちが育った環境は一様ではない。ルドソンの事例からは、けっして貧困だけがプロ野球選手をめざす動機とは限らないことがわかる。ほかのふたりの事例でも、貧困からの脱出という動機にくわえて、大リーガーへの憧れやイトコがアカデミー契約を結んだことが影響をあたえていると推測できるし（イセニア選手）、最後の事例では、祖母になかば強制的に導かれてはじめたはずのペロータが、いつしか自分の存在を肯定するものにまで変化していったことをうかがわせる。彼にとって、それはドゥルセを売り歩くことではなく、ペロータで稼ぐことだったのである。

これらの事実は、近代スポーツに対して現地の人びとがいかに向きあっているかについて重要な示唆をあたえてくれる。ドミニカの野球を世界経済システムの文脈のなかに位置づけ、「中心」国家による「周辺」地域の包摂として理解することは可能である。たしかに、表面的なシステムだけをみる限りにおいて、MLBを頂点とするピラミッド構造がドミニカに移植されているようにうつる。アメリカ国内の経済成長を見こめないなか、契約金の高騰や慢性的な選手数の不足に悩むMLB球団が、ドミニカから効率的に選手を獲得する方法として考えだしたのが、アカデミーという仕組みだったからである。しかし、それだけをもってドミニカにおけるペロータの総体を把握することは不可能である。なぜなら、ブスコンやアカデミー、そしてアカデミー契約選手の個別の経験からは、MLBの選手発掘・養成システムが生業としてペロータに向きあっているドミニカの人びとの深い関与なくしては成立しえないことは明らかだからである。

第四節　生活世界のなかのペロータ

ここではドミニカ野球の歴史をトランスナショナリズムの観点からまとめておきたい。

ここまでドミニカに野球が伝わってからＭＬＢの選手供給地へといたる過程を概観したうえで、ＭＬＢを頂点とする選手発掘・養成システムという外部から移植されたシステムを、ドミニカの人びとがいかにして、自らの生活世界の文脈のなかに取りこもうとしているのかについて論じてきた。まず、ドミニカに野球が伝わり急速に広がっていった背景には、アメリカの軍事統治と政治経済的支配といった国家間の不均衡な関係（アメリカとの距離）が影響していたということであった。そうした流れのなかで登場した独裁者トルヒージョが、自身への国民の不満をそらすために野球を奨励したことが、結果として国内リーグと大リーガーの誕生につながったのである。さらには、隣国のキューバで起きた革命やＭＬＢにおける年俸の高騰や球団数の増加といった事情が、ＭＬＢ球団をドミニカへとむかわせることになったことも明らかになった。トランスナショナルな現象というと、近年のグローバル化の進展に付随して生じるものと理解されがちであるが、ドミニカ野球がアメリカやキューバとの関係性のなかで現在の姿をとるようになった事実は重要である。なぜなら、ドミニカの人びとは野球と向きあうなかで、つねに外部世界の存在を認識してきたともいえるからである。これは、アメリカへの移住がはじまる一九六〇年代なかばより以前からのアメリカとの関係が、その後の移民送り出し国家の土壌をはぐくんでいたことを示している。その意味では、野球という近代スポーツの伝播から定着の過程をみることで、ドミニカ社会がつねにトランスナショナルな状況にあったことがわかるのである。

本章で述べてきた近年のドミニカ野球における変化も、おなじ文脈で理解が可能となる。本来は、ドミニカの国内リーグであったはずのウィンターリーグが、ＭＬＢをはじめとする世界中のプロ野球球団による選手発掘の場へと姿を変えた。そこでは、毎年、次年度の契約先が決まっていない選手が、ウィンター・リーグの期間中に、世界中から集まるスカウトに自分を売りこむために必死にプレーをし、ドミニカの人びとは、その選手たちが所属する球団を応援することで、トランスナショナルな空間に身を置いているのである。一方、アカデミーに目をむけると、グローバル化するＭＬＢの世界戦略が、ＭＬＢの選手発掘・養成システムという現在のトランスナショナルな経済活動の先鋭的な形態をドミニカに誕生させるまでになっていることを指摘した。英会話の授業の事例からは、言語の習得に絡めてアメリカへの文化的適合をうながす仕掛けがアカデミー内で実施されている実態が明らかになった。それを実践するドミニカ人講師がアメリカで移民として生活をしていた人物であることは、ドミニカ社会におけるトランスナショナリズムの浸透を物語っている。

ここで強調したいのは、人びとの生活世界のレベルにおいて、この世界経済システムの象徴ともいうべきアカデミーが、ドミニカの人びとの価値観によって解釈され、運営され、語られることで、野球という近代スポーツがペロータという独自の文化として意味づけされてきたことである。つまり、アカデミーという外部からはいってきたシステムが、ドミニカ社会の価値観にもとづき運営されるだけではなく、ブスコンというペロータでひと山をあてようとするドミニカの人びとが介在しているように、多様なアクターが介在する重層的に構成されたものだということができる。このような重層的に構成された野球システムにより、発掘される側である少年やその家族にとって、ペロータは彼らの人生を支えるほどの(単なる経済的な動機づけを超えた)特別な存在となっているのである。

ここまで、ドミニカ野球の伝播から現在の姿にいたるまでの過程を、トランスナショナリズムの観点から論じてきた。しかし、本章のドミニカ野球と野球をとりまく人びとの関係性の説明だけでは、ドミニカの人びとにとってのペロータの重要性を理解することはできない。なぜなら、ドミニカの地域社会を支える論理や規範との親和性を明らかにしないかぎり、ドミニカの人びとにとってのペロータの意味づけはみえてこないからである。次章では、ミクロなコミュニティの視点から、トランスナショナルな世界を生きる人びとの生活戦略の実態について検討していきたい。

第三章 「ドミニカンヨルク」を生みだす社会

前章では、ドミニカ野球の歴史をたどりながら、野球とドミニカ社会の関係性について、経済的な側面をふくめたトランスナショナルな生活世界のなかに位置づけて考察した。その生活世界の実態を理解するために重要なのはドミニカ社会に特有の論理であった。本章では、この論理をよりミクロな地域社会の視点から掘りさげるため、調査地のバリオであるバニ市ロス・バランコネス地区の事例をとりあげる。ここではとくに、「野球移民」が生まれる背景にある移民送り出し社会の姿をバリオの人びとの言動を規定する伝統的な規範や価値観に注目して考察する。第一節では、移民の発生に影響をあたえている社会的ネットワークを明らかにするために、その基盤となっているバリオ内の社会関係に注目し、とくに水平的な相互扶助の規範ならびに垂直的なパトロネージのシステムの特徴を述べる。第二節では、バリオからの移民について記述する。以上をふまえ、第三節ではトランスナショナルに展開する移民と送り出し社会の人びととの相互交渉の実態を明らかにしたうえで、そのなかから伝統的な価値観を投影した移民イメージが生みだされている過程を記述・分析する。

第一節　ロス・バランコネス地区の概要

一・一　バリオの誕生

バリオ（*barrio*）とは、ドミニカにおいて、県（*provincia*）、市（*municipio*）に次ぐ最小の行政単位であり、人びとの生活拠点である共同体としての意味づけを有している。ドミニカの人びとの出身バリオへの帰属意識は強く、初対面の挨拶では、「どのバリオの出身であるか」を質問することがしばしばみられる。また、出身バリオやその近隣のバリオで生涯を過ごす傾向にあり、首都やアメリカに移住後もつねにバリオとの紐帯を維持している。以下では、こうしたドミニカにおける人びとのバリオの重要性を強調するために、共同体と訳さずにバリオという用語を使用する。

わたしの調査地は、ドミニカの首都サント・ドミンゴから西に約七〇㎞はなれたペラビア（*Peravia*）県バニ（*Bani*）市のバリオ、ロス・バランコネス地区（*Los Barrancones*：以下、B地区）である。ペラビア県は一三の市から構成されており、総人口は約一八万人である。その県庁所在地であるバニ市の人口は約九万人で、県内人口の半数におよぶ[One 2010]。地理的には、南側のカリブ海沿岸部から、北側の中央山脈の支脈であるバルバコア山（*Monte Valvacoa*：七八五ｍ）の裾野までの平地部（七四〇㎢）で構成されるバニ市の北西部に位置している。バニという都市名は、先住民タイノ族のことばで「水の豊富な地」をあらわす*Pani*からとられたとされている。その名が示すとおり、バニ市はニサオ川、バニ川、オコア川の流域にあり、肥沃で平らな沖積平野の特徴を生かし、古くから農業地帯として栄えてきた。年間をとおして温暖で乾燥した気候は、熱帯性作物の栽培に適しており、マンゴーやココヤシといった果実類、プラタノ（料理用バナナ）やユカ（キャッサバ）、ヤマイモ、フリフォーレス（インゲンマメ）、コーヒー、タバコ、サトウキビ、コメ、ナス、ジャガイモ、トマトなど栽培種目は多岐にわたる。

バニ市周辺はかつてコロンブス一族の所有地であった。スペイン貴族のゲレーロ一家などが入植し、イエズス会宣教師が先住民やアフリカから連れてこられた奴隷のために学校を設立した集落がいまのバニ市中心部にあたる。一六六四年にスペイン軍人のウリエスが、このあたりの土地を買収した際に、それまでの所有者の名前であるペラビアを県名とした。集落の人口が増加しはじめると、一七六四年にスペイン本国が正式に都市と認めた。当時からこの地に暮らしていた一族は、フランコ、メディーナ、ロメロ、ピメンテル、テヘダなどが有名で現在でもバニの名士として名が通っている。

一九八〇年代以降に政府が誘致したソーナ・フランカ（*Zona Franca*：フリーゾーン）の工場があり、多くの住民がそこでの労働に従事している。近年では、国内でも有数の移民をアメリカに送りだす地域になり、市街地南部には「移民御殿」とよばれる豪邸が建つ。現在二〇〇万人以上のドミニカ人がアメリカで暮らしているが、出身地域ごとに棲みわける傾向にあり、バニ出身者はボストン周辺に集住する。二〇〇一年に起きたニューヨーク発ドミニカ行きのアメリカン航空墜落事故では、二二六人のドミニカ人が犠牲となったが、そのなかにはバニ出身のドミニカ移民が少なからずふくまれていたことで、ドミニカでも移民を多く輩出する地域として有名になった。

バニ市はペラビア県の県庁所在地のため、役場だけではなく公設市場や金融機関、商業施設があつまっている。一般には、中心部を東西に貫く幹線道路を境に、南側が富裕層、北側が貧困層の集住地域であると認識されている。実際、北側地域のインフラ整備の遅れとドラッグ犯罪や強盗事件が多発する社会環境を嫌い、富裕層が南側地域に住居をかまえているために、住環境の差は歴然としている。

B地区は、バニ市を構成する三〇のバリオのひとつで、幹線道路の北側に位置するバリオである（図4）。バリオの歴史は浅く、一九七九年九月のドミニカ観測史上最大といわれるハリケーン・デービッド（*Ciclón David*）によって、壊滅的な被害をうけたバニ市の人びとの居住先として政府が土地と建築資材を提供し、九世帯の移住者みずから共同で家をつくりあげたのがはじまりである。ドミニカのバリオには、スペインによる植民地支配の影響で、縦横にカジェ（*Calle*）とよばれる通りが走り、その両側に住居が配置されている。そのため、カジェを中心にした社会関係が形成され、個人を特定する際にもどのバリオのどのカジェに住んでいるのかということが指標となる。つまり住民は、あるバリオの成員であると同時に、特定のカジェの成員であるという意識を有していることになる。

最初にB地区に移住した九世帯のフンダドール（*fundador*：バリオの創設者）が、協力してカジェ・マリア（*c/ María*）に家を建てた。一日でもはやく家を完成させる必要があったので、ひとつの家を半分に間仕切り、玄関を左右それぞれに設けることになった。現在でもB地区ではこの造りの家屋がみられるが、そこがフンダドールの家であったことを示している。こうした家と家が密着している状態を現地のことばでバランコネスとよび、それがB地区の名称になったとされている。しかし、バリオの名称については公称と通称が混在している。バニ市役所は、B地区の名称をマキシモゴメス（*Maximo Gomez*）としている。一方、バリオの創設に関わり、学校や教会を建設した修道女はハリケーンの名前をとってビジャ・ダヴィ（*Villa David*）と名づけた。しかし、一般にはバランコネスという名前が使われることが多くなり、公的な文書にまでバランコネスが使用されるようになっている。

九世帯のフンダドールのあとを追って、南側の三つの通り（図4の *c2, c3, c/María*）に五〇戸あまりの世帯が住むよ

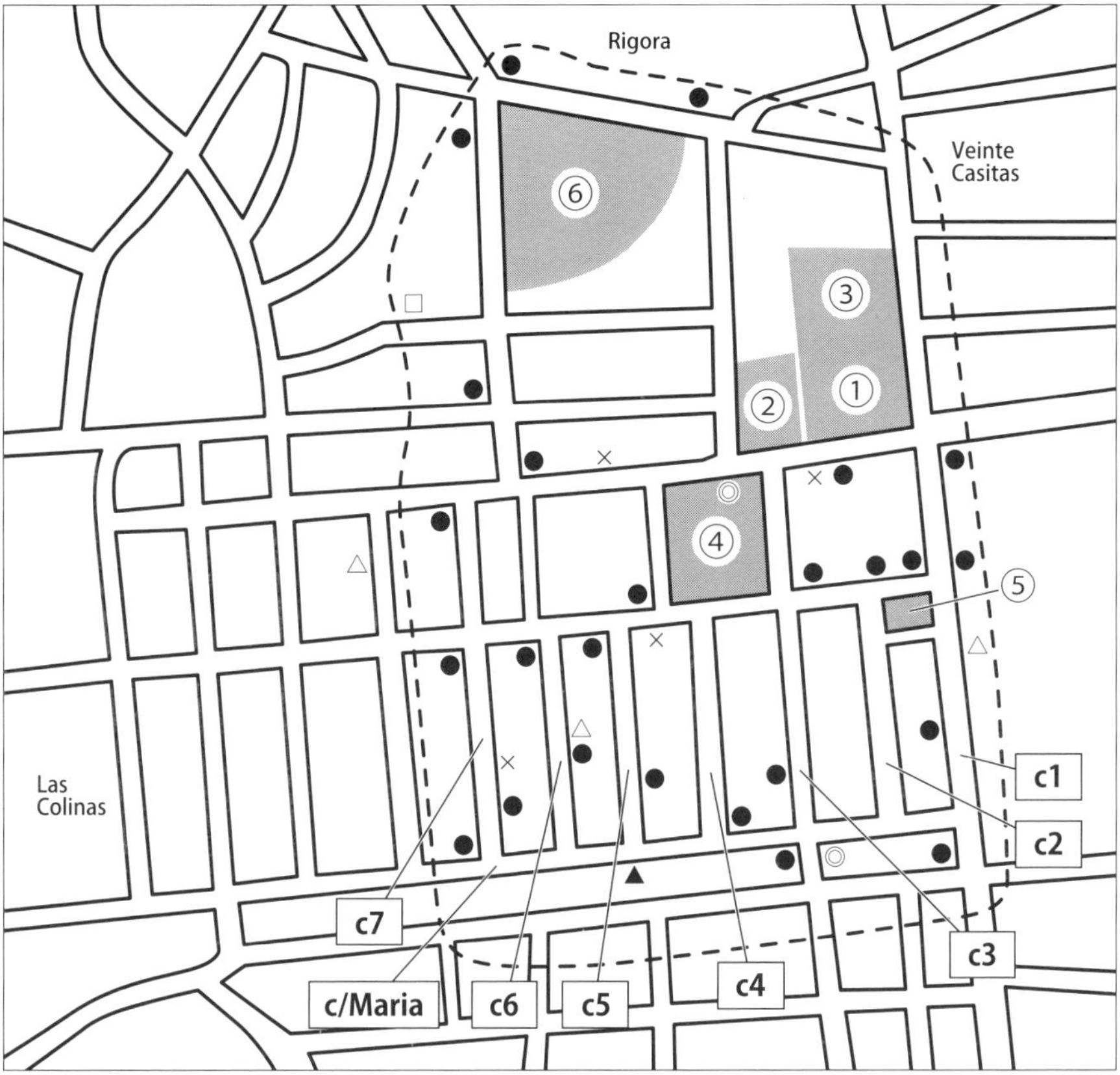

① 学校：Escuela Villa David
② 診療所
③ カトリック教会
④ 空き地（旧カトリック教会跡）
⑤ 公園
⑥ ミゲル・テハダ球場

● コルマド
△ 福音派教会
□ アドベンティスト派教会
× 散髪屋
◎ モトコンチョ（バイクタクシー）乗り場
▲ メレンシアーノ家
--- バリオ境界線

図4　B 地区の地図（筆者作成）

うになり、移住者が増えるにつれて北側へと拡張していき、現在では一三の通りに三〇〇戸以上の世帯が暮らす地区となっている。新しくできたバリオのために、境界は明確に区切られていないが、カジェ・マリアから野球場の北側の通りまでを南北の範囲、カジェ1～7までを東西の範囲というのがバリオ住民におおむね共有されている。この範囲のなかでもフンダドールの家が集中する南側地区と、あとから移住してきた人びとが暮らす北側地区のあいだには、ひとつのバリオという意識は希薄で、むしろ南と北のそれぞれの範囲内での集団意識が形成されている。バリオ内の公共施設としては、カトリック教会、プロテスタントのセブンスデイ・アドベンティスト派の教会がひとつ、おなじく福音派の教会が三つ、小・中学校、学校付属の診療所、そしてB地区出身の大リーガー、ミゲル・テハダ選手（以下、テハダ）が建設した野球場がある。

バリオの世帯主の職業は、建設業従事者がもっとも多く、それ以外ではフリーゾーンの工場労働者、家政婦、小規模の養鶏・養豚、公設市場での商い、モト・コンチョ（*Moto Concho*：バイクタクシー）の運転手、ガソリンスタンドやコルマド（*Colmado*：通りごとにある食料品や生活雑貨をあつかう小商店）の従業員など多岐におよぶ。首都までバスで一時間あまりという地理的要因から、首都で働くものもいる。その職業は警察、軍隊、トラック運転手、首都のコルマドやリゾートホテルの従業員などである。

水道と電気は、B地区がつくられたときに住民と市が設備工事を施したが、ほとんどの住民が電気料金を支払わなくなったために、現在では夜の一〇時から朝の七時まで、それ以外は不定期に供給される状態にある。バッテリー充電式インバーターを所有しているのは、バリオ内でコルマドをのぞくと七軒あり、アメリカに暮らす親族から比較的高額の送金をうけているか、「野球移民」としてかつて高額の契約金を手にしたものにかぎられる。バリカンを使う散髪屋は四軒あり、うち二軒がインバーター、残り二軒はガソリンによる手動発電機を使用している。このようにB地区は、地方都市のインフォーマル・セクターに従事する人びとの居住空間として特徴づけられる。バニ市中心部に近く、家賃が安いために、現在でも他地域からの転入者は増えつづけ、B地区の西側に新しいバリオができるまでになっている。

一-二　バリオの親族関係

従来から国際移民研究では、家族、親族、友人といった社会的ネットワークの存在が連鎖的に移民を送りだす原動力になっていることが指摘されてきた[Pessar 1995]。ドミニカからアメリカへの移住も、そのほとんどがカデナ（*cadena*：鎖）とよばれる社会的ネットワークを介してなされている。そのドミニカの社会的ネットワークについては、拡大家族（extended family）を中心とする親族関係を基準に説明されてきた。ここでの拡大家族とは、「おなじバリオや近隣のバリオにキョウダイ、オジ、オバ、イトコ、コンパドレが居住することで、脆弱な経済状況を相互に助けあう親族関係」をいう[Hendricks 1974]。この定義のポイントは、おなじバリオや近隣のバリオに居住するという点である。B地区でも拡大家族の成員が近所に居住しており、毎日のようにたがいの家を訪ね、困ったことがあれば助けあいながら日常生活を営んでいる。こうした拡大家族に地域社会における人間関係の層がいくつも重なりあって、社会的ネットワークが形成されている。長年にわたり植民地支配や独裁者に翻弄されてきたドミニカの人びとにとってセーフティ・ネットの役割を果たしているが、とりわけ近年の新自由主義経済の影響で悪化する経済状況下にあってその重要性は増している。

以下では、移住を支えるドミニカの親族ネットワークの特徴について説明しておきたい。なお、ここで使用するデータは、B地区のフンダドールが暮らす南側地区（八五世帯：*c2*〜*c7*, *cMaria*）で実施した悉皆的な世帯調査にもとづくものである。南側地区に限定した理由は、先述のようにB地区の人びとのあいだに南側地区と北側地区という境界意識が存在すること、またバリオのフンダドールがバリオを創設してからの過程を把握するためには南側地区が適していると考えたことによる。調査で得られたデータから、世帯主の性別、年齢、世帯員数、世帯員の職業、一か月の賃金収入、送金額、送金元の項目を抽出してまとめたのが表2である。

世帯番号	世帯主年齢	性別	世帯員数	賃金収入（ペソ）	送金額（ペソ換算後）	総収入（ペソ）	世帯員職業	送金元
c.m/4	46	男性	6	5,000	0	5,000	ドーナツ販売	
c.m/5	49	男性	2	8,000	2,000	10,000	建築、建築	兄：ボストン
c.m/6	54	女性	5	0	8,000	8,000	専業主婦	娘の元夫：テハダの弟
c.m/7	35	男性	5	8,000	0	8,000	テハダ邸の管理人	
c.m/8	39	男性	4	6,000	0	6,000	コルマド店主	
c.m/9	62	女性	7	8,000	2,000	10,000	建築、バイクタクシー	娘：スペイン
c.m/10	83	女性	4	6,000	2,000	8,000	建築	娘：ボストン
c.m/11	31	女性	8	8,000	4,000	12,000	バイクタクシー	兄：ペンシルバニア
c.m/12	54	男性	4	6,000	0	6,000	バス運転手	
c.m/13	31	女性	3	4,000	2,000	6,000	コルマド店員	元夫：ボストン
c.m/14	54	女性	2	3,000	2,000	5,000	邪術師	息子：ボストン
c.m/15	49	女性	6	8,000	0	8,000	建築	
c5/1	33	女性	3	0	12,600	12,600	専業主婦	元夫：ペンシルバニア
c5/2	42	女性	5	8,000	2,100	10,100	屋台、建築	兄：ボストン
c5/3	51	男性	6	5,000	4000	9,000	建築	兄：ボストン
c5/4	48	女性	5	3,000	0	3,000	富クジ売り	
c5/5	68	女性	4	0	8,000	8,000	専業主婦	娘の元夫：テハダの弟
c5/6	46	女性	6	3,000	2,000	5,000	コルマド経営	元夫：ボストン
c5/7	47	女性	6	4,000	4,000	8,000	電気工事士	弟：ボストン
c5/8	46	男性	5	6,000	0	6,000	銀行の警備員	
c5/9	37	女性	4	4,000	2,000	6,000	フリーゾーン	元夫：ボストン
c5/10	64	女性	5	4,000	6,000	10,000	警察官	元夫：ボストン
c5/11	73	女性	5	0	7,000	7,000	専業主婦	息子：ボストン
c5/12	44	男性	6	7,000	2,000	9,000	建築、ホテル従業員	弟：ボストン
c6/1	32	女性	4	0	8,000	8,000	移民の留守宅管理	友人：ペンシルバニア
c6/2	60	女性	6	8,000	0	8,000	邪術師、パロ奏者（バイクタクシー）	
c6/3	53	女性	4	0	0	0	ロトくじをあてたカネで生活	
c6/4	33	男性	6	3,000	8,000	11,000	コルマド店主	父：ボストン
c6/5	40	男性	4	6,000	0	6,000	建築、冰屋	
c6/6	33	男性	6	8,000	2,000	10,000	バイクタクシー、建築	弟：ボストン
c6/7	49/41	男性	5	4,000	2,000	6,000	アイスクリームの行商	男性の兄：ニューヨーク
c6/8	49	女性	6	4,000	0	4,000	バイクタクシー、建築	
c7/1	41	男性	5	8,000	0	8,000	テハダの倉庫管理人	
c7/2	66	男性	3	4,000	5,000	9,000	駐車場番、屋台	息子：ペンシルバニア
c7/3	49	女性	4	4,000	3,500	7,500	建築	息子：スペイン
c7/4	38	男性	8	8,000	0	8,000	テハダ邸の管理人	
c7/5	54	女性	7	8,000	0	8,000	フリーゾーン、服屋店員	
c7/6	53	女性	6	6,000	0	6,000	散髪屋店主	
c7/7	58	女性	8	8,000	0	8,000	レストラン、行商、バイクタクシー	
c7/8	40	男性	5	3,000	3,500	6,500	年金	兄：ペンシルバニア
c7/9	37	男性	4	8,000	0	8,000	テハダ邸の管理人	
c7/10	60	女性	6	3,000	3,500	6,500	バイクタクシー	息子：ボストン

表2　B地区における世帯収入と送金額

世帯番号	世帯主年齢	性別	世帯員数	賃金収入（ペソ）	送金額（ペソ換算後）	総収入（ペソ）	世帯員職業	送金元
c2/1	44	女性	7	6,000	11,000	17,000	建築	夫：ボストン
c2/2	53	女性	5	0	21,000	21,000	大リーガーの取り巻き	コンパドレ：大リーガー
c2/3	55	女性	5	12,000	0	12,000	建築、行商、バスの車掌	
c2/4	37	男性	4	8,000	0	8,000	建築	
c2/5	30	女性	7	5,000	4,200	9,200	建築	元夫：ボストン
c2/6	64	女性	7	7,000	4,000	11,000	建築	孫：マイナーリーガー
c2/7	47	女性	6	13,000	0	13,000	行商、首都のコルマド	
c2/8	32	女性	5	5,000	3,500	8,500	首都のコルマド	元夫：ボストン
c2/9	62	女性	3	3,000	5,200	8,200	建築	元夫：ボストン
c2/10	27	女性	6	6,000	0	6,000	建築	
c2/11	51	女性	4	2,000	4,200	6,200	コルマド店員	息子：ボストン
c2/12	22	女性	5	6,000	0	6,000	建築	
c2/13	52	女性	6	2,000	4,200	6,200	農業	娘：ニューヨーク
c2/14	32	女性	4	4,000	0	4,000	建築	
c2/15	35	男性	5	5,000	4,200	12,000	小学校の門番	元妻：スペイン
c2/16	43	女性	6	4,000	4,200	7,200	設備工事士	元夫：ボストン在住
c2/17	32	女性	5	3,000	6,300	9,300	闘鶏場のもぎり	元夫：ニューヨーク
c2/18	50	女性	5	6,000	2,000	8,100	フリーゾーン	娘：ボストン
c3/1	65	女性	5	4,000	0	4,000	バイクタクシー	
c3/2	48	女性	5	3,500	4,200	7,700	屋台	娘の元夫：ボストン
c3/3	42	女性	4	8,000	0	8,000	バイクタクシー、レストラン	
c3/4	76	女性	5	5,000	0	5,000	ほうきの販売、電気工事	
c3/5	50	女性	4	4,000	0	4,000	農業、ゴミ収集、売春婦	
c3/6	52	女性	7	4,000	3,500	7,500	コルマド店員	息子：ボストン
c3/7	47	女性	6	12,000	2,000	14,000	養鶏、バンカ経営、鶏肉店員	娘：パナマ
c3/8	50	男性	6	5,000	0	5,000	鶏肉店員	
c3/9	55	女性	4	4,000	3,500	7,500	缶詰工場	息子：ボストン
c3/10	36	男性	5	4,000	6,000	10,000	養鶏場	娘：ドイツ
c3/11	66	女性	5	4,000	1,750	5,750	缶詰工場	元夫：ボストン
c3/12	36	女性	8	5,000	4200	9,200	木材店	元夫：ニューヨーク
c3/13	32	女性	6	4,000	2,000	6,000	建築現場	元夫：ボストン
c3/14	22	女性	5	6,000	3,500	9,500	フリーゾーン	元夫：プエルト・リコ
c3/15	64	女性	6	4,000	3,500	7,500	缶詰工場	娘の元夫：ボストン
c3/16	46	女性	5	8,000	2000	10,000	コーチ、バンカ	元夫：ニューヨーク
c3/17	80	女性	4	8,000	0	8,000	ガソリンスタンドの店員	
c3/18	53	女性	6	5,000	4,200	9,200	建築現場	兄：ペンシルバニア
c4/1	24	女性	4	0	6,000	6,000	専業主婦	夫の兄：ボストン
c4/2	52	女性	6	6,000	3,500	9,500	バイクタクシー、鉱山労働者	元夫：ボストン
c4/3	46	女性	7	5,000	2,000	7,000	建築、行商	元夫：ボストン
c4/4	43	女性	5	4,000	0	4,000	フリーゾーン	
c.m/1	24	女性	4	5,000	2,000	7,000	首都のコルマド	兄：ボストン
c.m/2	46	女性	6	6,000	3,500	9,500	軍隊	息子：ボストン
c.m/3	58/50	男性／女性	5	8,000	2,000	10,000	年金、給食婦、軍隊	息子：ペンシルバニア

⑴居住形態と親族関係

わたしの滞在先は、B地区の南端の通り（*Calle María*：カジェ・マリア）にあるメレンシアーノ家である。調査を開始した当時（二〇〇五年三月）の世帯構成は、軍隊付属の職業訓練学校で教師をしていたラファエル氏（五八歳、現在は年金受給者）、妻のレイナ（五〇歳、幼稚園で給食婦をしていたが、病気のため休職中）、長男ジョニー（二九歳、元アカデミー選手、二〇〇九年三月に渡米）、長女の息子ジョナタン（七歳、小学生）、長男の息子ジョルキン（七歳、小学生）、レイナのメイにあたるマリエラ（一六歳、二〇〇七年にバリオ内の男性と結婚）の六人であった。アメリカ在住の家族として、長女スーニー（三一歳、二〇〇四年に渡米）、次男フェリン（二四歳、二〇〇四年に渡米）がいる。

世帯主であるラファエルは、バニ市中心部のバリオであるトレンタ・デ・マジョ（*30 de Mayo*）で生まれた。父親はサン・クリストバル県のカシーケ（*cacique*：領主）の末裔として農場を所有する家の出身だったが、一八人兄弟であったことから警察での職を得てバニ市へと移住する。バニ市で知りあった妻とのあいだに七人の子どもをもうけるが、ラファエルはその六番目の子どもである。軍隊のアマチュア・ボクシングチームのコーチをしていた兄シレンシアに誘われたことから、軍隊にはいってボクシングをするようになる。軍の大会では何度も入賞を果たしたという経歴も、六〇歳近くになった現在でも衰えない強靭な肉体を見ればうなずける。選手を引退後は、軍隊付属の職業訓練学校で設備工事の施工技術を教えていたが、五五歳で退職して現在は年金受給者である。

妻のレイナは、バニ市内からバイクで一時間あまり山奥へとわけいったところにあるカンポ（*Campo*：バリオのひとつだが、山間部の人口の少ない村のことをさす）のサバナ・ラルガ（*Sabana Larga*）出身である。いまでも山奥の集落では、ほぼ自給自足に近い生活をおくっている。家畜として、ニワトリ、ヤギ、ウシ、ブタを飼い、農作物は、コメ、プラタノ（料理用バナナ）、フリフォーレス（インゲンマメ）、ユカ（キャッサバ）、ココヤシ、コーヒーなどの食事に必要なものはすべて自前でまかなっている。このうちの一部は換金作物として出荷し、そこで得た現金をロウソクやガソリン、衣料品、電化製品の購入にあてている。レイナの兄弟は一四人である。このなかで両親がおなじ兄弟五人が一緒に育った。レイナの本名はファアナというが、身長が一七〇センチと高く、美人だったことからレイナ（女王）とよばれるようになった【20】。当時、サバナ・ラルガの小学校は四年生までのクラスしかなかった。一一歳になるとバニ市内に降りていき、知りあいの家で住みこみの家政婦をはじめた。月二〇ペソの給料をもらい、はじめて自分で洋服を買った。一八歳のとき、ラファエルと出会い、結婚することになったが、平穏な日々は長女のスーニーが生まれてすぐに消え去った。ハリケーン・デーヴィッドが襲来したからである。バニ市一帯が水につかり、ほとんどの家屋は流されるか、水没した。ふたりは、生まれてまもないスーニーを連れて学校の校舎での避難生活を送ることになった。半年後、政府が被災者向けに土地を提供することになり、そのなかのひとつであるB地区への移住を選択する。ラファエルの姉であるオルガから一緒にB地区で暮らすことを熱心に誘われたことが決め手となった。オルガも結婚をして夫と暮らしていた家が被害をうけたことを機に、気難しい兄のシレンシアの近くに暮らすよりは、子どものころからかわいがってきた弟のラファエルと、ウマのあうレイナの近くで暮らすほうを選んだ。B地区へは九世帯が一緒に移住した。先述のフンダドールとよばれる草分け世帯のひとつである。家が完成すると、抽選がおこなわれて各自の入居先が決定した。そのときレイナは長男のジョニーを身ごもっていた。

ジョニーが生まれたころには、新しいバリオの環境にも慣れていたが、生活は苦しかった。知りあいの紹介で幼稚園の給食婦の口をみつけて働くようになった。幼いふたりの子どもの世話を頼むために、実家から妹のメルセデスを呼んで住みこみで家事を手伝ってもらうことにした。やがてメルセデスは、B地区の男性と結婚し、現在にいたるまで毎日、たがいの家を訪ねては様子をうかがっている。レイナが二〇〇八年一〇月に肺の腫瘍のために入院することになるが、彼女にかわって家事を担当したのは、メルセデスであった。昼と夜の食事をつくりにくる以外にも、娘のニンガや孫のブンバを掃除と洗濯によこした。また、退院後も車椅子なしでは動けなくなったレイナを助けるために、毎日、家をのぞきにきている。

オルガの長女ルーシーは、ジョニーとおなじく一九八〇年に生まれる。スーニーとジョニーにとって、ルーシーはイトコにあたるが、家が近いために兄弟のように育った。週末は、全員そろってシレンシアの家に住んでいた祖父母のもとを訪ねた。食事、水浴び、パティオ（*patio*：裏庭）での遊びなど、なにをするのも一緒だった。ドミニカでは、こうしたイトコの関係を平行イトコや交叉イトコの区別は問わず、とくにプリモ・エルマノ（*primo hermano*：イトコ・キョウダイ）とよび、通常のイトコ関係と区別されている。のちに、メルセデスの長女ニンガと長男ジュニオールもこの関係にくわえられることになる。当然、彼らとオジ、オバとの関係も親密なものとなることはいうまでもない。

ここまでわたしの滞在先を事例に、親族関係について述べてきたが、整理すると以下のようになる。①父方・母方双方の親族がおなじバリオ内に居住すること、あるいは居住するように働きかけ、共系出自集団を形成していること、②近くに暮らすことで、イトコ・キョウダイとよばれる親密な関係が形成されること、③親族間の物理的な距離は精神的な距離に比例する傾向にあること、である。こうした特徴は、メレンシアーノ家だけに限らず、B地区に一般的にみられるが、このように父方・母方双方の親族が近所に居住していることが、バリオ内の相互扶助システムの基礎をなしているのである。

⑵擬似親族関係

次に、B地区の相互扶助システムを支える擬似親族関係について説明する。イベリア半島南部ならびに地中海地域とラテンアメリカのカトリック圏では、コンパドラスゴ（*compadrazgo*）とよばれる擬似親族関係がみられる。この関係は、結婚【21】と洗礼にあたって構築される儀礼上の親子関係と、その際に親族や友人のなかから選ばれた儀礼上の親と実親の関係が構築されるものである［Pitt-Rivers 1966 (1954) : 107］。ドミニカでも子どもの洗礼を機に儀礼上の擬似親族関係が築かれる。B地区では、両親がプロテスタントでない限り、子どもが生まれてから一五日目を目安に洗礼式（*bautizo*：バウティソ）をおこなう（写真13）。この洗礼式は、カトリック教会での正式な儀式ではなく、地域社会でおこなわれてきた慣習で、一般にはエチャール・アグア（*echar agua*：水をかける）とよばれている。字句どおりに新生児に洗礼が授けられるだけではなく、邪視（*mal de ojo*：evil eye）から守るためにおこなわれる。赤ん坊はとりわけ、邪視によって病気がもたらされやすいと考えられており、邪視から守るためにブルーハ

（*bruja*：呪術師）がよばれ、聖水で清めてもらうのである。調査中、生まれてすぐの赤ん坊がこの儀礼を待たずに亡くなったことがあったが、バリオにはそれが邪視によるものだと説明する人が少なくなかった【22】。

洗礼式の際、両親とともに立ちあうのが儀礼上の親にあたる代父母（パドリーノ）たちである。洗礼式以降、代父母は儀礼上の子どもの成長を見守る責任を負う。もし、実親が経済的に困窮した場合、代父母がその子どもを養育することが求められる。このように重大な責任がともなうために、代父母はもっとも信頼のおける友人のなかから選ばれることになる。しかしながら、この制度の本質は儀礼上の親子関係以上に、代父母と実親の関係を強化する点にある。洗礼式以降、代父母と実親はたがいをコンパドレ *compadre*（女性は、コマドレ *comadre*）とよびあい、敬意をもってつきあうことになるが、人びとはコンパドレ（コマドレ）までを親族の範囲と定めることで、頻繁にたがいを訪問しあう親密な関係を維持している【23】。

B地区ではひとりの子どもにつき、四～六人の代父母（パドリーノ）というのが平均的な人数である。両親からすれば、それぞれ二～三人のコンパドレ（コマドレ）を選定することになる。子どもの数が増えれば、コンパドレの数は増えていくが、おなじ人物を選ぶケースもあるために、子どもの数と比例するわけではない。交友関係のひろい人物の場合、二〇人を超えるコンパドレを有することも珍しくはない。近年では、すでにアメリカに移住し、B地区に居住していない友人を選定するケースが増加する傾向にある。この場合、国際電話やFacebookでのやりとりを介したコンパドレ関係が維持されることになるが、きわめて現代的な現象であるといえよう。一方、B地区以外に暮らす人びとと関係を構築する場合は、職場の上司やバニ市内の有力者が選ばれるケースが多い。B地区内での関係構築に際しては問われ

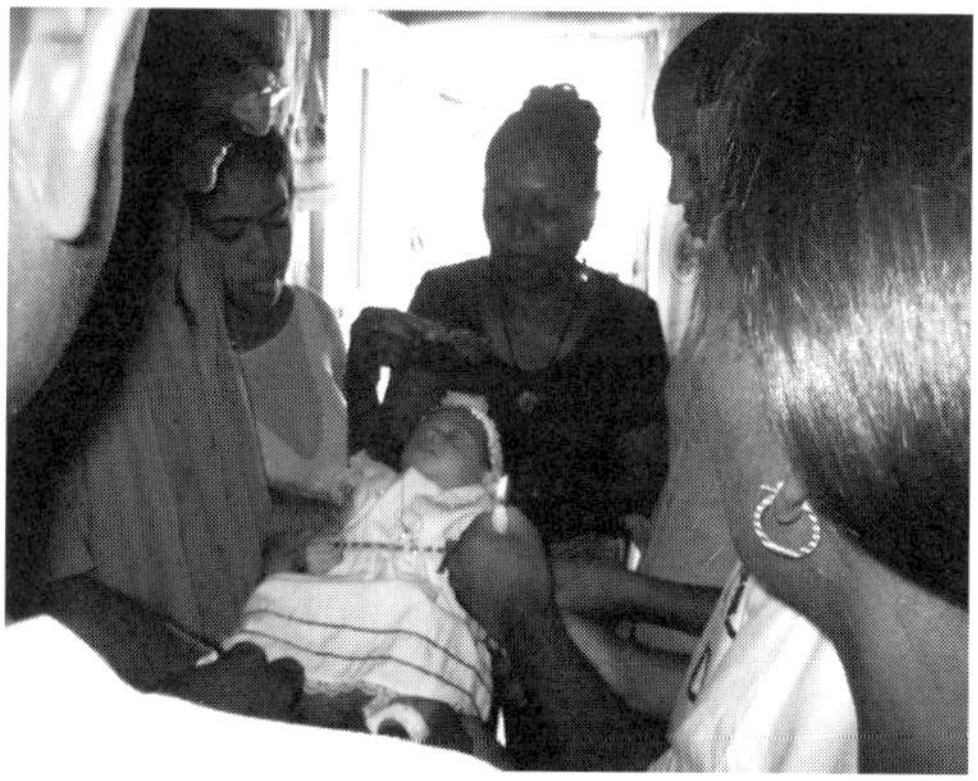

写真13　洗礼式でブルーハが聖水で赤ん坊を清める。まわりはコンパドレたち

なかった社会的地位が、ここでは重要な選定基準となっていることは注目に値する。

こうしたB地区における擬似親族関係の構築過程からは、自分たちが置かれている社会環境を認識したうえで、将来に直面するかもしれない困難に備え、可能な限り多くのパトロンを確保しておきたいという生活戦略がうかがえる。そして、こうした個人の生活戦略が、結果的にB地区内の相互扶助システムを強化することにつながっているのである。たとえば、富裕層のいないB地区の人びとが、B地区内でしかコンパドレ関係を構築できないときには、相手を兄弟のなかから選んだり、たがいの子どもの代父（パドリーノ）になることで、二重にコンパドレ関係を形成するケースも少なくない。このように、カデナ（*cadena*：鎖）とよばれる社会的ネットワークは、二重にも三重にも固く結びつけられ、ときには国境を越えて、バリオの外部にまでその範囲をひろげているのである。

(3) B地区の婚姻形態

ここでは、親族ネットワークの生成・拡大に重要な役割をになう居住形態について、その特徴についてみていきたい。B地区のように貧困層が暮らすバリオでは、教会で結婚式をあげることはなく、市役所への届出がされることもない。通常の場合、コン・クビーノ（*con cuvino*：同居）とよばれる、男女がおなじ家に暮らす状態をもって結婚とされている（したがって、本文中の結婚や離婚という用語は、法律上の手続きにもとづいた婚姻関係ではなく、本人たちの認識にもとづいたものであることを断っておく）。

世帯調査を実施した八五世帯のうちで、市役所に届出て、法律上の婚姻関係を結んでいる夫婦は四組だけであった。四組に共通しているのは、夫がアメリカの滞在ビザを取得したのちに、妻のビザを申請する際に必要となり、届出を済ました点である。つまり、一緒に暮らしはじめた当初は、同居関係にあるだけであった。一組目の夫婦は、アメリカのペンシルバニア州在住で、年に一度だけB地区に帰ってくる。二組目の夫婦はわたしの滞在先のラファエルが軍隊での「つて（エンジャベ：*enllave*）」を頼って、妻と長女、次男の短期商用観光（B1／B2）ビザを取得し、アメリカに移住した子どもを訪ねるために、別々に渡米した経験をもつ。三組目のケースは、夫が野球選手としてアメリカに二年間滞在した際に、妻のビザを申請するために届出をした。四組目は、大リーガーの弟であることからビザを取得することになり、妻と一緒にアメリカを訪問するために届出をした。ただし、三、四組目の夫婦はすでに離婚したために、女性のビザが更新される可能性は少ない。つまり、こうした夫婦がそろってアメリカに渡るケース以外では、ビザを申請する必要はなく、必然的に婚姻の届出もされることはないのである。

次に、B地区でより一般的な婚姻形態であるコン・クビーノについてみていきたい。上記の四組をのぞくすべての世帯がコン・クビーノであった。さらに、調査を実施した八五世帯のおよそ七五%にあたる六三世帯が、男性が不在かもしくは子どもの父親が異なる世帯であった（91ページ 表2）。ここで、典型的な事例をみておきたい。

フィールドノート11　「ミルク代」とよばれる養育費（図5）

世帯番号c2/8（表2）の世帯構成は、母親（三二歳）と三人の子どもと現在の夫である。長女の父親はボストンに移住したが、子どもの養育費の名目で毎月一〇〇ドル前後を送金してくる。次女の父親は、バニ市内の別のバリオに暮らしており、すでに別の世帯をもっている。だが、週に一度は子どもの様子を見に立ち寄る。定額というわけにはいかないが、その時々で渡せるだけのペソを置いていく。そのカネのことを母親は、次女がすでに小学校

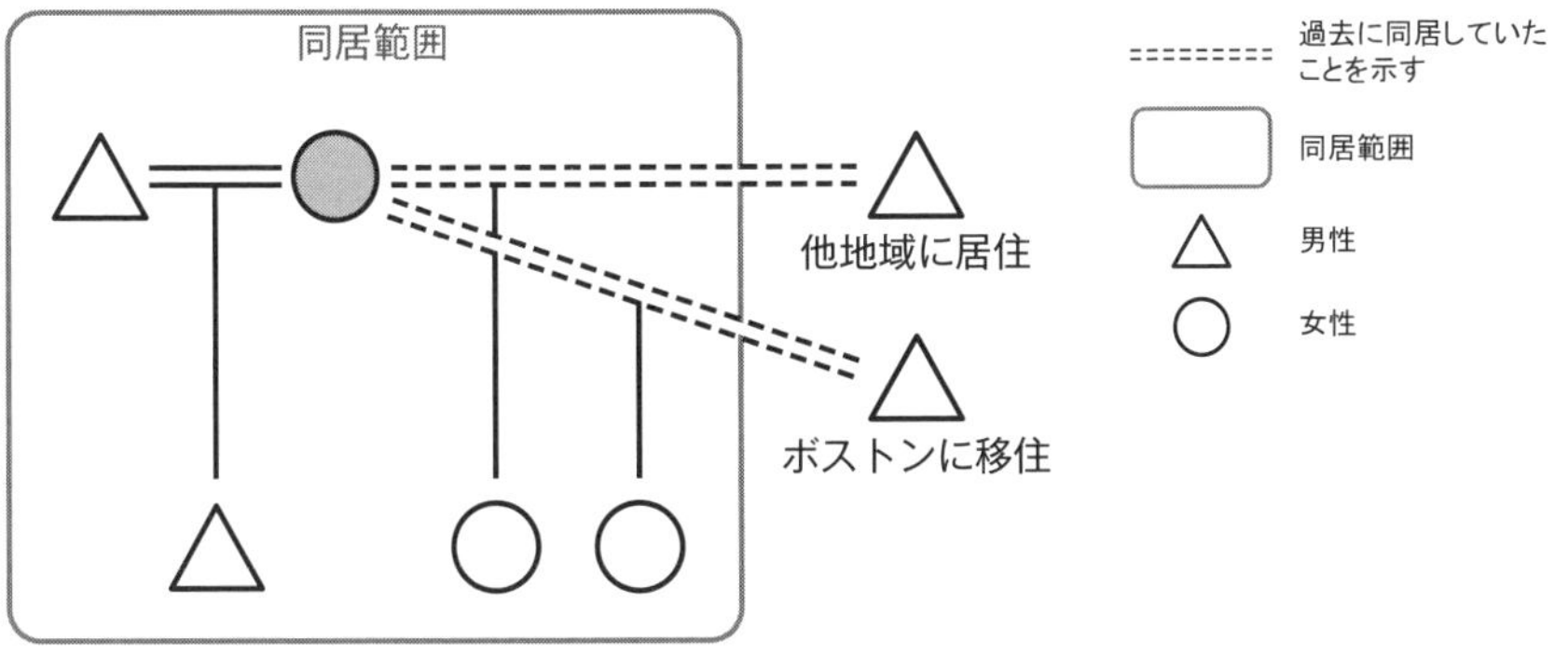

図5　「母親中心家族」（91 ページ 表 2 の c2/8）の例

に通う年齢であるにもかかわらず、「ミルク代」とよんだ。母親は、三人の異なる父親からうけとったカネで家計をやりくりしているという。

（二〇〇八年一一月五日、ドミニカ、バニ、B地区にて）

次の事例は、男性がバリオ内で複数の女性とのあいだにもうけた子どもを同時に扶養しているケースである。

フィールドノート12　拡大家族を形成する

メルセデスの夫であるイシドロ（表2のc3/7）は、メルセデスと暮らすまえはルールデン（表2のc3/2）と暮らしていた。彼女とのあいだにできた娘ナタリーは、すでに成人して娘もいるが、イシドロの向かいの家でルールデンと異父妹と一緒に暮らしている。さらに、イシドロには、ルールデンよりまえに暮らしていた女性（別のバリオに居住）とのあいだに娘オーリがいる。彼女のふたりの娘（孫）は、イシドロの家に暮らしている。さらに、現在の妻メルセデスとのあいだにも、成人したふたりの子どもがいる。それぞれの子どもたちが成人するまでは、イシドロは養育費を支払っていた。

（二〇〇八年、ドミニカ、バニ、B地区にて）

かつてドミニカでは、イシドロのようにひとりの男性が同時に複数の女性と子どもを養うことは珍しいことではなかった。五〇代以上では、一〇名を超える異父母兄弟がいる人は少なくない。こうした習慣がなくなりつつあるのは、経済的な要因による。農業がさかんにおこなわれていた時代は、農地面積の大きさに比例するように、世話をする子どもの数も複数になったという。農業が衰退し、建築現場での仕事に就くものが増えるに従い、複数の女性とのあいだにもうけた子どもを同時に扶養することが困難になってきた。現在のB地区では、イシドロをふくめて三名の男性だけが、バリオ内で複数の女性とのあいだにもうけた子どもの面倒をみていた。現在のバリオで多くみられるのは、B地区以外のバリオで世帯をもちつつ、B地区に暮らす子どもに養育費を手渡しにくる姿である。その場合、イシドロのように、複数の女性とのあいだにもうけた子どもの養育費を定期的に手渡すことはできないまでも、可能な限り子どもの養育費を工面していた。このように、男性にとってかつてのような扶養形態を維持することは時代の変化にともない難しくなったが、人びとの意識のなかでこの習慣は生きていることがわかる。それは、近年になってアメリカに移住した男性が、複数の女性に送金し、子どもの養育の一部をになっているケースが増えていることからも明らかである。

ここまでB地区の婚姻形態についてみてきたが、多くの男性が、かつて一般的であった複数の女性とのあいだにもうけた子どもを同時に養う習慣を、現在の社会経済的なコンテクストにあわせるように縮小しながらも部分的に継承していることが明らかになった。ここで重要なのは、ドミニカで一般的なコン・クビーノの存在が、核家族ではなく母親を中心とした拡大家族を形成しやすくさせていることである。いいかえるならば、人びとのあいだで拡大家族を基盤とした社会関係を築くことが前提とされているために、コン・クビーノという形態を選択しているともいえよう。このことはさらに、共系的な親族関係の基礎を形成するだけでなく、結果としてバリオ内に拡大家族のネットワークを拡大することにつながっているのである。

一-三　バリオにおける相互扶助の規範

ここまでは、B地区内の親族関係および擬似親族関係についてみてきたが、ここでは隣人、友人関係をふくめたB地区全体にまたがる相互扶助の規範について概観しておきたい。

(1)ディア・ア・ディア（*dia a dia*：日々の助けあい）

B地区で日常的にみられる隣人、友人との助けあいで、具体的には家事の手伝いや家屋の補修、食事の贈与などがこれに該当する。本来は、「日払いの仕事」の意味をもつことからもわかるように、一日限りの援助をさす。女性間の場合は無償が一般的だが、相手が男性の場合は、ビール代や煙草代の名目で五〇ペソほどを握らせることもある。わたしの滞在先での事例をあげておきたい。

フィールドノート13　ディア・ア・ディア

レイナの体調が悪く、満足に家事をこなせないために、近所に暮らす妹メルセデスが家事を手伝いにやってくる。隣人のフィオールも毎日顔をだして、掃除を一緒に手伝っていく。レイナが体調を崩すまえからこうした助けあいはみられた。家族が首都での用事のために、終日不在のときなどは、向かいの家のジーシーがわたしの昼食を運んできてくれたことがたびたびあった。わたしがこのお返しはどうすればいいのかと質問したところ、「ディア・ア・ディアにお返しはいらない。誰かが援助を必要としたら助けてあげて」と答えた。

家屋の補修をする際、ラファエルは三軒隣に住むメルビンに声をかけることが多い。もし、彼が捕まらないときは、家のまえを通る男性に声をかけるが、よほどの用事がないかぎり、断るものはいない。アメリカに暮らす子どもを訪問した際には、首都の空港までの送迎をチャモに頼んだ。彼を選んだ理由は、そもそもバリオ内で車を所有するものはラファエルをいれて三人しかおらず、また自分の車の運転を託せるほど親しい人物は、数少ない運転免許の保持者のなかでは彼だけだったからである。チャモには、家に到着後、近くのコルマドでビールをふるまった。

（二〇〇八年、ドミニカ、バニ、B地区にて）

(2) フンタ・デ・ベッシーノ（*junta de vecino*：隣人間の協力）［以下、「フンタ」と略記］

バリオ内における諸問題の解決のためにバリオの成員が集まって協議し、政治家や市役所に陳情したり、共同作業をおこなうことをさす。

一九七〇年代なかばごろまでドミニカ各地の農村でおこなわれていた互酬的な労働交換をフンタとよんでいた。ドミニカ中部の農村地帯では一九五〇年代初頭に、労働賃金の支払いに頭を悩ませていた零細農家たちが、落花生の栽培を導入し、たがいの農作業を手伝うことで、その危機を乗りきったことが報告されている[George 1990: 66]。B地区でもバリオが誕生した際に、移住希望者たち自らの手で家を建て、水道をひき、小学校を建てたが、このときも全世帯が集まって計画を立て、市役所や有力者に知りあいのいるものが資金や資材の調達を担当し、実際の作業は全員で協力しておこなった。一九九八年には未舗装だった通りをアスファルトにしたのもフンタの力だった。B地区の老人によれば、バニ市周辺の農家でも、かつては頻繁にフンタが組織され、無報酬で労働交換がされていたという。また、農家に限らず、零細商人間でのフンタも頻繁にみられたという。B地区のフンタもかつての習慣の延長として経験的に発生したものだといえる。ここでB地区での最近の事例をあげておきたい。

フィールドノート14　フンタ

ドミニカの地方都市に暮らす人びとの足は、日本製の中古バイクである。B地区でもバイクの所有者が増え、比例するように交通事故が深刻な問題となっている。二〇〇五〜二〇一二年の期間にバイク事故で三人が亡くなり、五人が重傷を負っている。こうした事態をうけ、B地区のひとつの通りでフンタによる話しあいの場がもたれ、代表者が市役所にかけあって材料代を調達し、ポリシア・アコスタール（*policia acostar*：寝そべる警官）とよばれる障害物を設けることになり、作業は住民が協力しておこなった。

（二〇一二年二月、ドミニカ、バニ、B地区にて）

以上のふたつの慣習化された互酬的な相互扶助の規範は、ドミニカの社会関係の維持に重要な役割をはたしている。とくにB地区のようにバリオがゼロからの出発をして日が浅い地域では、こうしたドミニカの伝統的な規範にもとづき構築された仕組みが可視化しやすいといえる。B地区が発展していく過程において、上述のように拡大家族の成員が自然と近所に居住するようになったのは、けっして偶然ではなく、相互扶助の規範をもとにバリオをつくりあげていこうとした必然の結果だったのである。また、この仕組みは、次節以降で述べる移民をめぐるあらゆる局面で顔をのぞかせる。なぜなら、移住を生みだす社会的ネットワークがすでに、こうした水平的な相互扶助規範によって補強されているからであり、出身地への送金行為をうながすのも互酬的な相互扶助システムだからである。

一-四　垂直的な扶養義務システム：クーニャ（*cuña*）

上述した水平的な相互扶助システムにくわえ、バリオの社会関係を規定しているのが、クーニャ（*cuña*）とよばれるパトロネージの仕組みである。ここでクーニャについて考察するまえに、「クーニャ・エンジャベ（*cuña enllave*）」とよばれる民俗概念について説明する必要がある。これは、一般にはパトロン・クライアント関係として知られる用語で、これまで農民社会の人間関係や社会組織を分析する概念として、古くから多くの人類学者によってあつかわれてきた。スペインのアンダルシア地方についての民族誌のなかで、ピット・リヴァースは、「不均衡な友人関係（lop-sided friendship）」と定義し、第一義的には、対等の友人関係が、経済的な対等性が崩れるとパトロン・クライアント関係へと移行すると述べる[Pitt-Rivers 1966 (1954): 140]。メキシコの農民社会の研究をおこなったフォスターも、パトロンとは、「地位、権力、影響力、権威をあわせもち、自分自身、もしくは他人を援助する人であり、クライアントとは、パトロンが援助する自分よりも地位の低いもの」と定義している。この非対称性によって特徴づけられるパトロン・クライアント関係では、両者のあいだで異なる種類のモノやサービスが互酬的に交換される[Foster 1963: 1281-1282]。具体的には、経済的援助と合法的・非合法的侵害からの保護をパトロンが提供し、クライアント側には、見返りとして尊敬、陰謀に対する情報提供、政治的支持が求められる[Wolf 1966: 16-17]。

アフリカにおけるモラル・エコノミー論者であるゴラン・ハイデンは、パトロン・クライアント関係を「情の経済（economy of affection）」のなかのインフォーマルな制度としてとらえる。彼は、「情の経済」を直接的な互酬的関係の機能であるとしたうえで、そのなかのインフォーマルな制度のひとつとして、恩顧主義（clientelism）をとりあげ、フォーマルな制度では満たされない政治的目的を達成するために制度化された、一連のインフォーマルな行為パターンであり、とくに社会的不平等に特徴づけられるような社会においては、そう簡単にはなくならない規範であると指摘した[ハイデン 2007: 41-42]。

ここまでの議論から、パトロン・クライアント関係の性質を整理すると、①直接的かつ垂直的な関係である、②自由意志にもとづき、後天的に構築される関係である、③互酬的関係である、ということができる[cf. 伊藤 1995: 48-49]。以下では、この必要最低限の定義をふまえ、ドミニカでの「クーニャ・エンジャベ」という用語の使われかたを述べる。

フォスターは、パトロン・クライアント関係を理解するための用語として、現地語の「パランカ（*palanca*）：コネ」が有効だとし、その本質を「パトロンにアクセスする方法」、つまり仲介機能にあるとする。ドミニカでは、パランカに対応する用語が「クーニャ（*cuña*）」であり、「エンジャベ（*enllave*）」にあたる。ただし、おなじコネの意味をもつ両者だが、前者に「保護」あるいは「後ろ盾」というニュアンスがこめられているのに対し、後者では「つて」あるいは「友情」の色あいが強くこめられる傾向にある。また、このことばは、フォスターのメキシコでの事例と同様に、ドミニカの人びとによってパトロン・クライアント関係に対応する用語として使用されているわけではない。パトロンという用語だけが使われ、クライアントにあたる用語は存在しないからだ。しかし、ドミニカの人びとはパトロンが行使するパトロネージについて説明する際に、クーニャという用語を使用し、クライアント側からの働きかけについて説明する際に、エンジャベという用語を使用することから、本書でもその使用法に準じることにする。そこで以下では、パトロン・クライアント関係をクーニャ・エンジャベ関係とよび、この関係をふくむバリオ内におけるパトロネージのシステムについて記述・分析する際にはクーニャという用語を使用する。ここでは、これまで本節で述べてきた拡大家族と婚姻形態の関係をこのクーニャという概念をもちいてあらためて整理しておきたい。

先述のとおり、B地区における地縁関係と共系的な親族関係の中心にあるのが、拡大家族である。その拡大家族を構成する親族や擬似親族にくわえ、隣人や友人関係もふくめたバリオの社会関係の根底には、互酬的な相互扶助のネットワークシステムが存在することはすでに指摘したとおりである。では、相互扶助のネットワークシステムの中心をなす拡大家族は、バリオという文脈のなかでどのように配置されるべきだろうか。これまでカリブ海地域の家族形態に関する研究では、母親や母方の祖母が世帯形成の中心となる拡大家族は、「母親中心家族（matrifocal family）」とよばれてきた。そこでは、男性が夫や父親としての役割を果たさないことから生じる家族形態とされ、事実婚の状態にある夫婦に子どもが生まれたのちに、男性が死亡するか、出稼ぎにでる、あるいはほかの女性と暮らすようになることで「母親中心家族」が形成されると説明されてきた[Smith 1996 (1956), Davenport 1961, Clarke 1966 (1957)]。近年になり、人類学的な家族研究によるこうした説明に対しては、男性をもっぱら父親、夫として想定し、世帯を超えた親族関係にも注意を払わなかったために、男性の家族への貢献を過小評価し、「無責任」で「周縁的」な男性像を描いてきたとの批判がなされた[Barrow 1998: 344-349, cf. 二宮 2012]。

こうした一連の議論は、男性の役割に焦点があてられたものである。しかし、ジェンダーの視点からいったん離れ、「母親中心家族」の実態に注目することで、新たな理解が浮かびあがってくる。すでに述べたように、B地区での一般的な婚姻形態は、コン・クビーノとよばれる同居関係であり、調査を実施した八五世帯のうち六三世帯が「母親中心家族」であった。さらに、そのほとんどの母親が父親の異なる子どもを育てていた。注目すべきは、フィールドノート11でみたように、小学校に通う子どもの養育費にもかかわらず、母親が「ミルク代」とよんでいることである。こうした象徴的な表現からは、母親が子どもを父親によって扶養されるべき存在として位置づけていることが読みとれる。ここで重要なのは、母親が三人の男性とのあいだに子どもをもうけることで、三人のパトロンを確保（リスクを分散）している点である。別のいいかたをすれば、女性が母親という立場を利用して、三人の父親に子どものパトロンとしての役割（扶養義務）を要求しているのであり、その意味において「母親中心家族」なのだといえよう。なぜなら父親は子どもに対してクーニャ（保護）を与えることになるが、それを仲介しているのが母親だからである。

では、子どものいないコン・クビーノのケースはどうなるのか。

フィールドノート15　「母親中心家族」の一員

ニンガ（二三歳、女性）は、五年前（二〇〇九年）にB地区出身のビティーコ（二四歳）と実家の敷地内でコン・クビーノをはじめる。三年が過ぎても子どもができなかったために、病院で検査をうけた結果、ビティーコに原因があることが判明した。ふたりはそれぞれ働いているが、ふたりともその稼ぎの一部を自分の母親に渡し、残りは各自が必要なものを購入するのにあてていた。四年が過ぎたとき、ニンガはパナマに単身で移住することを決める。理由は、オバ（母親の姉）が病気で入院し、その治療費を援助してあげたいと考えたからだが、子どもができないことが判明したことも理由のひとつになった。ニンガがパナマに渡ると、ビティーコは実家に戻った。ニンガはパナマから母親へ定期的に送金をしているが、ビティーコには一切送金をしていない。送金されたカネは、母親を介してニンガのオバの治療費や兄の子ども（オイ）の養育費にまわされている。

（二〇〇九年七月五日、二〇一三年六月、ドミニカ、バニ、B地区にて）

この事例は、子どものいない女性がどの方向に扶養義務のベクトルを向けるのかを示すものである。ここでは、コン・クビーノの期間からパナマへの移住後も終始、母親やオバ、あるいはオイといった拡大家族の成員に向けられている。男性とのあいだに子どもができないとわかった段階で、拡大家族の母親としての役割をになうことを決意したのだとも考えられる。ここからは、コン・クビーノの関係においては、子どもがいなければ男女のあいだで相互にパトロンとしての役割（扶養義務）は発生しないといえそうである。

もうすこし拡大家族における扶養義務についてみていきたい。フィールドノート12は、男性が複数の女性とのあいだでもうけた子どもを扶養しているケースであった。この男性は、B地区内で三つの「母親中心家族」を抱え、それぞれの子どもとのあいだでクーニャ・エンジャベ関係を築いているが、さらに娘の子ども（孫）ふたりを家に住まわせている。興味深いのは、孫たちの実質的な「母親」となっているのが、孫たちと血縁関係にない男性と同居関係にある女性だということである。こうしたケースはB地区内でも珍しいことではなく、孫たちもこの女性を「ミ　マイ：*Mi Mai*（お母さん）」とよんでいる。この場合、血縁上の父親からの「ミルク代」をうけとるのはこの女性である。さらに、彼女は同居相手の男性からも孫の「ミルク代」をうけとっている。この女性が拡大家族の中心で母親としての役割をになうことで、子どもや孫たちの養育にかかるリスクは分散されているのである。

以上をまとめると、「母親中心家族」とは女性が母親の立場を利用するかたちで、複数の父親に子どもに対するクーニャ（保護）を要求することでリスクの分散をはかる家族形態だといえる。そして、このクーニャがそれぞれの拡大家族を起点に、バリオ中にはりめぐらされることによって、B地区全体のリスクまでもが分散されることにつながっているのである。さらにいえば、水平的な相互扶助の規範の存在にくわえて、拡大家族に対する垂直的な扶養義務のネットワークが、バリオ内に網の目のようにはりめぐらされ、より強固な社会的ネットワークを形成することになっているのだといえよう。

このように考えると、ドミニカにおける社会的ネットワークを分析する際には、従来の人類学的研究で使用されてきたパトロン・クライアント関係ではなく、パトロネージという概念を使用するべきであろう。なぜなら、前者が基本的に「一対一」の関係性を分析するための概念であるために、ドミニカの地域社会にはりめぐらされたネットワークの基礎となる母親中心的な拡大家族のような「一対多数」の関係性を分析するためには使用できないと考えるからである。ドミニカ中部の農村地域で調査をおこなったジョージは、社会的ネットワークの基本をなす親族関係は、友人、隣人、パトロネージにもとづき形成されると指摘するが[George 1990: 20]、わたしは、クーニャがドミニカ社会における親族関係、人間関係を規定する重要なシステムとしてとらえている。そのため、本書ではクーニャという用語をバリオ中にはりめぐらされた垂直的な扶養義務システムのネットワークを示すものとして使用する。

第二節　送金から浮かびあがる地域社会の論理

二-一　B地区からの移住とその実態

グローバル化の進展にともなう新自由主義経済のの影響が世界中に浸透するにつれ、ドミニカでは国民総移民化とでもよべるほどアメリカへの移民熱が高まっている。B地区でも、調査をはじめた頃には移民願望などなかったものまでが、アメリカに渡るようになっており、調査で訪れるたびに知りあいの数が減っているのが現実である。第一章で述べたように、初期の移民の多くは都市部の中間層が占めていた。それは、国内の経済状態に見切りをつけ、アメリカで稼いだドルを元手に新たにドミニカで商売をはじめようとするものが多かったからである。一九八〇年代にはいり主要農作物である砂糖の国際価格が低下すると、地方の農村から首都へ移住する人びとが増加し、首都サント・ドミンゴの雇用環境は飽和状態におちいる。地方出身者が首都での生活を経由した後に、アメリカをめざすケースが増加しはじめるのは、この頃からである[Hernadez and Lopez 1997: 63]。現在では、首都を経由せずに直接、アメリカに渡るのが一般的になっているが、それはここ数年の物価の上昇と景気低迷の影響が深刻で首都で働き口をみつけることすら困難になってきているからである。

(1) B地区からの移住

一九八〇年にバリオが誕生してから現在までのあいだに、一〇〇人近くの人びとが海外へと移住している。ここではまず、初期の移住者の経験を一九八六年にB地区からはじめての移住者としてアメリカに渡ったパポの経験を本人と弟ピオの話からたどっておきたい。

フィールドノート16　移住の開拓者

一九五七生まれのパポは、八人兄弟の長男である。家族でバニ市の別のバリオで暮らしていたがハリケーン災害を機に、B地区に移住する。B地区以外に暮らしていた父親がすでにボストンに移住しており、彼からの呼び寄せを待って、一九八六年にボストンへと渡った。二九歳のときだった。ボストンでは、父親のアパートに身を寄せた。コインランドリーの店番の仕事をみつけて、しばらくそこで働いた。工場をいくつか変わって、建築現場でも働いた。それからの二〇年で残りの兄弟全員をボストンによんだ。ドミニカにいるときにはまだ子どもだったオイまで、いまではボストンに移住している。彼の子どもたちも全員がボストンの高校を卒業した。彼らが独立したのを機に四年前、B地区に帰ってきた。高齢の母親のそばにいてあげるためだった。航空券代が安くなったおかげで、なにかあっても簡単にボストンにいけるようになったのも帰国を決断した理由である。

（二〇〇八年一〇月七日、二〇日、ドミニカ、バニ、B地区にて）

現在、B地区にはパポと弟のピオ、もうひとりの弟ホセ（表2のc4/1）がいるだけで、彼の家族はすべてボストンに暮らしている。この事例は、親族ネットワークを頼りに連鎖的に移住が拡大していく、チェーン・マイグレーションの典型的なものであった。B地区からの初期の移民の特徴としては、①すでにアメリカに暮らしていた親族からの呼び寄せにより、合法的な手段で移住をしていること、②兄弟や子どもたちが、彼につづいて移住していることがあげられる。そのため、一九八〇年代においては、B地区からの移住者は特定の家族に限定されており、まだ少数にとどまっていた。

その一方で、非合法的な手段で移住をはたした事例もある。

フィールドノート17　パトロンからの援助

パポがボストンに移住したとき、ティブロン（四九歳）は二五歳だった。建設現場の作業員をしていたが、毎日仕事にありつけることはなく、生まれたばかりの子どもの養育費と自分の兄弟のためにも、アメリカ行きのチャンスをうかがっていた。建築現場の仕事をまわしてくれる棟梁にそんな話をしていると、すこしまえに彼の兄がボストンに渡ったことを聞かされる。そして、もしその気があるなら、ブスコン（*buscón*：探す人）とよばれる斡旋人を紹介するし、その費用を貸してもいいと言われた。ビザ申請のための偽の書類を準備するためである。金額は、三〇〇〇ペソ、いまの物価では三万ペソ（七万五〇〇〇円）に相当する額である。このチャンスを逃すと二度とアメリカに渡ることができないと考え、移住を決断する。二七歳になっていた。無事にビザがおり、親族やコンパドレから手あたりしだいにカネを無心して航空券を買うと、兄弟を集めて「おまえたちのためにボストンに行く。そして、近いうちに呼び寄せる」と伝えた。母親だけが反対した。このバリオからアメリカに移住したのは、パポぐらいしかおらず、バニ市から一歩も外に出たことのなかった母親は、アメリカという場所を想像することもできなかったからだ。兄弟みんなで説得した結果、出発まえにブルーハ（*bruja*：呪術師）にお祓いをうけること、パロ（*palo*：西アフリカ起源の儀礼）を催すことを条件にようやく首を縦にふった（写真14）。

一九八八年。ニューヨークの空港には、約束どおり棟梁の兄が迎えに来てくれていた。そこから車で五時間かけてボストンに向かった。その移動中に、仕事がみつかるまで彼の家で滞在できること、バニの顔見知りがボストンに暮らしていることを知って安心した。心配事がひとつずつ消えていくと、ようやく車窓から外の景色をながめる余裕がでた。「なんて大きな街なんだ」と思ったが、これからここで暮らしていく自分を想像することはできなかった。彼の家は、ボストンのダウンタウンの外れにある七階建てのアパートで、四つの部屋がありドミニカでは見たことのない水洗便所とシャワー、キッチンがあった。それは、七輪で火を起こして、ためておいた雨水で水浴びをしていた生活からは想像もつかないものだった。彼の妻はサント・ドミンゴ出身のドミニカ人で、毎日、ドミニカ料理が食べられるのがうれしかった。週末には、彼の親族や友人がやってきて、ティブロンを歓迎するフィエスタ（*fiesta*：パーティ）が開かれた。ドミニカで聞いていたメレンゲやバチャータのリズムにあわせて踊っていると、自分がアメリカにいることを忘れてしまいそうだった。

（二〇一〇年二月一四日、ペンシルバニア州、ヘーズルトンにて）

写真14　パロの儀礼で聖人の魂が憑依した女性

この事例は、親族ネットワーク以外の方法で移住がなされたはじめてのもので、さらに非合法的な手段（偽の申請書類でビザを取得）での移住である点で、その後に増加するB地区からの非合法越境の先駆けとなる。ここで彼を援助したのは、建築現場の棟梁であるが、彼はパトロンとよんだ。それは、普段から仕事をまわしてくれる人物であると同時に、移住の手助け（経済的援助）をしてくれる存在だからである。このように、ドミニカからの移住には伝統的なパトロネージの回路が重要な役割を果たしていることがわかる。

B地区から非合法越境による移住者が誕生すると、バリオの移住熱は高まっていく。このあいだにも合法的な移住者は着実に増加しはじめ、一九九〇年代後半には移住者の数は飛躍的に増加していくことになる。B地区の初期の移住者の事例からは、従来から移民研究が指摘してきた社会的ネットワークを介した移住の連鎖を裏づけることになった。これはドミニカ全体の移住史と重なっている。まず、中間層が正規の資格で移住し、その親族ネットワークをとおして、家族や親族がやってくる。その後、非合法越境者も拡大家族や友人などがいる場所へと移住していく。当初は親族内に限定されたネットワークが、次第にその範囲を拡大し、おなじバリオの出身者が新規の移住者を庇護するようになっていくのである。

⑵移住形態とその経験

ドミニカ人が家族の呼び寄せ以外の方法でアメリカに入国を希望する場合、査証を取得することからはじめなければならない。申請に必要な条件は、①不動産や車を所有していること、②書類上の婚姻関係にある配偶者がドミニカに居住していること、③定期収入のある仕事に就いていること、④ドミニカ国内に子どもが居住していること、⑤銀行口座に一定額以上の預金があること、である。すべての項目に対して証明する書類を用意しなければならないため、初期の移民に中間層が多かったことは当然ともいえる。アメリカ領事館がこのような条件を設けているのは、これらの条件を満たしているものは、滞在査証の期限を過ぎてもそのままアメリカにとどまる可能性は低いと考えるからである【24】。

表3　アメリカ滞在査証の申請に必要な項目の一覧

	項目	金額／信憑書類	備考
1	PIN	500ペソ(1,250円)	領事館に面接日の予約をするために電話で15分間話す料金
2	CITA	4,716ペソ（11,790円）	申請手数料
3	銀行預金	2,000ドル(約18万円)以上	銀行による証明書が必要
4	ドミニカでの雇用契約	契約書	雇主の証明が必要
5	家・土地	登記書	司法書士の証明が必要
6	車	所有証明書	司法書士の証明が必要
7	申請代行代金	インターネットでの申請を代行する業者への謝礼：500ペソ(1,250円)	

上記の書類にくわえて、申請にはかなりの金額が必要となるために、書類や手数料を用意できない貧困層にとって、選択肢は限られてくる（表3）。アメリカの正規滞在資格をもつ人物と結婚するか、査証をもたずに非合法越境をするかである。前者は、①観光や仕事でドミニカを訪れるアメリカの市民権あるいは永住資格（グリーンカード）をもつ男性とドミニカ人女性が結婚する、②アメリカの市民権あるいは永住資格（グリーンカード）をもつドミニカ人が一時帰国した際に、ドミニカ人と法的に結婚して連れていく、③アメリカにいる親族や友人が偽装結婚の相手を探して配偶者資格で渡米する、というパターンにわけられる【25】。一方の後者の非合法越境は、①隣島のプエルト・リコに、ジョラ（*yola*）とよばれる小型ボートで渡り、プエルト・リコ人としてアメリカへ渡る、②メキシコの査証を取得し、メキシコ経由で、陸路アメリカの国境を越える、③比較的、査証が取得しやすいパナマやコスタ・リカなどの中米に空路で入国し、メキシコ経由で陸路アメリカをめざすパターンである。近年は、メキシコの査証申請も厳しくなったために、③の経路を選択するものが増えている。ここで、ジョラでの密航を経験した男性の話から、いかに過酷な経験であるかをみておきたい。

フィールドノート18　ジョラでの冒険譚

バニ市B地区に暮らすべへ（四二歳、男性）は、建築現場の日雇い労働者である。かつては、友人と精肉店を経営していたが、一年ももたずに経営がいきづまり、店をたたんだ。二〇〇三年、アメリカの査証を申請したが、面接の日をすっぽかしたためにアメリカ行きの機会を逃す。その後、景気は悪化しつづけ、建築現場の仕事にありつけない日が増えだしたことからアメリカ行きを決断する。別れた妻にふたりの子どもの養育費を渡せない月が増えてきたからである。二〇〇五年のことだった。

ブスコンとよばれる斡旋人に手数料四万八〇〇〇ペソ（約一二万円）を支払い（費用は、テハダが支援してくれた）、ドミニカ北東部の都市ナグア郊外の浜辺に指定された時刻（夜七時）に行くと、おなじボートに乗りこむ人たちが集まりかけていた。斡旋人からの注意を守り、パンをいれたビニール袋以外はもたずに、ジーンズとTシャツだけの軽装だった。暗くなるまで浜辺近くの草むらに身を潜めるように言われた。完全に太陽が沈み、一面が闇に包まれると、ボートには一〇〇人以上の密航者がぎゅうぎゅうづめに押しこめられた。最後に船頭がふたり乗りこむと、モーターのエンジンを始動させ、ボートはゆっくりと東に向けて動きだした。ボートは座る場所を確保するのが精一杯で身動きがとれない。波に揺られて気分が悪くなったものが嘔吐した匂いで、連鎖的に船酔いするものがではじめる。小便をするときもすぐ隣に人がいるのを気にしながら、ボートが揺れるのと格闘しなくてはならなかった。深夜、島がフリフォーレス（インゲンマメ）くらいにしか見えない場所にいると、経験したことのない恐怖におそわれた。これまでに何度もジョラによる密航で命を落としたものの話は聞いていた。テレビでは、密航をやめさせるためのキャンペーンが繰りかえし流れているし、バチャータ（ドミニカ音楽）でもプエルト・リコへの密航を歌った曲がヒットしたこともあった。ボートが転覆して、サメに喰いちぎられる自分の姿が頭にうかぶ。みんなおなじようなことを考えているのか、口を閉ざしている。空腹とまわりの人の汗の匂いで気分が悪くなるたびに、ボストンでの生活に想いをはせ、自分が送った服に子どもが喜んでいる顔を想像した。太陽がのぼると日差しがきつく、脱水症状で倒れるものがでた。もし、ボートが遭難したら自分も死ぬかもしれない。船頭に言われるまでもなく、誰もがボートにはいってくる海水を板きれでくみだし、着ていたシャツに吸わせては絞る作業に没頭した。神に祈る声がそこら中から聞こえた。

二日目の夜が明ける頃、プエルト・リコの島が遠くに見えてきた。死なずにすんだと思った。でも、それまでだった。国境警備隊のサーチライトがボートを照らしだした。

（二〇一〇年九月二四日、ドミニカ、バニ、B地区にて）

こうした過酷な行程にもかかわらず、毎年一〇〇〇人を超える人びとがジョラによる密航を試みている。近年では、メキシコ経由で陸路アメリカをめざすものが増加するようになったが、国境警備隊にみつからないように、闇夜にまぎれ一週間かけて国境を越えていく。こうした密入国でアメリカをめざす方法は、ドミニカではビアッヘ・コン・マチェーテ（*viaje con machete*：山刀持参の旅）と敬意をこめてよばれている【26】。このように、アメリカの査証を取得できない貧困層がアメリカへの渡航手段として非合法越境を選択することで、移住経路も多様化が進むようになったのである。二〇〇八年にアメリカで起きたリーマンショックの影響はドミニカを直撃する。送金額は減少し、景気の悪化に拍車がかかり、B地区でも仕事にあぶれた三〇〜四〇代の男性を中心に移民となる人びとを増加させることになった。

以下では、移民からの送金をめぐる故郷の人びとの視点から、移民とバリオに残る人びととの相互交渉の様相を、具体的な事例に沿ってみていくことにする。

二-二　「きれいなカネ」と「きたないカネ」

移民からの送金の影響をあつかった研究は、送金による格差の拡大や消費経済の進行で伝統的な生活が変容するといった負の影響に注目が寄せられる傾向にある。トンガやサモアといったポリネシア諸島では、海外移住がさかんにおこなわれており、彼らからの送金に依存する社会はMIRAB社会【27】とよばれている。須藤によると、トンガでは移民からの送金が住環境の近代化、日常生活の食料購入や宗教上の寄付、社会的交際および交際費にほとんどがあてられているという。その結果、消費経済が進行し、農業経済の生産が衰退し、輸入食料品を購入することによって物価を押しあげ、ますます送金に依存することになる。このように、送金と消費生活との悪循環を特徴とする経済を「レント（不稼得）収入依存」社会、あるいは送金が生産活動に投資、活用されずに社会の活力が失われることから「送金腐敗」とよばれる[須藤 2008: 33]。

国家をあげて移民の送出に力をいれることで知られるフィリピンの農村で送金収入の影響について調査をおこ

なった長坂によると、世帯間の収入格差は、その世帯の耕地所有規模や農業経営規模よりも、送金収入および海外からの年金収入があるかないか、次いで給与所得があるかないかという点により左右されるという［長坂 2009: 206］。また、ドミニカの移民送り出し社会の事例では、農作物の市場価格が低迷するなかで、一日五〇ペソ（四ドル）の稼ぎのために炎天下での農作業をするよりも、ボストンに暮らす家族からの月に五〇ドルの送金に頼る生活を選択する人びとが増えていることが報告されている［Levitt 2001: 86］【28】。

これらの事例では、海外に暮らす移民からの送金が、伝統的な産業に従事してきた送り出し社会の人びとの生活を変えていくばかりか、送金が各世帯間の収入格差を招いているという負の影響としてとらえられる傾向にあった。しかし、わたしが実施した世帯調査の結果からは、負の影響というよりは、むしろ送金によってなんとか生きのびようとする人びとの生活戦略やコミュニティ内に格差が拡大することを回避するような力学が働いている様子が観察された。以下では、その様子をより具体的にみていきたい。

世帯調査を実施した八五世帯のうち七〇％にあたる六〇世帯がアメリカに暮らす家族から月に一〇〇ドル程度の送金をうけており、そのおかげで生活が可能となっていることが明らかになった（91ページ 表2）。B地区における送金事情をまとめると以下のようになる。①アメリカやスペインに暮らす親や子どもから送金をうけていること、②世帯員の多くが日雇いの建設労働をはじめとするインフォーマル・セクターでの仕事に従事しているが、定期的な賃金収入が見こめず、海外からの送金は家計を維持するうえで不可欠となっていること、③「母親中心家族」の多くは、子どもの父親にあたる人物（元夫）から、養育費という名目で送金をうけていること、④大リーガーからの定期的な送金をうけるものがいること、である。ここで重要なのが、親子関係のあいだでは定期的な送金が義務としてとらえられている一方で、兄弟間やその他の親族への送金は、必要時にのみなされている点である。また、先述のようにコン・クビーノ関係にある男女間にも送金はされていなかった。

このようにほとんどの世帯で送金をうけとっているにもかかわらず、先行研究でみられたような消費経済の進行や、送金による世帯間の収入格差の拡大といった負の影響はみられなかった。理由として、貧困層が多いB地区のほとんどの世帯は、生活に必要最低限の金額しかうけとっておらず、住環境を整備したり、教会に寄付をするといった余裕はない。また、送金額がいずれの世帯においても一〇〇ドル程度と似かよっていることから、そもそも世帯間で収入の格差が生じないようになっていることがあげられる。しかしながら、負の影響がみられない最大の要因は、また別のところに存在していることも明らかになった。ここからは、B地区において送金による負の影響が目立ったかたちで顕在化しない理由について、ドミニカの人びとの価値観や規範意識とのかかわりからみていきたい。

多くの移民送り出し社会で、「送金腐敗」とよばれる現象が報告されているにもかかわらず、ドミニカの地域社会において同様の現象がみられないのは、カネの稼ぎかたと個人が富を独占することを許さないという規範意識の存在があげられる。B地区出身の移民のなかには、アメリカでドラッグを売っているものもいる。彼らからの送金額は週に一五〇〜一〇〇〇ドルにのぼり、三年ほどで郊外の富裕層が暮らす地域に豪邸を建てるまでになる。しかし、バリオ内の人びとはアメリカの移民社会とのネットワークで彼がアメリカでなにをしているかは知っているために、バリオ内の生家を改築することはできない。嫉妬や陰口の対象となるからである。とりわけ、B地区のように濃密な人間関係の網の目がはりめぐらされている地域において、ひとつの家族だけが群をぬくことは許されないのである。ここで、送金に対する考えかたがうかがえる事例を紹介しておきたい。

フィールドノート19　嫉妬ぶかい人たち

アルタグラシア（二四歳、女性、表2のc2/二）は一八歳のときにコン・クビーノをはじめたが、二年前に夫をバイク事故で亡くし、六歳になる娘とその後コン・クビーノをした男性（すでに別居）とのあいだにできた娘を連れて実家に戻ってきた。いまは母親と継父、弟とふたりの異父妹とともに暮らしている。父親は彼女が八歳のときにボストンに移住した。父親からは毎月一〇〇ドルの送金があり、継父が建設現場で働いた収入とあわせてなんとか生活をやりくりしている。隣の家にはオバ（母親の妹）が、おなじバリオ内にもふたりのオバ（母親の姉と妹）家族が暮らしており、困ったときにはコメやプラタノ（料理用バナナ）などの食材をわけあっている。送金がもっと多ければ助かるのではと質問したところ、「ボストンの暮らしはお金がかかるから、これ（一〇〇ドル）以上は無理みたい」との答えが返ってきた。それにつづけて、「もし、ドラッグを売れば別だけど、そしたら今度はわたしたち家族が、ここで暮らせなくなるわ。チモッサ（*chismosa*：噂好き）のセロッサ（*celosa*：やきもち焼き、嫉妬ぶかい）が多いから」と教えてくれた。「パパはそういうのを知ってるから、絶対にドラッグなんて売らないわ」

（二〇〇九年一月一四日、ドミニカ、バニ、B地区にて）

この事例からは、バリオの社会関係を維持することの大切さや個々の世帯ではなく地域全体でたがいに支えあう暮らしぶりが伝わってくる。また、長くボストンに暮らす父親もおなじような意識を保持していることがうかがえる。

フィールドノート20　自律への矜持

エル・エレクトリコ（五二歳、男性、表2のc2/16）は、電気工事の職人である。妻（二八歳）の父親は一九九七年にメキシコ経由でボストンに渡り、すでに市民権を取得している。年に一度、帰国する彼とは同世代のよしみで友人のように接しているという。そのために、「頼めば毎月一〇〇ドル程度の送金はしてくれるだろうが、そうはしたくない。毎日、電気工事の仕事があるわけではないが、腕一本でなんとか食べていけるうちは誰かに頼ろうとは思わない。もちろん、家族が入院したりといった問題があったときには電話で送金を頼んだこともあるけれど、そうじゃなければ、自分でなんとかする。だけど、年々、状況はまずくなってきてるのも事実だよ。この国の人口の八〇％は貧困層で、たった二〇％の富裕層にカネを吸いあげられてる。政治家、経営者、公務員……みんな泥棒（*ladron*）だから、濡れ手で粟をつかむ（*moja la mano*）のがうまくて、いくら汗水たらして働いても全部もっていかれてしまう。ドミニカじゃ、そういうのを幽霊みたいな仕事（*trabajo fantasmo*）って言うんだよ。いいかい、この国じゃ、そういう仕事で稼いだカネはきたないカネ（*dinero sucio*）とよばれて、人前で堂々とできないけど、反対に真面目に働いて稼いだカネはきれいなカネ（*dinero limpio*）といって、胸をはっていられるんだ。俺はアメリカに頼らずに生きていけた時代を知ってるから、これからも、送金に頼らずになんとかやっていくつもりだよ」

（二〇一一年二月一日、ドミニカ、バニ、B地区にて）

このように、ドラッグを売ったカネ、（広義の）泥棒で手にいれたカネ、そして選挙での支援を見返りに政治家からうけとるカネは「きたないカネ」と認識されていることがわかる。さらに、彼のような年配の人のなかには現在の社会環境を批判しつつも、かつてのように移民からの送金に頼らずに生きていこうとするものも少なくない。また、ふたりの語りからは稼ぎかたをめぐる規範意識が、いかに根づよくバリオの成員に共有されているかがわかる。地域社会の伝統的な規範意識が、ひとつの家族だけが突出する状況を未然に防ぎ、バリオ内に格差が拡大することを回避する力学としての役割をはたしているのである。

とはいえ、近年のドミニカを取り巻く経済状況は厳しく、景気に左右されやすい建築労働者の多いB地区では、移民からの送金がないと生活することができないのも事実である。次節では、故郷の人びとが伝統的な規範意識を根拠にして、移民とのあいだで実践する相互交渉に注目しながら、移民送り出し社会の特徴をみていきたい。

第三節　「ドミニカンヨルク」の創出

三-一　送金をめぐる攻防

ここでは、まず送金が原因となって移民とのあいだで軋轢が生じている事例をとりあげ、その原因が何に起因するものなのかを明らかにしておきたい。以下は、わたしの滞在先の事例である。

フィールドノート21　醸しだす空気への嫌悪

ジョナタン（七歳）はアメリカに移住した長女の子どもである。彼の父親は二〇〇八年一〇月にメキシコ経由で非合法越境をし、一一月にボストン近郊の都市ローレンスに到着する。彼はドラッグを売り、すぐに送金をしてくるようになった。ドミニカにいるときは、この家にジョナタンの顔を見にきても、こちらの家族とは目をあわせられないほどの気の弱い男だった。しかし、ローレンスに到着し、ドラッグで大金を稼ぎだして、態度が一変する。毎日、電話をしてきてはジョナタンに今日はなにを食べたかをたずね、なにか欲しいものはないかと質問をする。その会話を隣で聞いている、祖母のレイナは、怒りをこらえるのに必死である。

「そもそも彼のやりかたが気に食わない。服を送ってくるときだけは直接送るくせに、養育費はB地区に住む彼の母に送金して、彼女経由で届けてくる。ほとんどあの女が自分のものにして、ここに届く金額なんて月に一〇〇ペソだけ。それでなにをつくれっていうの。しかもジョナタンのパドリーノに毎日、様子を見にこさせたり、マリエラ（レイナのメイでこの家にしばらく暮らしていた）まで送金で買収してスパイみたいなことをさせる。おまけに毎日なにを食べているかを聞いてどうするつもりなんだい。わたしはあんたの母親がくすねて、こっちには一ペソも届かないよって言ってやったわ。誰がジョナタンの世話をみてるのよってね」。

ある日の電話が祖父ラファエルの怒りに火をつけた。彼がラファエルに「スパイクとユニフォームを送るから、リーガにいれて欲しい」と言ったのだ。息子がプロ野球選手だったラファエルは、「ペロータのことをおまえみたいな若造に偉そうに命令される覚えはない」と言って受話器をたたきつけたのだった。その直後にレイナに向かって「空気だ。あの空気が気にくわない」と吐き捨てるように言った。レイナが言うには、自分はアメリカにいるのだから、こっちのことをコントロールするのが当然だという考えかたのことで、とくにドラッグを売っている移民は、こうした傾向があるとのことだった。つづけてレイナが、「ジョナタンがわたしをママだと思ってなついていることを知ってるから、焦ってるのよ。でもね、ジョナタンがこの家を好きな以上は、どうすることもできないわ【29】」

（二〇〇九年七月一六日、ドミニカ、バニ、B地区にて、表2のcm/3）

この事例は、現在のドミニカで深刻化する、移民が出身地のバリオに残してきた子どもの養育をめぐる軋轢についてのものである。ここでは、残された親族が孫に対して愛情を抱きながらも、父親が送金をしてこないことへの不満をもっていることがわかる。これは、送金のインセンティブとは関係なく、残された子どもの養育は家族が共同でになうべきだという文化的な期待が、親族（とりわけ女性親族）に養育をおしつけることになっている事例ともとれそうである［Parreñas 2005］。しかし、先述のようにドミニカでは、父親の子どもへの扶養義務に対する規範意識は強く、女性もそのことを認識しているために、服を送り、毎日電話をしてきても、食事代に必要な現金を送ってこないことは無責任だとうけとめられるのである。また、バリオの人びとにとっては、送金だけをして後は適当にやってくれという方法が「気前のよい」やりかたとされるのに対し、送金をしないにも関わらず、電話で養育方法を細かく干渉するやりかたは非難の対象となりやすいのである。

フィールドノート22　新しい妻への嫉妬

ジーシー（三八歳、表2のc5/1）の夫は、二〇〇〇年に次男を妊娠しているときに、メキシコ経由でペンシルバニアに渡った。夫はドラッグを売っているため、かつては週に一五〇～二〇〇ドルの送金をしてきた。これとは別に近所に住む夫の両親や兄弟にも同額の送金があった。だが、二〇〇六年にスロヴァキア女性と結婚し、子どもが生まれてからは送金額が減り、月二〇〇ドルになった。電話がかかってくるたびに、もっと送金をするように頼むと、そのうちカネができたら送ると答えるので、頭にきて「ドミニカにいる最初の家族のほうを大事にするべきよ」と言ったことがあるとのことであった。

（二〇〇八年一一月一日、ドミニカ、バニ、B地区にて）

この事例は、B地区に残された妻が最低限の送金をうけながらも、夫の移住先での結婚が原因で送金額が減ったことに不満を表わしたものである。ここには嫉妬の感情がくわわっているが、基本的にはアメリカで結婚したことをうけいれている。ただし、送金額が減ったのは、夫に新しい家族ができたことで、相対的に自分や子どもたちへの愛情がさがったとうけとめたのである。のちに、このときの事情を夫に質問したところ、ただ、警察の監視が厳しくなって、売りあげが少なくなっただけだということだった。

ふたつの事例に共通するのは、それほど家計が逼迫していないにもかかわらず、強く送金をせまっている点である。そこからは、送金の有無や金額が、そのまま愛情の多寡をはかる基準となっていることがわかる。また、移民が送金を背景に故郷の人びとを管理しようとすることへの反感と、アメリカで暮らしているからといって、子どもへの扶養義務を忘れてはいけないという警鐘の意味がこめられているのである。

三-二　「ドミニカンヨルク」の一時帰国

ここまでは、国際電話をめぐるやりとりをみてきたが、次に移民が一時帰国をしたときの事例をもとに、移民とバリオの人びとの相互交渉の一端をみていきたい。ドミニカでは、アメリカに暮らす移民を「ドミニカンヨルク（*Dominicanyork*）」とよぶ。ドミニカ人とニューヨークをあわせた造語であるが、ここにはドミニカの人びとの移民への憧れが投影されている。このことばにこめられるイメージは、一時帰国する際の移民のふるまいからきており、いまでは実像を離れてステレオタイプ化されている。ここでいう「ドミニカンヨルク」とは、帰国時にたくさんの土産物を抱えて、ポケットは一〇〇ドル札で溢れかえっているというものである。一〇〇ドル札は大袈裟であるにしても、実際、金のネックレスや時計、ブレスレット、ピアスといった装飾品で着飾るのが好きなドミニカ人の特徴をニューヨークに重ねあわせているのである。

移民はクリスマスやセマナ・サンタ（*Semana Santa*：聖週間）の休みを利用して一時帰国することが多く、二〜三週間のあいだドミニカに滞在する。滞在中は、家族や友人と海や川に出かけ、親族を訪ねる。その際の費用はすべて「ドミニカンヨルク」が支払うことになる。ここで、ある「ドミニカンヨルク」の帰国中の生活をとりあげて、B地区の人びとの反応とあわせて考察していきたい。

フィールドノート23　「ドミニカンヨルク」の帰国

空港まで迎えにきた弟が運転する車で、生まれ故郷のバリオに向かうトニー（三五歳、男性）の顔は、やや緊張しているようにみえる。八年間、夢にまでみた故郷のバリオがもう手の届くところにある。バニの市街地にこぎれいな商業ビルが建てられているのを複雑な気持ちで眺める。運転席の弟に「ピカ・

ポージョ（*pica pollo*：中華料理店【30】）なんかなかったよな」と聞きながら、その目はどんな変化も見逃すまいというように、あちこちに視線を送っている。B地区に近づくと、すれ違うバイクを運転する男たちから次々に声がかかる。「コーニョ！　トニー」すかさず「モジェ！　元気か？」と叫びかえす。とうとう帰ってきたのだ。八年前とほとんど変わらないカジェ（*calle*：通り）に差しかかる。近所の住人が自分の顔をみて、笑顔になるのがわかる。家のまえに到着すると、妹のイングリンが飛びだしてきた。「トニー！」と言ってきつく抱きしめられた。イングリンの子どもたちが、「ティオ（おじさん）」とまとわりついてくる。ひとりずつにキスをして（長女以外は、生まれていなかった）、ようやく家のなかにはいる。居間の壁に飾られてある五年まえに亡くなった母親の写真が飛びこんできた瞬間、こらえていたものが溢れだした。葬式にも帰ることができなかった当時のことが思いだされたのだ。父親と九〇歳近くになるはずのやせ細った祖母をそっと抱きしめると、ようやく椅子に腰をおろした。

弟が車からスーツケースと段ボール箱を家のなかへと運びこむ。なかには、家族、親族、友人へのお土産が詰まっている。ふたりの妹とそれぞれの夫と子ども、弟夫婦、ふたりのオジと三人のオバ、三人のイトコに四人のコンパドレ。それぞれにあらかじめなにがいいかは、電話でイングリンに聞いて、教えられたとおりのものを買ってきた。これまでも何度かあっちから服を送ったことはあるが、今回は量が多くて大変だった。それぞれに名前とメッセージを書いて、サイズや色を何度もイングリンに電話で確認した。服、靴、サンダル、腕時計、サングラス、香水、携帯電話、パソコン。これに、B地区出身でボストンに住んでいる友人から預かった土産をたすと、段ボールはすぐに一杯になった【31】。

おなじバリオに住む妹が子どもを連れて顔をだす。コンパドレや幼なじみも次々に挨拶にくる。あまり親しくないものは、挨拶だけして帰っていく。ボストンに住む友人から預かった土産をうけとりに、家族がやってくる。携帯電話に保存している写真をみせながら、ボストンでの様子を話して聞かせる。雪のなかでコートにくるまっている写真や車の運転席に座っている写真を、みんなが興味深げにのぞきこむ。ボストンでどんな仕事をしてるの？　などの質問に答えながら、自分もこのバリオの様子についてたずねる。こうした会話を最後のひとりが帰るまで何度か繰りかえした。

（二〇一一年一月二〇日、ドミニカ、バニ、B地区にて、表2のcm/一一）

これは、移民としてボストンに暮らすトニーが八年ぶりにB地区に帰ってきた日の様子である。ここからは、移民が「ドミニカンヨルク」というバリオの人びとのイメージを裏切らないようにふるまっていることがわかる。また、トニーが用意をしたたくさんの土産物を、バリオの人びとは「貰うのが当然」といったようにうけとったり、様子をさぐりにきていることがうかがえる。あくる日から、トニーは家族や親族と海に出かけたり、友人とコルマドに飲みにいくなどバリオの人びととの時間を過ごした後、ボストンへと帰っていった。

こうした光景は、移民が出身地のバリオに帰った際にみられる一般的なものであるが、毎年のように帰国する移民は、はじめて帰国した移民にくらべ、土産物やバリオの人びとへのふるまいは限定的である。次にその事例をみておきたい。

フィールドノート24　限定されたふるまい

グエビン（五五歳、表2のc6/一）は、毎年、クリスマス・シーズンにB地区に帰る。お土産は、B地区に暮らす母親と兄、それにその子どもたち、留守宅を管理してもらっている妻のメイのマリベルと、そのふたりの子ども、近所に住むマリベルの弟と妹、それにコンパドレのフティリオにだけは毎回買って帰ることにしている。はじめての帰国のときは、おもいつく限りの親族と友人に買ってきたが、毎年帰るようになってからはやめることにした。また、昔は飲み歩いていたが、いまはブルガル（ドミニカのラム酒のブランド）をコルマドで買ってきて家のまえでフティリオとふたりで静かに飲むだけにしている。毎年、帰るたびに近所の人たちがそれほど珍しがらなくなったからだ。こちらが、土産物を渡さなかったり、飲み歩かなくなると、もうなにも言ってこなくなった。最近では、B地区からの移住者が増加したことで、もっとたかれるところに行ったのだと考えている。

（二〇〇八年一二月一二日、ドミニカ、バニ、B地区にて）

この事例のように、毎年、一時帰国する移民に対しては、バリオの人びとも「ドミニカンヨルク」像を演じさせる努力をやめている。はじめて帰国したトニーと違い、グエビンの帰国が非日常的ではないことを理解し、積極的に働きかけることを抑えていることがうかがえる。グエビンは、毎年決まった時期に帰還することで、日常性を取り戻すことになったと考えられるが、この事例は、「ドミニカンヨルク」像の虚構性を浮き彫りにしているといえないだろうか。

三-三　国境を越える移民との相互交渉

それでは、「ドミニカンヨルク」像の虚構性を、バリオの人びとと移民の双方がともに理解しているにも関わらず、なぜここまで過剰に「ドミニカンヨルク」はわけあたえなければいけないのか。その理由を、「ドミニカンヨルク」のふるまいに対するB地区の人の反応からみておこう【32】。

フィールドノート25　周囲の視線

アルベルト（三八歳、男性、表2のc7/4）はプロ野球のマイナー選手としてアメリカに二年間滞在した経験をもっている。今回、トニーの滞在中には一度だけ一緒に酒を飲んだ。B地区の人びとだけに限らず、ドミニカでは週末にしか酒を飲まない。また、家で飲むよりもコルマドで大音量の音楽とともに、男女で踊りながら酒を飲むのが一般的である。アルベルトは、クリスマスやセマナ・サンタ以外で平日に酒を飲むのは、「ドミニカンヨルク」が凱旋したときだという。「ドミニカンヨルクはたまには故郷に帰ってきて、バシロン（*vaciron*：散財、豪遊）しないといけない。で、アメリカに帰るときは、身につけているものを全部まわりの連中にあげて帰る。それがドミニカンヨルクのやりかただ」と語る。その理由をたずねたわたしに、ドミニカでよく使われる格言をひきながら説明してくれた。それはモノもらいができた相手に言う格言で、「モノもらいができたのは、妊婦と一緒にご飯を食べているときに、彼女がモノ欲しそうな目をしておまえをみつめる視線に気づかなかったからだ」というものである。「だからカネをもってるドミニカンヨルクはみんなに気前よくわけあたえないといけないんだ」と教えてくれた。そして、自分もプロ野球選手だった頃、帰郷した際にはおなじようにふるまったため、バリオの人からはアルベルト・トーマ（*toma*：あたえるという意味のスペイン語）と[冗談まじりによばれていたという。つまり、ドミニカでは他人にたかるのは恥ずかしい行為とされているために、欲しいものがあっても口にはできない。カネをもっているものは、その表情や行動から察してわけあたえないといけないというのである。

（二〇一一年一月二七日、ドミニカ、バニ、B地区にて）

これまでの事例からは、「ドミニカンヨルク」の帰国がバリオの人びとにとって、非日常的な光景となっていること、また、そのことが日常的な規範から逸脱して、土産物をたかることがバリオ内でも許容されていることがわかる。一方の「ドミニカンヨルク」には、ステレオタイプ化されたイメージを裏切らない「気前のよさ」が求められ、当人もまたその役割をはたすように努めているのである。さらに重要なのは、相手のモノ欲しそうな視線に気づかなければいけないという点である。ブラジルでの邪視について考察をおこなった奥田は、「貧困地域では、邪視をめぐる出来事は日常生活の一部として、他者との関係の中に立ち現われる」と述べる[奥田 2008: 129]。これをドミニカの文脈におきかえると、「ドミニカンヨルク」は、社会に埋めこまれた二重の規範（①富の独占を許さない②たかりは恥である）に従い、自分と相手との関係性をふまえたうえでの行動を求められているのだということができよう。

このように考えると、ドミニカの人びとがアメリカに暮らす移民を「ドミニカンヨルク」とよび、ステレオタイプ化されたイメージを彼らに対してつくりあげてきたとも理解することができる。すでに述べたように、移民からの毎月一〇〇ドルの送金によってなんとか生活を送れているバリオの人びとにとって、本音では、アメリカにいる家族にもっとたくさんの送金をしてもらいたいと考えているのである。しかし、一方で高額の送金をするためにドラッグを売るような行為は移民社会とのネットワークですぐに露呈し、バリオ中から非難を浴び、陰口や嫉妬の対象となることも知っている。また、個人が富を独占することを許さないという規範が存在する一方で、他人にカネをたかることは恥ずべきことだというもう一方の規範の存在が箍（たが）となって、たかることもできない。そうしたジレンマを回避するために、ドミニカの人びとは「気前のよさ」という伝統的な価値観を材料にもちいて、ステレオタイプ化された「ドミニカンヨルク」のイメージをつくりあげた。移民の側も「ドミニカンヨルク」ということばにこめられている規範や価値観を内面化して育っているために、国際電話やFacebookなどのやりとりのなかで、その役割を演じるようになっていく。ここで重要なのが、こうした、移民とバリオの人びととの相互交渉を裏打ちしているのが、母親中心的な拡大家族を基礎としたクーニャとよばれる垂直的な扶養義務システムのネットワークの存在であり、その仕組みが具体的なかたちをもってあらわれるのが移民とバリオの人びととの相互交渉だということである。

第四節　バリオの人びとの生活戦略

本章では、ドミニカの移民送り出し社会としての面に注目し、トランスナショナルに展開する移民とバリオの人びととの相互交渉に注目し、そのなかから誕生した「ドミニカンヨルク」というイメージにドミニカ社会のどのような価値観が投影されているかについて論じてきた。

トランスナショナルな現象をあつかう先行研究では、送り出し社会の人びとを移民からの影響を一方的にうける（うけない）対象としてとらえてきた。しかし、「ドミニカンヨルク」の事例をとおして明らかになったように、B地区の人びとは移民からの送金に依存して「送金腐敗」に陥っているわけでもなく、バリオ内に格差が拡大しかねない送金を黙って許容していたわけでもなかった。むしろ、必要最低限の送金でなんとか生活を送り、バリオ内に格差が拡大しないような節度あるふるまいをしているということだった。そうしたふるまい（あるいは矜持）を支えているのが、地域社会の伝統的な規範意識や価値観であった。

しかしながら、現在のドミニカをめぐる経済状況は厳しく、より多くの送金をうけとりたいというのがバリオの人びとの本音であることも事実である。そうした状況のなかで、年々増えつづける移民に対して、一時帰国の際に華美で散財のかぎりを尽くす「ドミニカンヨルク」というステレオタイプ・イメージをつくりあげ、国際電話やFacebookといったトランスナショナルな相互交渉をとおして、移民にも「ドミニカンヨルク」像を演じさせることに成功したのである。このことは、ドミニカにおいてトランスナショナルに生成する「移住の文化」とよぶべきものが地域社会の価値観の一部として根づいていることを示している。ここで重要なのは、そうした相互交渉を裏打ちしているのが、バリオに共有される伝統的な相互扶助の規範にくわえ、バリオ中にはりめぐらされた母親中心的な拡大家族を基礎としたクーニャとよばれる垂直的な扶養義務システムのネットワークの存在だということである。つまり、移民とバリオの人びとの相互交渉とは、こうしたバリオの人びとの生活を規定する伝統的な論理が具体的なかたちとなって顕在化したものなのである。いいかえるならば、二国間をまたぐこうしたトランスナショナルな相互交渉は、明日の生活さえままならない予測不可能で不安定な現代という時代を生きぬくために、バリオの人びとが伝統的な規範意識や価値観を武器に生みだした生活戦略のひとつなのである。

第四章　新たなパトロンの誕生

前章では、ドミニカの地域社会を支える論理と規範が移民を送りだすことに密接に関係していることを指摘し、それがトランスナショナルな世界を生きる人びとの生活戦略となっていることを移民とバリオの人びととの相互交渉から明らかにした。本章では、この相互交渉を裏打ちするクーニャとよばれる垂直的な扶養義務システムのネットワークがいかに「野球移民」の誕生に関わり、彼らの行動を規定しているのかについて詳しくみていきたい。

第一節　一攫千金の夢

本題にはいるまえに、ドミニカにおけるペロータの意味づけを明確にしておくために、多くの人びとに親しまれている野球とルールを共有するスポーツであるソフトボールがドミニカの人びとにどのように解釈されているのかについて、両者を比較しながら説明する。

一-一　ペロータとソフトボール

ドミニカの人びとは野球を、ベイスボル（*béisbol*：英語のbaseballから生まれたスペイン語で、新聞などはこちらを採用している）ではなく、ペロータ（*pelota*：ボールをあらわすスペイン語）とよんでいる。第二章で述べたように、ペロータにはドミニカ人の野球に対する思いと、アメリカ起源の野球がドミニカ独自の生活環境と規範意識のなかで固有の価値をもつ生活手段として読み替えられてきた歴史が凝縮されている。

これまでのいくつかの事例でも示したとおり、ドミニカの男の子は物心がついたときから路上でビティージャをしたり、ぼろ布を丸めてつくったボールを投げて、木の棒で打ち返すといった遊びをはじめる。野球のグローブがなければ、牛乳パックを加工して代用し、本物のバットはなくても、木の棒を使って遊ぶのである。これらの遊びはすべてペロータとよばれるが、ドミニカの男の子でこの遊びを経験せずに大きくなるものはいないと考えられる。

一〇歳近くになると、近所の野球場でやっているリーガにはいり、本格的にプロ野球選手をめざす少年はプログラマで練習をつづけることになる。

このような幼少期から青年期にかけてのペロータとの関わりに対し、成人した大人たちのペロータとの関わりはどのようになされているのだろうか。もっとも一般的なかたちは、MLBや国内のウィンター・リーグのテレビ中継で贔屓にするチームを応援することや、リーガ・カンペシーノやインテル・バリオナルを観戦することである。新聞のスポーツ欄は何人ものあいだでまわし読まれ、どのチームが優勝するのかといった議論は一時間以上にわたって繰りひろげられる。ドミニカ出身の大リーガーの成績は、翌朝にはドミニカ中の街角で欠席裁判にかけられ、辛辣な酷評者と過剰な擁護者のあいだで弁論の応酬となる。こうしたやりとりもペロータとのかかわりかたのひとつといえよう。

こういったプロ野球選手としてペロータにかかわることができない人びとのあいだで、若い世代から六〇歳あたりの世代まで幅広くおこなわれているのがソフトボールである。一般にソフトボールは野球よりも狭いグラウンドでおこなわれ、基本的なルールはおなじで、安全性に配慮したかたちで多少のルールを変えてなされるものである。ここで実際にB地区の人びとがどのようにソフトボールをしているのかをみていきたい。

フィールドノート26　オヤジたちのソフトボール・リーグ

ラファエルは、六〇歳近くになったいまも毎朝のランニングと筋力トレーニングを欠かさない。それはバニ市内のソフトボール・チームに所属しているためである。彼のチームが登録しているのは、四〇歳以上のメンバーで争うリーグであるが、高齢の彼が若手を押しのけてレギュラーの座についている。それがベテランの「顔」ではなく、実力で勝ち取ったことは、二〇一一年のシーズンで、リーグの最優秀選手賞（MVP）を獲得していることからもわかる。試合は、バニ市にあるソフトボール専用の球場で、夜の時間帯におこなわれる。このチームができたのは、一〇年まえにリーグが創設されたときである。ラファエルは、幼なじみの友人から声をかけられ参加した。

二〇〇八年一一月、足のつけ根の痛みを訴えていた妻のレイナは、首都の病院での精密検査の結果、癌であることがわかった。すぐに入院することになり、その日は妹のメルセデスが病院に泊まるためにラファエルは帰宅した。あくる朝、レイナの兄弟やオイと一緒に輸血をするために再度、病院に行く。午後に帰宅した彼は、パティオの椅子に腰かけて、聖書を開いていた。これまでの滞在期間で彼のそのような姿をみたことがなかったので、わたしは驚くとともに、心情を察した。だが、夕方にユニフォーム姿に着替え、出かける準備をしているのをみて、さらに驚いた。こんなときになぜソフトボールをするのだろうという率直な疑問だった。

（二〇〇八年一一月、二〇一二年二月、ドミニカ、バニ、B地区にて）

フィールドノート27　夕方のソフトボール

マラフェ（四二歳）は、子どもの頃、テハダやビスカイーノらと一緒にペロータをしていた。警察官になってしばらくした頃、強盗を取り押さえようとして抵抗され、頭骸骨が陥没する大怪我を負った。退院後も体調がすぐれなかったため、退職した。公傷で辞めた場合に支払われる毎月の年金とアメリカに移住した兄からの送金で妻と子どもふたりを養っている。退職して一年が過ぎた頃には、体調も戻り、なまけていた身体を鍛えるために、かつてペロータをしていた連中を誘って、近所の空き地でソフトボールをはじめた。きちんとしたルールでやるわけではなく、人数もばらばらだが、子どものころにおなじ場所でやっていたペロータをやるような感覚で楽しんでいる。

（二〇〇九年七月二一日、ドミニカ、バニ、B地区にて）

フィールドノート28　「野球移民」たちの息抜き

バニ市内のソフトボール専用の球場の入口に人だかりができている。観客席には即席の売り子が歩いている。球場の周辺には高級車が何台も停めてあり、普段のソフトボール・リーグのときとは違った雰囲気である。グラウンドでは、テハダと親しい大リーガーたちが、ふたつのチームにわかれてソフトボールをしているのだ。テハダを筆頭に、エリック・アイバル、クリスティアン・グスマン、ウィルキン・カスティージョがいる。彼らと一緒にテハダの兄弟やチーボ、チェロといったB地区の面々が一緒に試合を楽しんでいた。ベンチ裏にはB地区の男たちが顔をそろえ、テハダがもちこんだビールを手に見物している。毎年、ウィンター・リーグがクリスマス休みにはいったこの時期にやっているとのことだった。

（二〇〇八年一二月二二日、ドミニカ、バニ、B地区にて）

これらの事例からは、ドミニカの人びとがソフトボールを純粋に娯楽として位置づけていることがわかる。フィールドノート27、28では、一緒に楽しむメンバーは親族や幼なじみであり、フィールドノート26のケースでも、チームのメンバーは友人か知人である。いずれの事例でも、ソフトボールに興じている人たちは、職場や家庭において一定の責任を負っている人びとである。ドミニカの置かれている社会経済的な背景に照らしてみれば、わたしたちの何倍もの苦悩を抱えながら日常生活を営んでいる。彼らのことばを借りれば、まさに「闘いのなかにいる（*cogiendo lucha*）」のである。自分たちの生活が明日どうなるかも予測がつかない日常を生きるためには、息を抜く時間が必要なのも理解できよう。それが、彼らにとっては、ソフトボールなのである。さらに、ソフトボールは物心がついたばかりで、一切の責任から自由だったときに、友だちと一緒にペロータをしていた感覚をよみがえらせてくれるものでもある。

ここにきてようやく、フィールドノート26でわたしが抱いた、妻に癌が発覚した翌日にまでなぜソフトボールをするのかという疑問に答えがだせる。彼にとって妻の病気は、これまでの人生ではじめて直面する大きな問題であった。だからこそ、普段は目をとおさない聖書に救いを求め、現実逃避のためにソフトボールへと出向いたのである。このように考えると、ソフトボールがドミニカの人びとにとってきわめて個人的な領域に属するものとして認識されていることがわかる。ゲームをするために集まってくる人びとは、さまざまな事情を抱えている。ある者は、明日の仕事がみつかるかと悩み、またある者は来年の契約先が決まらないことに不安を抱えている。そうした苦悩のすべてから一時的に解き放たれ、素の自分に戻れる時間を提供してくれるのがソフトボールなのである。

では、なぜペロータではいけないのだろうか。ソフトボールが野球と限りなく近いルールでおこなわれて、さらには、子どもの頃にやっていたペロータの感覚を味わえるものであるならば、彼らはなぜペロータをしないのだろうか。第二章のプロ野球選手やアカデミー選手の事例に共通していたのは、子どもの頃に遊びとしてはじめたペロータが、カネを稼ぐ手段へと変化していったことであった。つまり、ペロータとは、カネを稼ぐための手段であり、少年が大人になるための役割としてのみ存在を許されるものであって、物心がついたばかりの子どもをのぞけば、大人が純粋に楽しめる娯楽にはなりえないのである。

次の事例は、毎年二月に開催されるバニ市主催のバリオ対抗の野球リーグ戦（*interbarial*：インテルバリアル）のものである。ここでも、こうしたペロータの意味づけをかいまみることができる。

リーグ戦に出場するのは、アカデミー契約をめざして毎日練習に励んでいる一四〜二〇歳までの少年たちである。バニ市内のバリオがそれぞれ代表チームを結成し、総あたりのリーグ戦を実施する。アカデミー契約をめざす選手が出場することからレベルも高く、多くの観客に混じってアカデミーのスカウトやブスコンも足を運ぶほどである。試合中には観客のあいだで賭けがおこなわれ、その方法も試合の勝敗だけではなく、打席ごとの投手と打者の対戦結果やホームランの数にいたるまで細かく賭けられる。かつて、このリーグにB地区代表として参加したジョニー（三〇歳）は当時をふりかえって次のように語る。

フィールドノート29　緊張の最終打席

当時のB地区代表チームは敵なしだった。なんせ代表メンバーには、数年後に大リーガーになるテハダとビスカイーノがいたんだから。ほかにも俺やアルベルトみたいにアカデミーと契約する選手もメンバーだったし、ほんとうに強かった。いまでも忘れられないのが、リーグ戦最終日で勝ったチームが優勝という試合で、九回裏同点で迎えたときのこと。観客席は純粋にチームを応援する声援より、勝敗や俺がホームランを打つかどうかを賭けている人の怒号がすごくて心臓がバクバクしたよ。おまけに、恰幅のいいカネもちそうな初老の男性がグラウンドに降りてきて、一〇〇〇ペソ（現在の価値で八〇〇〇円程度）をホームベースの下に置くと、「ホームまで帰ってこられたら、おまえさんのものだよ」っていうから、緊張どころじゃなくなった。まだ一六歳だったし、はじめてリーグ戦のメンバーに選ばれたばかりだったし、余計にね。打った瞬間のことは覚えてないけど、なんとホームラン。母親にそのカネを渡すと、次の日からはしばらく昼食に肉がでるようになったよ。

（二〇〇八年九月三〇日、ドミニカ、バニ、B地区にて）

この事例は、ペロータがカネを稼ぐ手段として人びとに認識されていることを示す典型的なものである。ここで重要なのは、試合にでている少年たちが、すでにアカデミー契約につながる可能性を意識している点である。この事例以外にも、街中には政府公認のペロータ賭博場があり、少年に先行投資をして、アカデミー契約後に高額の謝礼をうけとるブスコンがいるといったように、ドミニカの人びとにとってペロータはカネを稼ぐためのものと認識されていることがわかる。

ここまでの記述からもわかるように、ドミニカの人びとにとってペロータの意味はライフステージに応じて変化していくのだともいえよう。身のまわりにある道具を使って遊んだ幼少期から、リーガで野球のルールにそって、野球道具を使って練習をする思春期、そしてプログラマやインテルバリアルなどでカネを稼ぐ手段としてペロータを意識する青年期へといたるサイクルが、ドミニカのペロータにはある。したがって、アカデミー契約が難しくなる二〇歳を過ぎれば、すでにプロ契約選手となった者をのぞけば、野球という現実的な意味でのペロータをすることはできない。成人男性からすれば、実際にペロータをすることで自己を社会化する段階はすでに過ぎており、生活のためにカネを稼がなければならない成人男性にとって、カネを稼ぐことと切り離してペロータをする理由はないのである。

ここまでのペロータの意味づけをふまえたうえで、次節ではB地区におけるペロータの記憶をたどりながら、「野球移民」が誕生していく過程をみていきたい。

第二節　路上のペロータ

Digaselo a Dios.　神様に伝えて
Digaselo a Cristo.　キリストに伝えて
Yo soy Pelotero.　僕はペロテロ
Desde chiquitico.　子どものときからずっと
（*Diómedes Y El Grupo Mio,* "*Aguilucho Desde Chiquitico*" の替え歌）

この歌詞は、ドミニカのウィンター・リーグ球団アギラスの応援歌を替え歌にした一節である。ドミニカの人びとが、ペロータの関わりについて説明する際にしばしば引用するもので、文字どおり子どもの頃からずっとペロテロ（野球選手）なのだという意味である。本節では、わたしの調査地であるバニ市B地区におけるペロータをめぐる実践をみていくことで、人びとの生活世界におけるペロータの意味づけを、個人の経験とバリオの記憶のなかから探っていくが、それはこの歌詞にこめられた意味を探ることでもある。

二-一　B地区におけるペロータの記憶

前章で述べたように、B地区が誕生したのは一九八〇年である。それから現在までのあいだに一九人のプロ野球選手が誕生している（表4）。その内訳は、大リーガーになった選手が三名、アメリカのマイナー・リーグまでたどり着いた選手が一〇名、ドミニカのサマー・リーグまでの選手が六名となっている。ただし、12のウィルキンは、契約時にほかのバリオに引っ越していたために、本章の考察にはふくめない。ここでは、B地区出身のプロ野球選手がどのように生まれていったのかを概観しながら、B地区におけるペロータの記憶をたどっていきたい。

B地区におけるプロ野球選手のパイオニアは、バリオの人びとからチーボとよばれている、ルイス・ソト氏（四六歳、表4の「1」）である。一九六五年に近隣のバリオ、ビジャ・マヘイガ地区で生まれる。建築現場の作業員の父親は、いつも朝はやくに家を出ていき、母親は、六人の子どもの世話と家事で忙しくしていた。父親の稼ぎは多くはなかったものの、近所の家はどこも似たよう

表4　B地区出身のプロ契約選手

	名前	契約チーム	到達レベル	プレー国	契約年	契約金	ポジション
1	チーボ	シアトル	1A	アメリカ	1989年	3,000ドル	外野手
2	テハダ	オークランド	メジャー	アメリカ	1993年	2,000ドル	内野手
3	ビスカイーノ	オークランド	メジャー	アメリカ	1993年	2,500ドル	投手
4	ファビアン	ボストン	ルーキー	ドミニカ	1996年	2,000ドル	投手
5	アルベルト	アナハイム	ルーキー	ドミニカ	1996年	5,000ドル	内野手
6	ジョニー	サンディエゴ	ルーキー	ドミニカ	1996年	17,000ドル	内野手
7	トニー	オークランド	3A	アメリカ	1996年	5500ドル	内野手
8	レオ	ミルウォーキー	1A	アメリカ	1997年	6,000ドル	投手
9	チキニン	ミルウォーキー	1A	アメリカ	2000年	7,500ドル	投手
10	レリート	セントルイス	2A	アメリカ	2001年	40,000ドル	外野手
11	メジョ	サンディエゴ	2A	アメリカ	2002年	25,000ドル	投手
12	ウィルキン	デトロイト	メジャー	アメリカ	2003年	290,000ドル	外野手
13	クンバ	ヤンキース	ルーキー	ドミニカ	2003年	3,000ドル	投手
14	フェリフェリ	アリゾナ	2A	アメリカ	2004年	25,000ドル	投手
15	ムーラ	カンザスシティ	ルーキー	ドミニカ	2005年	60,000ドル	外野手
16	チャギ	ヤンキース	3A	アメリカ	2007年	300,000ドル	内野
17	カルコミ	フロリダ	2A	アメリカ	2007年	120,000ドル	内野
18	ジェイソン	ピッツバーグ	2A	アメリカ	2008年	350,000ドル	内野手
19	モヒーカ	アトランタ	ルーキー	ドミニカ	2014年	25,000ドル	投手

※番号がグレーになっているのは、すでに引退していることをさす。

な生活だった。当時のバニ市には、子ども相手に野球を教えるリーガは存在しなかった。家のまえで近所の仲間と瓶のコーラの蓋を木の棒で打ったり、ボロ布でキャッチボールをして遊んだのが最初の記憶だという。立派な野球場はなくても、そこら中に空き地はたくさんあったし、そこに行けば大抵、誰かしら友だちがいて、いつも暗くなるまで遊んだ。両親が忙しすぎてかまってくれなかったから、みんなその寂しさを空き地にもちよって、一緒にペロータをすることで紛らわせていた。一三歳になったとき、バニ市にふたつしかないプログラマのうちのひとつで練習をするようになる。その頃は、いまと違って、MLBのアカデミーもなかったから、プロ野球選手になるには、リーガ・カンペシーノに出てプロのスカウトに注目される必要があった。プログラマにはいったときには、はっきりそれを意識していた。グローブをもっていたのはカネもちの家の子どもだけだった。コーチがバニの神父にお願いして、カナダから一五個のグローブが届いた。それを交代で使っていた。

一九七九年のハリケーン・デーヴィッドで家が流されて、家族全員でB地区に移ってからも練習はつづけた。リセイの外野手でホームラン王にもなったリカルド・カルティに憧れていた。当時はまだドミニカ人の大リーガーは少なかった。テレビ中継もなかったから大リーガーよりは、ウィンター・リーグに出場する選手がスターだった。彼とおなじレフトのポジションが、チーボの定位置になった。一六歳で、リーガ・カンペシーノのバニ市代表に選ばれた。試合を観たスカウトから声をかけられたが、契約はできなかった。理由は、コーチがほかの選手を勧めたからだった。腹が立ったし、契約のチャンスを逃したことに失望して、半年くらいは練習をする気が起こらなかった。だが、ペロータなしの生活に耐えられなくなって、首都のブスコンのもとで練習を再開した。夏はリーガ・カンペシーノに、冬はインテルバリアルに出場し、どちらでも好成績をおさめた。シアトル・マリナーズのスカウト、ラモン・ピンタコーラに声をかけられたのはそんなときだった。

一九八九年、三〇〇〇ドル（約二七万円）で契約した。B地区からはじめてのプロ野球選手である。マリナーズはドミニカにアカデミーをもっていなかったので、いきなりアメリカに行くことになった。パスポートを取得するために、出生証明書から取得しなければならず、あわただしいときを過ごした。B地区の家に帰ると、バリオ中の人たちが祝福してくれた。当時の三〇〇〇ドルは、現在の三万ドル（約二七〇万円）に相当する額である。両親に冷蔵庫と家具を買い、たまっていたコルマドのツケを返すと残りは銀行に預けた。B地区の家で冷蔵庫のある家はなかったから、近所の人たちが珍しがってのぞきにきたのを覚えている。

アメリカで四年間プレーしていたが、シーズンオフのたびにスーツケース二個分の野球道具をバリオの子どもたちのためにもちかえって配り歩いた。B地区がマリナーズの帽子やユニフォームを着た子どもたちであふれかえったと笑う。のちに大リーガーになるテハダとルイス・ビスカイーノ（以下、ビスカイーノ、表4の「3」）がオークランド・アスレチックス（以下、アスレチックス）のトライアウトをうけにいく際、貧しくてスパイクやグローブをもっていなかったために、貸してあげたこともあった。そのとき、テハダは直接借りにこないでかわりに兄が家にやってきた。恥ずかしかったのだ。

この頃、リーガやプログラマがなかったB地区では、子どもたちは空き地に集まり、自分たちで工夫しながらペロータをしていた。チーボ以外の選手は、このバリオで育った世代である。彼らは物心ついたときから、ビティージャで遊び、牛乳パックのグローブと靴下を丸めたボールを木の棒で打って遊んでいた。そのなかのひとり、ジョニーが当時の様子を振りかえりながら教えてくれた。

フィールドノート30　ジョニーのペロータの記憶

毎日、オダリ（テハダのこと）やトニーたちと一緒にペロータをしてた。ビスカイーノは、二〇mくらい先の枝にぶらさがっているマンゴーを目がけて石を投げるとき、いつも一発で命中させた。トニーはビティージャもトラッポ（ボロ布をボールにした遊び）もなんでも一番うまかったな。よく、みんなでセロ（丘）まで競争したけど、誰もトニーには勝てなかった。ある日、誰かが本物の野球ボールをみつけてきたから、鉄の棒をバットにして打ってみようということになった。そしたら、オダリが凄い当たりを飛ばして、あっというまにボールは消えていった。そのすこしまえに、チーボがマリナーズと契約してアメリカのマイナー・リーグでプレーしていたから、僕らもプロ野球選手になれると思っていたよ。

（二〇〇八年一二月四日、ドミニカ、バニ、B地区にて）

この世代のなかで最初にアカデミーと契約したのは、テハダだった。バニ市内のエンリケ・ソトというブスコンのところで練習をはじめていたテハダは、一九九三年七月に二〇〇〇ドル（約一八万円）でアスレチックスと契約する。ソトは、バニ周辺の選手に目をつけ、自分のプログラマで練習させてアカデミーに高く売りこむことで生計を立てているブスコンである。最初、テハダに興味を示したのは広島東洋カープだった。しかし、テストをうけにきた彼を見て、身長が低かったため不採用にしたという。次に興味を示したのが、アスレチックスのスカウトである。このとき、テハダは一二歳であったため、一七歳のイトコの出生証明書をもって契約にのぞみ、それ以降はイトコの名前であるミゲルを名乗ってきた。二〇〇八年に年齢詐称が発覚するまで、年齢は四歳若くサバを読んでいた。アカデミー入団後の活躍は驚異的で、サマー・リーグでいきなり一八本のホームランを放ち、翌年にはアメリカに渡り、1A、2Aと順調に昇格する。そして、一九九七年には大リーグと一気に階段を駆けあがった。二〇〇二年にアメリカンリーグのMVPを獲得すると、二〇〇五年には年俸一〇七八万ドル（約一一億九七〇〇万円）を手にする名実ともにスター選手となったのである。二〇〇五年のオールスターゲームでは、ドミニカから二二人の拡大家族の成員を招待して彼らのまえでMVPを獲得した。

テハダにつづき、ビスカイーノも一九九三年にアスレチックスと二五〇〇ドル（約二三万円）で契約する。その後、アルベルト、トニー、ジョニーと、毎年のようにプロ野球選手がバリオから誕生する。一方で、一九九七年にはテハダとビスカイーノがそろって大リーグに昇格したことで、B地区の野球環境に新しい動きがではじめる。プロ野球選手を引退したチーボは、かつて練習していたバニ市内のプログラマを手伝いながら、B地区で知りあいがはじめたリーガにも顔をだしていた。だが、その人物は気まぐれで毎日練習をしなかったので、子どもたちの数も増えなかった。二年後に彼がリーガを放りだしたのを機に、チーボはきちんとしたリーガを組織しようと決意する。友人に話すと一本のバットをプレゼントしてくれ、修道女にも支援をお願いするようにとの助言をうけた。修道女は、バリオの子どもたちのためになると歓迎し、八個のヘルメットを贈ってくれた。別の友人もボールやキャッチャー用のプロテクターを買ってくれるなど、バリオの人びとが歓迎してくれた。一九九九年一〇月八日に練習をはじめてから現在まで、日曜と祝日をのぞき、雨が降らないかぎりは毎日、子どもたちの練習につきあってきた。子どもたちからは遠征に行くときのバス代以外はうけとらないことにしている。貧しい家の子どもも来られるようにするためである。そのため、貯金していた契約金でバンカ（*banca*：ロトくじ売り場）をはじめることにして、日々の生活費はそこでの利益でまかなっている。

　二〇〇〇年になると、ビスカイーノのイトコのカボチェミが朝の時間に、夕方には、チェロがそれぞれプログラマをはじめた。やがて大リーガーのふたりの支援により、プログラマにはアシスタントがつくようになった。さらに、二〇〇四年一二月二三日には、テハダがB地区のかつて仲間たちとペロータをしていた空き地に建築中だった野球場が完成し、落成式がおこなわれたのである。式典にはスポーツ大臣やドミニカ人大リーガー、バリオの子どもたちが招待され、盛大に落成式がおこなわれた。この日のスピーチには、テハダの故郷への率直な気持ちがつまっていると思われるので、その一部を紹介しておく。

写真15　木の棒とボロ布を丸めたボールでペロータをする子どもたち

写真16　ビティージャをして遊ぶ

大リーガーになったその日から、いつも故郷に恩返しをすることを考えてきた。ほんとうに子どもの頃には、このバリオのためになにかできるなんて考えたことがなかった。でも神が大リーグでプレーする機会をあたえてくれたおかげで、わたしのバリオのために素晴らしいものをつくるための十分なカネを得ることができた。ここからはじまって、ここからまたつづいていく。B地区、心から愛していた。ありがとう、どうぞうけとってください [*Listen Diario*, 24 Diciembre 2004]。

この球場の建設に要した費用は、一二〇〇万ペソ（約三〇〇〇万円）であった。ミゲル・テハダ球場と名づけられたこの球場は、あくる日からチーボのリーガやプログラマの練習に使用されることになった。そして、テハダがスピーチのなかで、ここからまたつづいていくと言ったことがはやくも実現する。チーボのリーガで練習していたムーラ（137ページ表4の「15」）という少年が、カボチェミのプログラマを経由して、カンザスシティ・ロイヤルズと契約したのである。契約金は六万ドル（約五四〇万円）とB地区のそれまでの契約のなかでは最高額となった。チーボは毎日子どもたちに話してきたことが証明されたと素直によろこんだ。毎日、練習が終わると一〇分ほど子どもたちに語りかけてきた（写真17）。「未来のために今日を懸命に生きろ。カジェ（*calle*：通り）をほっつき歩いていると、ろくでもないことに巻きこまれる。未来を見据えて、正しい道を進むべきだ」と。彼は、「ペロータは人をそうした生きかたに導いてくれるもの」と考え、「ドミニカ人にはそのペロータの血が流れている」という。このようなチーボのペロータに対する考えかたは、ペロータで稼いだカネについての語りにもあらわれる。

写真17　リーガの練習後、子どもに説教をするチーボ

フィールドノート31　ペロータで稼ぐ意味

おなじ三〇〇〇ドルでも、手にいれた方法によって世間の見方が違ってくる。もし、ドラッグを売ったカネで家や車を買うと、ずっとまわりの陰口を気にしなければならない。でも、野球で稼いだカネなら、隠さずに堂々としていられる。まわりも素直に祝福してくれる。それが、ディネーロ・リンピオ（きれいなカネ）だ。

（二〇〇九年一月一三日、ドミニカ、バニ、B地区にて）

この「きれいなカネ」ということばには、前章で述べた地域社会における稼ぎかたの善悪をめぐる規範意識が反映されている。ただし、ここでの文脈として指摘しておきたいことは、ペロータで稼いだカネが「きれいな」のは、ペロータに全力で打ちこみ、正しい道を歩んできたことへの対価だからだとチーボが解釈している点である。別の表現をすれば、ペロータに懸命に取り組むことが、ドミニカにおいて、あるいはすくなくともB地区において数少ない地域社会から承認される生きかたなのだといえよう。

二-二　母親たちのペロータ

ここまで、B地区におけるペロータの実態を時系列に沿って、ペロータの意味を個人の経験とバリオの記憶のなかから探ってきた。つづいて、少年たちに影響をあたえた母親の視点で、ペロータの意味について考察をおこないたい。

フィールドノート32　まっすぐに生きなさい

二〇〇八年一一月にピッツバーグ・パイレーツと三五万ドル（約三二〇〇万円）でアカデミー契約を結んだエル・メノール（一七歳、137ページ 表4の「18」のジェイソン）は、四人兄弟の次男として、バニ市B地区の近隣のバリオ、ビジャ・マヘイガ地区で生まれた。彼が五歳のときに父親は家を出ていったので、母親（四五歳）が働きにでて家計を支えた。ソーナ・フランカ（フリーゾーン）でのライン仕事をしていたが、その工場が倒産したため友人と一緒にファモッサ（*famosa*：缶詰メーカー）の工場の求人に応募した。一二月で、子どもたちに新しい服を買ってあげたかったからだ。ちょうどフリフォーレスの季節で工場はフル稼働をしていた。仕事は、朝から夕方まで働いても、週に五〇〇ペソ（当時の価値で一五〇〇円程度）にしかならない過酷なものだった。働きだして四年がたった頃、工場で感染症にかかって、高熱がつづいた。当時はこういうことがよくあり、カネをもらって辞めるか、仕事をつづけるかを選ぶことになっていた。結局、二週間の入院を余儀なくされた。退院後に復帰することもできたが、手術をうけた友人がここを一緒に辞めて、首都で家政婦の仕事をしないかと誘ってくれた。それからは、月曜日の早朝にバスで首都に行き、土曜日の午後に家に帰ってくる生活がはじまった。子どもたちの世話は母親にお願いした。子どもが風邪を引いても母親が病院に連れていってくれた。

　エル・メノールが、プログラマで練習したいと言った日のことはよく覚えている。

　彼が一四歳のときだった。日曜日の朝早くに起こしにきて、一緒に球場に来て欲しいと言う。平日の仕事の疲れが抜けずにベッドから出たくなかったけれど、息子の真剣さに打たれ、球場まで足を運んだ。B地区出身のチェロが数人の少年にペロータを教えていた。彼とは初対面だったけど、息子の練習を見てくれるように頼んだ。チェロは、了承してくれたが、毎週土曜日に遠征に行くので、交通費として二〇ペソをもたせるように彼女に言った。本音をいえば、二〇ペソも惜しかった。でも、息子が自分でみつけてきたことを思うと、なにがあっても用意してあげないといけないと思った。それに、練習で疲れたら夜に友人たちと遊び歩く元気もなくなるだろうから、間違った道に進まないためには、ペロータをさせるべきだと考えた。チェロのところで練習をしながらバリオ対抗戦にでて活躍する息子をみた首都のブスコンから声がかかった。首都の彼の家に寝泊まりしながらアカデミーをめざさないかと誘われたのだ。足も速く、何人ものスカウトから声をかけられていたので、いつかアカデミーと契約できるかもしれないと思ってはいたが、まさかこんなに高額の契約を結べるとは想像もしていなかった。電話がかかってきたのは、平日で彼女も首都の仕事先の家にいるときだった。

息子が、「ママ、パイレーツと契約したよ」って聞いたとき、全身に寒気が走り、すぐに大量の汗と涙があふれだした。息子は、契約金の四〇%にあたる一三〇〇万円を首都のブスコンに渡して、手元に残った一九〇〇万円を手渡してくれた。ボロボロだった家を新築し、首都でバスの車掌をしていた長男にマイクロバスを買い、神への感謝の気持ちを捧げるためにパロ（*palo*）とよばれる儀礼を開いて、親族や近所の住民、そして友人を招待した。いまでも息子が契約できたのは、「神からの祝福（*bendición*）」だと思っている。一生懸命に練習して、夜遊びもせずにまっすぐに生きてきたことを神は見てくれていたのだと。そして、自分が工場や家政婦の仕事で稼いだカネと同様に、息子が野球で手にした契約金も「きれいなカネ」だと表現した。反対に、ドラッグを売ったり、泥棒をしてカネを手にしたら、誰も信じられなくっていつも怯えてないといけないし、はやく使い切ろうとして落ち着けないと語った。

（二〇〇八年一二月八日、ドミニカ、バニ、B地区にて）

写真18　パイレーツと高額の契約を結んだエル・メノールと母親

フィールドノート33　神からの贈り物

　ジョニーが毎日ペロータをしていることを、母親のレイナは内心では苦々しく思っていた。夫のラファエルは軍隊、自分は幼稚園の給食婦とB地区では比較的安定した収入を得ていたほうだったので、心のなかでは、息子には高校を卒業して専門技術を学ぶ学校に進んで欲しいと思っていたからだ。だが、夫のラファエルはペロータとボクシングが大好きで、息子にはそのどちらかをやらせたがっていた。ジョニーが生まれるとすぐに、枕元にバットとボールを置いて、将来はアギラスの選手にさせると興奮していたくらいだった。ジョニーが五歳のときに次男のフェリンを出産して、しばらくジョニーから目を離しているすきに、カジェで友だちとペロータをするようになった。五歳にしてはやくもアンダリエゴ（*andariego*：フラフラ出歩く男）になってしまった。昼に学校から帰ってきて昼食を食べると、そのまま腹が減るまで帰ってこなくなった。三人の子どものうちで、いちばん優しくしてくれるけど、いちばん口がうまくて、いい加減なのもあの子だよというのが、レイナのジョニー評である。

　レイナは料理をつくるのが大好きで、しかも田舎のやりかたのとおり、いつも多めに料理をつくることにしている。その理由を「ここらの家は、みんな人数分をはかったようにしかつくらないけど、わたしはそんなケチくさいのはお断り。突然、誰かが訪ねてきてもだしてあげられるようにしておかないと恥ずかしいから」と話す。末っ子のフェリンが小学校にあがると、食費がすごくかさむようになり、食費を工面するのに苦労したという。コルマドにはいつもツケがたまっていたし、サン（頼母子講）をまわしてなんとかやりくりする日々だった。

　そんなときに、チーボがプロ契約をむすんだ。噂で契約金が三〇〇〇ドルと聞いたときには、耳を疑った。そんなカネ、想像もつかなかった。それからというもの、夫のラファエルは、仕事から帰ると、ジョニーとフェリンをセロ（丘）に連れていき、ペロータの特訓をするようになった。五歳のときとは違ってうれしかった。ラファエルといると安心だし、練習から帰ってくると疲れているから、シャワーを浴びて夕食を食べたらすぐに寝るようになったからだ。おまけに、ラファエルも出歩かなくなるというおまけまでついてきた。

一六歳になると、ジョニーの身長は二m近くにまで伸びた。バリオ対抗戦にもよばれて、あちこちのブスコンからも声がかかるようになった。うれしかったけど、同時に不安でもあった。ケガや病気や事故のことが頭をよぎったからだ。親しくしていた隣人のメルセデスによく相談した。彼女の息子（トニー）もブスコンのところで練習して、ペロテロになるのは時間の問題と言われていた。メルセデスは、まじないをしてもらったことがあると言って、わたしにもブルーハ（*bruja*：呪術師）にみてもらうように勧めてきた。翌日、さっそくブルーハのタタを家によんで、ジョニーのグローブとユニフォームを机に並べて、問題がないかをみてもらうことにした。タタが「ジョニーの邪魔をする者はいないよ」と言うのを聞いてようやく安心した。

一年後、サンディエゴ・パドレスと一万七〇〇〇ドル（約一五五万円）で無事に契約ができたときは、すべての神様と聖人の名前を叫んだ。契約金で家を増築して、家具を買いそろえた。テレビ、冷蔵庫、ソファ、インバーター式発電機、電話もそのときにひいた。「バニ市でまだ五〇〇番目だったのが誇らしかった。貧しいっていわれているバリオなのにね。いまになって思うとペロータは「神様からの贈り物」だったわね。ラファエルがジョニーの枕元にバットとボールを置いた意味がいまならわかるわ」

家の増築が終わり、すべての家具がそろうと、レイナはパロを開いて神に感謝の祈りを捧げた。

（二〇〇五年三月〜二〇一二年二月、ドミニカ、バニ、B地区にて）

ふたりの母親の事例からは、ペロータが息子の人生を導いてくれるものと認識していることがわかる。ふたりの語りには、息子が必死に練習をしたからではあるが、自分たちもおなじく汗水を垂らして働いてきた結果なのだという含意もこめられている。また、フィールドノート33で母親が呪術師をよんでみてもらっていることからは、周囲からの「妬み」に気を配っていることがわかる。それは、契約後の行動にもあらわれる。契約金で、本来ならば「妬み」の対象となりうる家の改修や家具の購入を済ませたうえで、パロという伝統的な儀礼を開いた。そこに親族や近所の人びとを招くことは、家や家具の披露を意味しているのだが、それは近隣の住民に稼ぎかたが善であることを示すことになるだけではなく、居あわせた人びとには神の面前でその善の承認をせまることにもなるのである。このように、ペロータでカネを稼ぐことは、個人の生きかたを規定するだけにとどまらず、バリオに共有される規範から承認された人生の選択肢として、人びとのあいだに根づいているのだといえよう。

二-三　かなわなかった夢

こうしたドミニカの人びとの一攫千金を志向する精神が、少年のペロータに傾ける情熱の原動力であるとするならば、少年はその先になにを見据えているのだろうか。ここでは、これまでにとりあげてきた成功事例ではなく、プロ野球選手になれなかった少年の事例からみていきたい。

フィールドノート34　父親のためにマウンドへ

朝五時。バンバン（一七歳）は、父親とブスコンと一緒にバニのバス停へと向かう。ラ・ロマーナにあるアナハイム・エンゼルスのトライアウトをうけるためである。六歳の頃、両親が別居し、母親と一緒に別のバリオで暮らしてきた。一三歳のとき、父親がバイク事故で左腕を複雑骨折し、働けなくなった。プロ野球選手をめざして練習していたが、父親のことが気にかかり、B地区のブスコンのもとに通って練習をすることにし、父親の顔をのぞいて帰ることにした。週末は父親の家で泊まって一緒の時間を過ごした。一七歳になったとき、父親のすい臓に癌がみつかる。悲しくてその夜はいつまでも涙がとまらなかった。一日でもはやくアカデミーのテストに合格して、父親に手術をうけさせたいとこれまで以上に練習をするようになった。そんなとき、首都のブスコンに声をかけられた。一七歳だと言うと、年齢は若いほうが契約金は高くなると教えられ、一歳下のイトコの出生証明書をとった。どの球団も左投手を欲しがっていると聞いていたから、期待はふくらんだ。

アカデミーに到着すると、スカウトによばれて名前と住所をチェックされた。間違えないようにイトコの名前と生年月日を伝えた。まわりを見渡すとピッチャーはもうキャッチボールをはじめていた。相手をみつけるのに戸惑っていると、すぐにトライアウトがはじまってしまった。名前をよばれ、マウンドにあがり、肩慣らしをはじめるが、緊張してストライクがはいらない。最悪だ。頭がまっ白になって、なにがなんだかわからないうちにトライアウトは終わっていた。当然、名前はよばれなかった。コーチが、君はまだ若いからもっと足腰を鍛えて、スピードをあげるようにとだけ言われた。アカデミーの駐車場で着替えているうちに涙がとまらなくなった。まえよりもかなり痩せてしまった父親のまえで合格するはずだった。ブスコンの言うとおりにしたら、まだ若いと言われた。はじめてで練習のタイミングもわからなかったから準備不足だった。肩さえできていれば、もっとはやい球を投げられたし、こんな結果にはならなかった。アカデミーの門をでたところで、父親に「泣くな！ドンプリン（小麦粉を練って棒状に伸ばしたものを茹で、そこに魚を煮たスープをかけて食べる料理で、ドミニカでは力がつく料理として認識されている）とトウモロコシを食べて、足腰を鍛えてまた来ればい

写真 19　バスでエンゼルスのトライアウトへ向かうバンバン

い」と言われて、また涙があふれでた。

（二〇〇八年一一月二七日、ドミニカ、バニ、B地区にて）

バンバンはその後、数球団のトライアウトをうけるが、いずれも合格しなかったためにペロータを辞め、コルマドの店員の仕事に就いた。彼は父親の様子をみるために、B地区のブスコンを選んだ。そのあとに声をかけてきた首都のブスコンの誘いに乗って、言われたとおりにした。少しでもはやく契約金が欲しかったからだが、その先に見据えていたものは、父親の治療費だった。

フィールドノート35　大人になるためのペロータ

ゲリート（二〇歳）は、一〇人兄弟の末っ子である。このうち両親がおなじ兄弟が四人、母親が違う兄弟が六人いる。父親は、昔から首都とバニを結ぶバスの運転手をしていたが、子どもが多かったために貧しかった。でも、近所に住んでいるオジやイトコがご飯をわけてくれたし、ことあるたびに助けてくれた。近所の人たちともみんなで助けあい、なんとかやってきたとふりかえる。兄弟は誰もプロ野球選手をめざして練習をしてはいなかったが、彼は小さい頃からプロ野球選手になろうと決めていた。子どもの頃、ちょうどテハダが大リーガーになり、シーズンオフのたびにたくさんの野球道具をもって帰って、一軒ずつ配って歩くのを見ていた。また、テハダは兄弟全員に車を買って、送金も毎月していることをまわりの大人たちが話すのを聞き、兄弟が多い自分に重ねあわせて、テハダのようになりたいと思った。五年前に野球場をバリオにプレゼントをしたのを見て、プログラマで練習をはじめた。練習はきつく、同年代の友だちがバイクに女の子を乗せて走っているのをみると、誘惑に負けそうになった。しかし、両親、兄弟、オジ、オバ、イトコ、パドリーノ、それにバリオの人たちを助けたいと思い、必死に練習した。夜の一〇時くらいに、家のまえに座っていると、アカデミーと契約したことのある近所の人が、「はやく寝て、はやく起きて、セロ（丘）まで走れ」とアドバイスをくれたり、市内の球場まで行くモト・コンチョ（バイクタクシー）がつかまらないときは、近所の人がボーラ（通りすがりの車やバイクに便乗すること）の声をかけてくれた。この人たちに恩返しがしたいと思った。でも、ダメだった。今年にはいってからスカウトの声がかからなくなった。「悔しいけど、これが人生だと思う」と語る彼は、いま父親のバスの車掌をしている。「はやく運転手になって、父親には引退してもらうつもりだ」と話してくれた。

（二〇一一年二月二日、ドミニカ、バニ、B地区にて）

この事例からは、ひとりの少年が境遇の似ている、おなじバリオ出身の大リーガーをロールモデルにして、練習に励んでいたことがうかがえる。大リーガーのバリオの人びとへのふるまいを見て、自身の境遇に重ねあわせていた。こうして、バリオ内でかわされる相互扶助のありようとバリオ全体を救済しようとする「野球移民」の姿を目に焼きつけながら、そうした実践に通底するバリオの価値観を内在化して育っていったのである。毎日、練習に励みながら、その先に見据えていたのは、バリオ全体を救うことだった。

以上の事例を比較すると、「野球移民」という一攫千金を志向する精神が、少年のペロータに傾ける情熱の原動力になっているが、その見据える先にあるものは異なっていた。前者は父親の治療費を捻出することであり、後者はバリオ全体を救済することであった。しかし、ふたりに共通していたのは、①ペロータはカネを稼ぐ手段であること、②そのカネで家族ないしはバリオ全体を救おうとしていたこと、であった。つまり、自分以外の誰かのためにカネを稼ぐという意識が、一〇代の若者のなかにすでに存在していたということである。逆にいえば、少年たちはペロータをつうじて他者との関係性のありかたを身につけていくのだともいえる。注目すべきは、アメリカ発祥の近代スポーツである野球が、ドミニカの人びとに実践されていく過程において、こうした新たな意味づけがなされてきたことである。

第三節　パトロン・クライアント関係

本節では、ペロータの精神性としての一攫千金がなにを志向しているのかという点に着目し、バリオ出身の「野球移民」と彼らに群がるＢ地区の人びととの相互交渉を、クーニャ・エンジャベ（*cuña enllave*：パトロン・クライアント）関係に着目して考察をおこないたい。

三-一　「野球移民」による富の分配

すでに述べたように、ドミニカは多くの大リーガーをアメリカのＭＬＢに輩出する国として知られている。彼らの獲得年俸は膨大な金額にのぼるが、そのうちの少なくない額が彼らの出身地のバリオに分配されていると考えられる。Ｂ地区出身のテハダの場合、毎年、一億円近い金額をバリオの人びとに分配している［窪田 2006, 2014a, 2014c］。年俸一〇億円以上を稼ぐテハダは、父親と一一人の兄弟にはじまり、拡大家族の成員すべてに送金をおこなっている。バリオに対しては、カネを直接分配するのではなく、宗教行事にあわせる方法で分配されるのが特徴である。ここではそれぞれの分配行動について、事例からみておきたい。

フィールドノート36　拡大家族への送金

テハダは拡大家族の成員に対して定期的に送金をおこなっている。テハダの父親は三人の女性とのあいだに子どもをもうけている。ひとりめの妻とのあいだに四人、ふたりめの妻とのあいだに三人、三人目の妻とのあいだに四人おり、あわせて一一人である。わたしがはじめて調査地を訪れた二〇〇五年の時点で、結婚した姉妹をのぞく男兄弟の六人全員がB地区に暮らしていた。大リーガーになった一九九七年から、父親と兄弟全員に月四万ペソ（約一〇万円）の送金をおこなっている。二〇〇五年の一二月には、約四〇〇万ペソ（約一〇〇〇万円）の豪邸を六戸、富裕層の暮らすバニ市南側に新築した。父親と三人の兄弟とひとりの姉、そして自分用である。さらに、父親と男兄弟には車を買いあたえている。残りの兄ふたりは、生まれ育ったB地区に愛着があり、豪邸はうけとらずにひきつづき住みつづけた。これ以降、テハダはシーズンオフに帰国すると、兄弟の尻拭いからはじめるのが恒例となっている。放蕩のかぎりを尽くして、月四万ペソの送金をつかいきった挙句に、家と車を質にいれてしまうからだ。これ以外にも、アメリカの滞在査証にかかる費用、アメリカへの渡航費用、アメリカでの滞在費用などを負担する。

次に、オジ・オバ、イトコ、オイ・メイへは定期的な送金額は不明であるが、ひとりのオイに対しては、兄弟と同様の送金をしている。それは、年齢が近く、子どもの頃から兄弟と同様に育ったからである。コンパドレやパドリーノなどの擬似親族への送金はしていないかわりに、必要に応じて渡航費用を援助している。たとえば、コンパドレのトニーやロランド、マラフェがアメリカに非合法越境をした際には、その費用をすべて援助した。隣人や友人への援助としては、同世代の隣人五人に月八〇〇〇ペソ（約二万円）を払って、バニ市郊外にあるフィンカ（*finca*：農場つきの豪邸）の管理をまかせている。そのほか、三人にもおなじ額を支払い、父親の運転手やB地区にある倉庫の夜間警備をさせている。これにくわえて、毎年クリスマス・イブの夜と一二月三一日の夜には、フィンカに拡大家族と少数の友人を招き、フィエスタを催している。そこでは、飲みきれない酒とたくさんの料理がふるまわれ、ドミニカの人気歌手を一〇組あまり招いて、ライブがおこなわれる。

二〇〇五年に兄弟がB地区を離れるまでは、シーズンオフのウィンター・リーグの試合がない日は、B地区の生家を訪れ、隣人や子どもにねだられると、その都度、ポケットから一〇〇〜一〇〇〇ペソ（二五〇〜二五〇〇円）紙幣を取りだして渡していたという。しかし、二〇〇五年になって、ドーピング問題が浮上すると、米下院公聴会で薬物の使用を否定したが、マスコミ対策として、代理人からの忠告で外出を控えるようになった。また、こうした行動は、うけとった人とそうでない人が生まれ、噂を聞きつけた人で身動きがとれなくなったことも理由である。

二〇〇八年は、テハダにとって悪いことばかりが立てつづけに起こる。一月一五日に兄のフレディが交通事故で亡くなり、おなじ日に、米下院改革委員会がMLBのドーピング問題における「偽証」疑惑の解明をFBIに依頼。四月には、年齢を詐称していたことが発覚した。これは、アメリカのジャーナリストが父親にインタビューだと偽り、出生証明書をださせ、小型カメラで撮影し、スクープ記事としたからだが、この一件から、テハダはより慎重に行動するようになる。

（二〇〇五年三月〜二〇一一年二月、ドミニカ、バニ、B地区にて）

この事例からは、「野球移民」が親族からバリオの住人にいたる幅広い範囲のなかで送金をおこなっていることがわかる。すでに前章で述べてきたように、移民が送金をする際には、社会に埋めこまれた二重の規範（①富の独占を許さない②たかりは恥である）に従い、自分と相手との関係性をふまえたうえでの行動を求められる。「野球移民」のケースにあてはめると、その関係性は非対称性で特徴づけられる互酬的な人間関係としての、クーニャ・エンジャベ（パトロン・クライアント）関係である。それは、パトロンが貧しい者を雇って庇護する見返りに、パトロンのために働き、尊敬と威信をあたえ、盗みにあわないように見張り、また、他人の陰謀を警告し、係争時にはパトロンの側につくことで、彼の利益をまもるものとされる[Pitt-Rivers 1966 (1954): 140]。友人関係における経済的な対等性が崩れると、パトロン・クライアント関係へ移行するという「野球移民」とバリオの人びととの関係にも合致する。なぜなら、プロ野球選手になるまでは、対等の人間どうしの関係だったものが、大リーガーとなり巨額の富を手にいれた時点で、この関係へと移行したとみなせるからである。

このように考えると「野球移民」がふまえるべき自分と相手との関係性とは、このクーニャ・エンジャベ関係であり、それをふまえた行動とは、貧しい者を雇って庇護すること、つまりクーニャである。上記の事例では、テハダがこの原則に従って、B地区の人びとを庇護していることがみてとれる。一方の親族をふくめた拡大家族への送金もまた、このクーニャ・エンジャベ関係にもとづき、パトロネージが行使された結果だといえる。ここで重要なことは、送金されるカネが社会的に承認された方法で獲得され、さらに社会的に承認された方法で「惜しみなく贈与」される場合にのみ、パトロンに威信があたえられる点である。つまり、ペロータで稼いだ「きれいなカネ」が、「気前よく」わけあたえられたときに、威信が付与されるのである。

フィールドノート37　クリスマス・プレゼント

普段は、その日暮らしに近い生活を送るバリオの人たちにとっても、クリスマスは特別である。一一月はあまり出歩かずに節約し、新しい服やプレゼントを買いそろえて来たる日に備える。クリスマス当日は、ニワトリを丸焼きにし、パンと一緒に夕食を家族でかこむ。晩酌の習慣はないが、この日ばかりはワインを空ける。

クリスマス・イブの日の朝、近所の人たちを荷台に積んだトラックがB地区を出て、バニ市郊外のテハダのフィンカ（豪邸）に向かう。クリスマス・プレゼントが配られるからである。フィンカにはすでに一〇〇人以上のバリオの住民が集まり、プレゼントが配られるのを待っているところだった。やがて使用人があらわれると、住民を整列させ、正門からひとりずつ順番に招きいれた。わたしもその列にくわわり、一緒に門をくぐると、二台のトラックに大き

写真20　「野球移民」からクリスマス・プレゼントをうけとるB地区の人びと

なビニール袋が山積みにされていた。使用人がひとりずつに袋を手渡す際、うけとる人びとが貰って当然という顔で礼も言わずに、しっかりとビニール袋を握りしめて、さっさと家路についたのが印象的であった。家に帰り、袋を開けると、なかには鶏肉、パスタ、缶詰、カップラーメン、シリアル、小麦粉、砂糖、コーヒーなどの食料品が、溢れんばかりに詰めこまれていた。聞けば、毎年クリスマス・イブの日に、こうして食料品を配っているとのことだった。これを大リーガーになってからの一〇年間、欠かさずにつづけているという。

（二〇〇八年一二月二四日、ドミニカ、バニ、B地区にて）

この事例もまた、クーニャ・エンジャベ関係にもとづいた分配を示しているが、さきほどとの違いは、クリスマスという宗教行事にあわせてなされていることだった。このように、宗教行事にあわせて分配がなされることで、「野球移民」には威信だけではない「聖性」が新たに付与されていく。詳しくは次節で詳述するために、ここではこの指摘だけにとどめておく。

三-二　施しに群がるティゲレ

上記ふたつの事例で検討したとおり、「野球移民」に威信が付与されるのは、ペロータで稼いだ「きれいなカネ」が、「気前よく」わけあたえられたときとの条件があった。これは、故郷の人びとが移民に「ドミニカンヨルク」像を演じさせたのと同様に、「野球移民」が「気前よく」わけあたえられるように、バリオの人びとが、普段からクーニャ・エンジャベの互酬的関係に気を配ってきたからだといえる。その具体的な事例をみておこう。

フィールドノート38　クーニャ・エンジャベのメンテナンス

先述のようにテハダの男性の兄弟は、仕事をせずに放蕩の限りをつくしている。彼らは、暇をもてあましているために、毎日のようにバリオに顔をだす。幼なじみたちと駄弁るためである。また、週末には幼なじみを引き連れてコルマドを飲み歩く。B地区のティゲレ（*tiguere*：ずる賢い人）たちは、こうした機会を利用して、自分たちがいかにテハダのことが大好きであるかを、直接・間接的に伝える。なかには、クライアントのサボタージュについて、冗談をまじえてそれとなく伝える者もいる。たとえば、アルベルトは、「倉庫の夜警をしてなきゃおかしいはずのビクトルが、バイクに知らない女を乗せて全然違う場所を走っているのを見たよ」と密告した。浮気のゴシップがドミニカでは好まれるのを知ったうえでの話法だった。翌月、ビクトルはクビになり、アルベルトが後任として選ばれた【33】。こうしたことが、テハダの耳にはいるのを見越して、ティゲレたちは、日頃からクーニャ・エンジャベのメンテナンスに余念がない。テハダの男兄弟の家に日参したり、用時もないのに携帯電話を鳴らしたりとあらゆる方法がとられる。

（二〇一一年一月二二日、ドミニカ、バニ、B地区にて）

こうしたティゲレたちの行動は、男性の兄弟が再分配をするのを知っているためであり、短期的にはそれをひきだすためだといえる。たとえば、テハダの弟フェリス・マヌエルの元妻であるジュリは、彼からなんとかしてすこしでも多くのカネをひきだそうと、子どもが風邪をひいたので病院の診療費をくれと言ってみたり、彼が家に立ち寄ったときは近所の人に聞こえるようにわざと大きな声で「すごく久しぶりね。何年ぶりかしら」と冗談まじりで嫌味を言うのも常套手段である。しかし別の視点からみれば、こうした行為は、「母親中心家族」の文脈における母親の役割としては当然の言動であり、長期的にはバリオの社会関係を維持することにもつながる行為だといえる。なぜならこうした行為は、バリオにおける垂直的な扶養義務システムとしてのクーニャを肯定することであり、ひいては伝統的な価値観を強化することになっているからである。

次に、クライアント側の対応をみていくにあたり、ひとつのエピソードを紹介しておきたい。二〇〇九年一月五日はディア・デ・レイジェス（*Dia de Reyes*：子どもの日）にあたり祝日だった。一五時過ぎに家のまえの通りが騒々しいので、玄関から通りを眺めると、子どもたちが一斉におなじ方向に駆けていく。通りかかった知りあいが言うには、テハダが子どもの日のプレゼントを球場で配るとのことだった。向かいの家のジーシーと息子のウィリーと一緒にでかけたところ、球場にはバリオ中の子どもたちが集まっており、スタンドにはいりきれなかった子どもがグラウンドに整列させられている。二台の二トントラックがはいってきた途端、子どもたちが一斉にトラックに殺到した。転んで泣きだす子どもや喧嘩をしだす者もいて、蜂の巣を叩いたような騒ぎになった。結局、使用人が整列を求めても収拾がつかなかったために、後日、学校に届けて配ってもらうことにしたという出来事である。

これらの事例をみると、クライアントはパトロンに対して尊敬や忠誠を誓っているのかとの疑問がわいてくる。わたしがB地区にはいったばかりで、人間関係を構築できていなかった頃に、バリオの人びとにテハダに関する質問をしても、杓子定規な褒めことばが返ってくるか、「良く知らない」との一言でお茶をにごすだけだった。だが、滞在が長期間にわたるようになると、先の事例のような話がこぼれてくるようになった。それは、反対にわたしを混乱させる原因にもなった。つまり、彼らはただ、テハダにたかって食いものにしているだけではないかという疑問である。とくに、本書であつかうパトロンは、多くの先行研究で対象にされてきた政治家でもなければ、農民社会における地主でもなかったからである。では、クライアントはパトロンになにを見返りとして提供しているのだろうか。

そのことを検討するために、ここで一度「野球移民」から離れ、ドミニカの人びとがどのようなパトロン・クライアント関係を築いているかをみておきたい。第三章のフィールドノート17（109ページ）に戻ろう。建築現場で働いていたティブロンが、仕事をまわしてくれる棟梁に移民願望をもらすと、ブスコン（斡旋人）に話をとおしてくれたうえに、その費用まで貸してくれた事例である。ここでもパトロンの役割は明確だったが、クライアントはなにを見返りに提供したのか。ティブロンは、仕事のない日でも棟梁の家に出向き、週末には一緒にコルマドで酒を飲んだ。子どもの誕生日会があると聞けば、簡単なプレゼントを買って持参した。このように日常的接触を積み重ねることで、パトロンからの信頼をひきだしていたのである。ドミニカでは毎日、顔を見せるためだけに家を訪ね、声を聞かせるためだけに電話をすることがよくある。少しでも期間が空くと、「わたしを捨てたわね」という決まり文句が返ってくる。それほど、日常的な接触が重要とされ、人間関係の濃淡に関係しているのだと考えられる。そのため、パトロンは自分のことを明確にパトロンだと意識していないことも多い。ピット・リヴァースの定義で、友人関係がパトロン・クライアント関係の前提とされていたように、いかに相手から信頼されるかが大切だといえる。そのことは、エンジャベには友情というニュアンスがあり、クーニャには絆という意味もふくまれていることからもうかがえる。

こうした二者間の関係は、第三者がパトロンにアクセスする際に可視化する。このティブロンと棟梁の例でいうと、ティブロンの知りあいがこの棟梁に仕事をまわしてもらいたいと思った場合、直接話をしにいくことは通念上、好ましいこととはされない。彼がティブロンと関係がある以上、まず、ティブロンに事情を話し、彼から棟梁に依頼してもらわなくてはならない。この原則は、働きはじめてからでも変わらない。すでに直接棟梁と関係を築いていても、日当の増額の要望といった大切な相談は、まずティブロンに相談し、彼から話してもらうか、彼と一緒に話をしにいかなければならないのである。つまり、クライアントが誰かの仲介者となった際には、相手にとってはパトロン的な立場となりうるということである。

このことをふまえると、一見、自由きままな放蕩生活を送っているかにうつるテハダの兄弟も、クライアントにとっては大切な仲介者であり、彼

写真 21　フェリス・マヌエル（左端）と一緒に過ごすB地区のティゲレたち

らがテハダから得た利得を妻や友人に再分配することで、パトロンの性質もかねていることがわかる。当然ながら、クライアントにとってパトロンはひとりであるとは限らない。むしろ、ひとりだけしかパトロンをもたないクライアントは存在しない。なぜなら複数のパトロンを抱えておくことは、生活の安全保障への可能性を無限に開いておくことになるからである【34】。さらに、特定のパトロンにのみ忠誠を誓って、いつも行動することは別の理由からも避けられる傾向にある。そうした行動は、まわりからランボン（*lambón*：腰巾着）とみなされ、パトロン以外の人びとからの信用を失うことになるからだ。

このように、パトロンであるテハダとクライアントであるバリオの人びとのあいだには、テハダのクライアントである親族が介在し、複数のパトロン・クライアント関係が構築されていることが明らかになった。さらに、クライアントはパトロンへの忠誠を証明するために、日常的な接触が求められているということだった。では、テハダのように一年の大半をアメリカで過ごすパトロンに対し、クライアントであるB地区の人びとはどのような方法で、いかなる見返りをあたえているのだろうか。

三-三　国境を越える忠誠

先に述べたように、テハダは、二〇〇五年の米下院公聴会での証言で薬物使用を否定したが、その証言に疑惑がもたれ、二〇〇八年一月に米下院改革委員会がＦＢＩに依頼したＭＬＢのドーピング問題における「偽証」疑惑の捜査対象となる。四月には、年齢を詐称していたことが発覚した。ドミニカのマスコミも、テハダは「白か黒か」を連日報道し、最悪の場合は、球界から追放されることになるともいわれていた。二〇〇九年二月一〇日に起訴されたテハダは、翌日、裁判所で「偽証」の事実を認めて謝罪する。三月二六日にくだされる判決の見通しについてマスコミは、最悪のケースでは一年の実刑判決がくだるだけではなく、移民局から査証を取り消され強制送還になる可能性があるという判事のコメントと、執行猶予があたえられるだろうとの弁護士の声明を伝えた。

あくる日のB地区はこのニュースでもちきりだった。実刑がでれば、選手生命も終わってしまうというニュースに、クライアントとしてテハダのフィンカで働いているものや、コンパドレたちは衝撃をうけていた。興味深かったのは、一度もドミニカから出たことがない人たちと、アメリカで暮らしたことがある人たちの反応の違いだった。前者が、「なぜ嘘をついただけでこんな騒ぎになるのか」と納得のいかない表情であるのに対し、後者は冷静にこのニュースをうけとめていたことだった。そして「アメリカ人は嘘つきが嫌いだから、ステロイドを使用したことよりも議会で嘘をついたことのほうが重大なのだ」と説明していた。それでも、「こんなのはメンティーラ・ブランカ（*mentira blanca*：白い嘘）だ」と食いさがる。すると、「あっちでは、嘘は嘘だ」と一蹴された。ドミニカでは、生きていくために必要な嘘や人間関係を円滑にするための嘘は、ある程度の範囲で許容されている。たとえば、値引き交渉やコルマドにつけをお願いするときにつく嘘がそうである。あるいはあまり気がすすまないのに、会う約束をしてすっぽかすこともここにふくまれる。目のまえの相手を落胆させないためだからである。また、少年がアカデミーのトライアウトをうける際に年齢を若く偽ることもメンティーラ・ブランカとされている。それは、傷つく相手が誰もいないからだ。反対に、重大な裏切りにつながる嘘は、メンティーラ・ネグラ（*mentira negra*：黒い嘘）とよばれ、ついてはいけない嘘とされている。本章の文脈でいうと、パトロンに対して返礼を怠ったときにつく嘘がこれにあたる。それは、裏切りとみなされ、人間関係に軋轢が生じる。

テハダをめぐるドミニカとアメリカの比較文化論の議論に花を咲かせていたB地区の人びとにも、自分たちのパトロンが危機的状況にあることを認識している点では共通していた。判決が執行猶予つきのものになるように願う気持ちが行動にあらわれたのが、以下の事例である。

フィールドノート39　グラン・カミナータ（*Gran Caminata*：応援パレード、写真22）

二〇〇九年二月二八日（土）一四時。バニ市の中心部にあるソフトボール場のまえに、たくさんの人びとが集まり、行進がはじまるのを待っていた。この場所がスタート地点に選ばれたのには理由がある。このソフトボール場の右隣は野球場で、かつてテハダがアスレチックスのスカウトにみいだされ、大リーガーへの一歩を踏みだした場所だったからだ。集団の先頭には父親と親族が並び、そのうしろにB地区の人びとがつづいた。ドミニカらしく、先導するトラックの荷台に据えた大きなスピーカーから音楽をかけて、そのリズムにあわせてゆっくりと行進していく。市長も参加し、テレビカメラや新聞記者も取材に駆けつけ、警察が交通整理にあたるなど、まさにバニ市全体をあげての応援パレードになった。時間がたつにつれ参加者の数はふくれあがり、一時間半後にゴール地点の教会まえの公園に着いたときにはパレードの最後尾は目視できないまでになっていた。

B地区からの参加者たちは、それぞれ家にあったテハダの写真やユニフォームをもちだして、激励のメッセージを書いて掲げている。「バニは君を応援している」「僕たちはいつも一緒だ。頑張れ！」といったものが目立つ。B地区からはたくさんの人びとが参加をしており、その顔ぶれはクリスマス・プレゼントをうけとる行列に並んだメンバーと重なる。普段は暑い昼間に長時間を歩くことなどしないドミニカの人びとが、テハダの名前を連呼しながら、汗が流れるのを苦にせずバニの市街地をねり歩く。彼らは、パレードの先頭集団に陣取り、テハダの父親や兄弟たちの近くを離れないように歩いていた。その場所は、テレビカメラや新聞のカメラがレンズをむける場所であった。

（二〇〇九年二月二八日、ドミニカ、バニ、B地区にて）

この応援パレードを企画したのは、親族たちである。テハダの判決が三月二六日にくだされることを知った父親や兄弟をはじめとする拡大家族の成員が、テハダと日頃から親交のある野球関係者やB地区の人びとに声をかけたのだ。バニ市中でパレードのビラがまかれ、動員にむけた宣伝がすすめられた（図6）。一週間まえには、スピーカーを積んだ広告カーが街中をまわって、パレードへの参加をよびかけた。市長が参加したことからもわかるように、あらゆる方面に話をして、協力をよびかけたのである。

一見すると、テハダに降りかかる災いをみんなで振り払い、窮地に立たされるテハダを励まそうとしているようである。しかし、テレビカメラに写るようにとパレードの先頭付近に陣取っている面々からは、それだけではない思惑が見え隠れする。先に述べたように、最近になって噴出した騒動をうけ、弁護士から外出を控えるようにいわれたテハダは、B地区に姿をみせることが少なくなった。困ったのは、B地区の人びとである。かつては、テハダが凱旋した際に直接交渉をして、いくらかのカネをたかることができたからである。コンチェロ（バイクタクシーの運転手）のシモンが周囲を気にしながら不満を口にする。「テハダは悪くないんだよ。ランボン（取り巻きの連中）が余計なことを吹きこんでいるに決まっている」。だが、黙って手をこまねているわけにはいかず、個別にテハダ邸を訪ねたり、テハダの兄弟に話すなど、あらゆる手を打ってきた。じつは、このパレードへの参加にも意味があった。「わたしはあなたを応援しているのですよ」というメッセージを目にみえるかたちで伝えられるからだ。パレードの様子を撮影したビデオがアメリカにいるテハダに届けられるのを見越してのことである。シモンもしっかりとテレビカメラに向かってテハダの写真を掲げていた。

　このようにみると、この応援パレードは、単に故郷の人びとが故郷出身の大リーガーの危機に際し、激励のメッセージを送るためだけのものではなかったことがわかる。それは、この行列に参加したB地区のメンバーが、クリスマス・プレゼントの行列に並んでいたメンバーと重なっていることから

写真22　応援パレードに参加し、カメラにアピールする人びと

図6　テハダ応援パレードのチラシ

も明らかである。B地区からの参加者は、表面的には地元出身のヒーローに激励のメッセージを送る心優しい故郷の人びとにうつる。だが実際には、B地区の人びとは、そのパレードに参加し、激励のメッセージを送っている姿をテハダの親族やテレビカメラに向かってアピールしなければいけなかったのである。

こうした応援パレードでの本質は、本節で述べてきたクーニャ・エンジャベ（パトロン・クライアント）関係における、クライアント側からの返礼だといえるのではないだろうか。なぜなら、日頃から、パトロン（テハダ）から経済的支援をうけてきたクライアント（B地区の人びと）が、見返りとして彼の利益を守る行動をとったのだと解釈できるからである。さらに重要なのは、B地区の人びとが、このパレードに参加しなければ、将来の経済的援助がうけられないと考えている点である。もちろん先に述べたように、普段からテハダの兄弟に対して日常的に接触している人びとが、その兄弟とのクーニャ・エンジャベ（パトロン・クライアント）関係にもとづき、パレードに参加したと考えることも可能である。しかし、兄弟にとっても、B地区の人びとにとっても、テハダはパトロンであることを考えると、B地区の人びとからは二重の忠誠を異なるパトロンに同時に誓う機会だったといえる。そのような機会をB地区のティゲレたちが見逃すはずはなく、彼らが生きていくためのメンティーラ・ブランカが結果として、パレードの成功につながったのである。

このパレードの事例では、これまで見返りを表明する機会のなかったB地区の人びとによる忠誠の意思の表明が観察された。これは、テハダの分配行動が、一方的な見返りを求めない「惜しみない贈与」ではなく、一定期間をへたあとで返済がなされる互酬性をともなうものであることを示している。当然ながら、このパレードの事例は、きわめて限定された状況のもとで生じたものであり、日常的にこうしたパレードが企画されることはない。しかしながら、パトロンが危機に瀕した際に、クライアントはこのように行動するのだということを示す例でもある。互酬的関係がパトロン・クライアント関係を特徴づける重要な条件であったことを考えると、ドミニカにおけるクーニャ・エンジャベ関係は、パトロン・クライアント関係のひとつの形態だということができるのである。

第四節　守護聖人の祭り

ここまでバリオ出身の「野球移民」と彼らに群がるB地区の人びととの相互交渉を、クーニャ・エンジャベ（パトロン・クライアント）関係という視点から考察してきた。本節では、B地区にカトリックの宗教行事として重要な祭りが誕生した事例をもとに、パトロンとしての「野球移民」に注目して考察をしていきたい。

四-一　守護聖人の祭りの誕生

B地区でパトロナレス（*patronales*：守護聖人の祭り）がはじまったのは二〇〇〇年のことである。B地区は、一九七九年にドミニカを襲った史上最大のハリケーン・デーヴィットによって家屋を失った人たちによって誕生したバリオである。その揺籃期に教会の修道女が資金を集め、住民と力をあわせて学校や公園を整備し、バリオの基礎がつくられた。その労苦と功績を称え記憶にとどめるために、修道女が愛してやまなった聖母カルメンを守護聖人に拝し、七月一六日の聖母カルメンの日にあわせて、七月七日から一〇日間に渡って開催されるようになった。パトロナレスは、カトリック教徒が守護聖人に捧げる祭りである。それぞれの国、都市、町、村、個人が異なる守護聖人を拝している。カトリックが国教となっているドミニカでは、一月二一日が聖母アルタグラシアの日にあたり祝日となっている。この日は聖母アルタグラシアを守護聖人とするオコアとイグウェイという街でパトロナレスがひらかれ全国から大勢の人が集まる。このように、それぞれの都市や町では守護聖人の日にあわせ、パトロナレスを開催しており、クリスマスやセマナ・サンタ（聖週間）とならぶ年中行事となっている。

二〇〇〇年までB地区でパトロナレスが開催されなかった理由は、以下の二点である。第一に、ドミニカでは最小の行政単位であるバリオでは、パトロナレスが開催されることはなく、バリオが所属する市を単位に開催されるものであったこと。第二の点は、たとえひとつめの問題が解決しても、開催資金が準備できないことである。このように、パトロナレスを開催できないはずのB地区で、パトロナレスの開催に向けた動きが生まれるきっかけとなったのは、修道女が亡くなったことだった。冒頭で述べたように、B地区の揺籃期を支えた彼女の死は、B地区の人びと、とりわけフンダドールたちに深い悲しみをもたらした。あらためていうまでもなく、荒れ地だった土地を協力して整地し、家を建て、教会や学校、診療所を設けていくうえで修道女の果たした役割は大きく、インフラの整備にかかる工事や費用は、すべて彼女がバニの神父や市長にかけあってくれたのだった。

彼女の死に接し、B地区では、フンタ（隣人間の協力、第三章参照）による話しあいがもたれ、パトロナレスの開催にむけて動きはじめる。代表者が現在の修道女とともに市役所に陳情をくりかえしながら、開催準備をすすめるなかで最大の障害としてたち塞がったのは、やはり開催資金の問題だった。その頃、フンタのリーダーのひとりだったオルガ（六二歳）が当時の苦労をふりかえって語っている。

フィールドノート40　パトロン探しの日々

フンタで開催を決めたまではよかったわ。反対するものなんて誰もいなかったわよ。フィエスタ（祭り）好きのドミニカ人だもの。でもね、役場に行くたびに言われたもんだよ。パトロナレスを開くのは大切なことだ。市としても歓迎するし、協力する。でも、ひとつのバリオだけで開催するというのは認められないってね。それで、またふりだしに戻るわけ。なんどもフンタで知恵をしぼって、いい案を思いついた。最初モンハ（*monja*：修道女）がこのバリオと学校をビジャ・ダビ（*villa david*：ダビ村）と名づけたことを思いだして、この学校区になっているベンテ・カシータ（*20 cacita*）とリゴーラ（*rigola*）のふたつのバリオに声をかけて、共同開催にすることで役場をやっと納得させたのさ。でもね、一番大きな問題が片づいてなかったのよ。よそのパトロナレスは、市単位の開催だから、人口も多くて寄付で開催資金は集まるけど、うちはみんなポブレシート（*pobresito*：最貧層）だから、寄付なんて期待できなかった。「ドミニカンヨルク」が送金してくる金額もたかが知れてて、パトロナレスにまわすような余裕はなかった。ボストンで誰がドラッグを売ってるかもわかってたけど、そのカネでパトロナレスを開くなんて罰あたりなことはできないでしょ。ほんとうに困ったわよ。

そんなとき、レイナのところに寄って話をしてたら、隣に住むニュルカが顔をのぞかせたから、わたしは思わず叫んでた。「アイ・ディオス・ミオ！（*Hay Dios Mio*：あぁ、わたしの神よ！）オダリ（テハダのあだ名）がいるじゃないの」ってね。ニュルカの旦那のフレディは、オダリの兄じゃないか。それをニュルカの顔をみて思いだしたのさ。すぐに、ネイからダニエル（テハダの父親）に話してもらった（ネイは、ダニエルのコンパドレ）。そしたら、ダニエルたちが、もうひとりの大リーガーのビスカイーノにも声をかけると言ってくれて、とんとん拍子に話がすすんでいったのさ。

（二〇一一年二月五日、ドミニカ、バニ、B地区にて）

この事例は、パトロナレスを開催するまでの過程を示すものである。ここからは、フンタのリーダーとして市役所との交渉にあたるオルガの苦労が伝わる。なかでも、開催資金をどうするかという問題が、いちばん彼女を悩ませていたのである。オルガは、まず他地域のパトロナレスにならい、住民からの寄付を募ることを考えたが、B地区の事情を考えて、すぐにその可能性を消し去る。次に、一九九〇年代なかばから急増しはじめていたアメリカへの移住者を思い浮かべたが、こちらも寄付をする余裕はないと判断する。なぜなら、次女の父親もニューヨークに移住したが、生活費以上の送金をしてきたことがなかったからだ。また、この事例で注目すべきは、オルガもまた、ドラッグを売っている移民からの送金には頼ろうとはしなかったことである。それは、これまでくりかえし述べてきたように、B地区の人びとのあいだにカネの稼ぎかたをめぐる規範意識が強固なものとして根づいているからであった。

一〇年前という時代は、B地区からテハダとビスカイーノというふたりの大リーガーが誕生し、その地位を確立していった時期である。その頃、すでにテハダはクリスマス・プレゼントを配るようになっていたし、ビスカイーノもB地区を訪れるたびに生家の隣人や友人たちに少なくないカネを手渡すようになっていた。「野球移民」が誕生したことにより、B地区を取り巻く環境が変化し、バリオの人びとの気分が高揚しつつあるなかからパトロナレス開催の構想が生まれてきたとも考えることが可能である。つまり、パトロナレスが誕生しようとしていたこの時期に、「野球移民」とB地区の人びとのあいだで、クーニャ・エンジャベ関係が構築されたのだといえよう。

こうした理由にくわえ、B地区でパトロナレスが開催される背景には、バリオ中にはりめぐらされたクーニャのネットワークの存在がある。そもそもパトロナレスとは、旧宗主国のスペインから伝わったカトリック行事であるが、その語源はパトロンからきている。前章で述べたように、B地区の人びとはバリオ内における水平的な相互扶助の規範にくわえ、「母親中心的」な家族形態に裏打ちされた、拡大家族を起点にした垂直的な扶養義務システムのネットワークをバリオ中にはりめぐらせてきた。こうしたことをふまえるならば、パトロナレスが開催されるようになった理由は、修道女の功績を讃えるためという表向きの理由だけではなく、バリオに対する扶養義務を果たした献身的な修道女のクーニャを、未来永劫、まさにバリオのパトロンとしてまつりあげるためだったといえそうである。なぜなら、修道女が生前にになっていた役割はまさにバリオの住民を保護するパトロンとしての役割だったと考えられるからである。これまでの議論にそくしていえば、修道女の日常的な役割は、B地区の人びとという多数の神の子どもたちの母親がわり（仲介者）となり、父親である神に愛をあたえるように要求することだったと考えられる。当然ながら、神の愛というものは観念的なものであり、可視化されることはない。しかしながら、B地区の揺籃期にあがったインフラ整備を望む声や、チーボがリーガをはじめるときに相談をもちかけるというような住民からの具体的な要求を役所や神父に仲介することによって、神の愛は可視化され、バリオの人びとの前に修道女のパトロンとしての顔をのぞかせることになったのである。

ここで、修道女の役割を「母親中心家族」の文脈のなかに位置づけて整理しておきたい。神を夫と定め、B地区の住民たちの母親として生涯をつらぬいた修道女の姿は、前章の事例で紹介した、複数の男性とのあいだに子どもをもうけ、拡大家族の中心で母親としての役割をになう一般女性とは表面的には対照的にうつる。しかしながら、クーニャという「垂直的な扶養義務」のシステムという観点からみれば、じつはこの両者は相似形をなしていることに気づく（図7）。図からもわかるように、一般女性が母親として子どもの扶養義務を父親に請求するのと同様に、修道女はバリオの住民の母親代わりになって、子どもの扶養義務を父親である神に請求しているのである。このように、母親が子どもへの扶養義務を父親に請求するという点において、ドミニカの家族は「母親中心」的と特徴づけられるが、バリオ全体にまで張り巡らされたクーニャとよばれる垂直的な扶養義務システムもまた、「母親中心家族」の延長上に配置され、理解されるべきであろう。

ここまでB地区において、パトロナレスが誕生する過程から浮かびあがるクーニャとよばれる垂直的な扶養義務システムについて考察してきたが、以下ではそのパトロナレスを介してなされる「野球移民」によるパトロネージの様子から、そこにこめられている意味について考察していきたい。

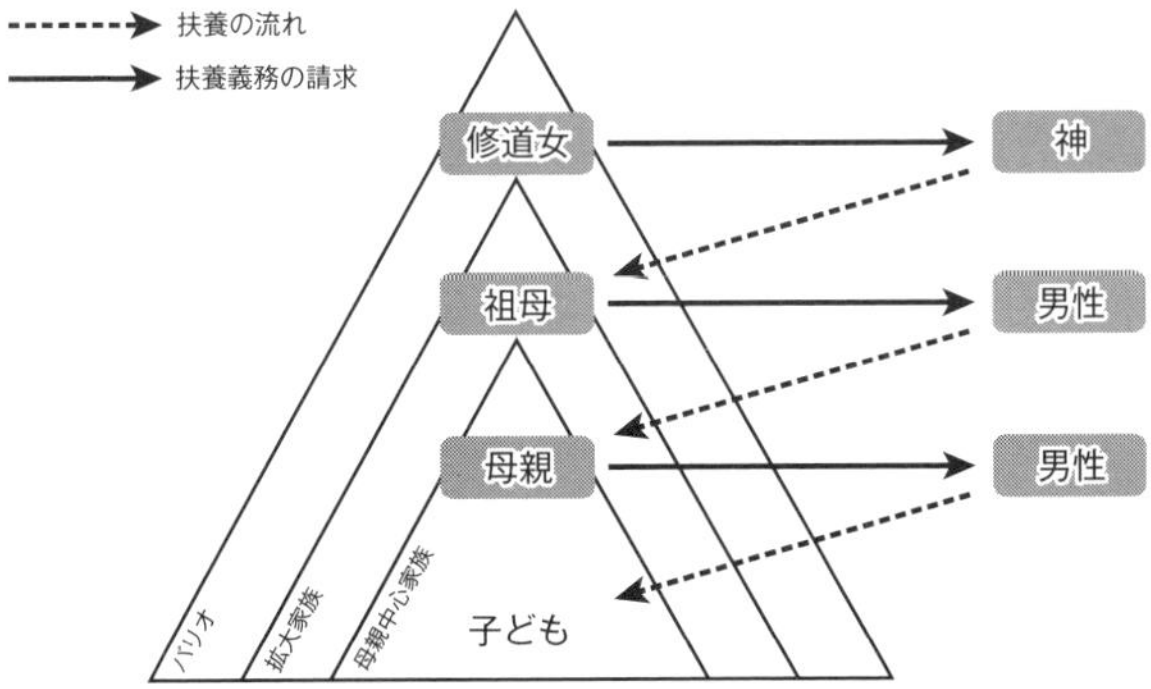

※三角形は、外側から順にバリオ、拡大家族、母親中心家族の範囲を示している

図7　B地区における扶養義務システム（クーニャ）の概念図

四・二　バリオを救済する「野球移民」

B地区のパトロナレスは、聖母カルメンの日にあわせて開かれるため、例年七月一六日が最終日になるように、七月七日にはじまり一〇日間にわたって開催される。開催日が近づくと、B地区の公園をはさむふたつの通りは立ち入りが禁止となり、巨大なステージと遊園地にあるような回転遊具が次々に設営されていく。公園の周囲を取り囲むように、飲み物や軽食を売る屋台が隙間なく設置され、発電機やプロパンガスのボンベが並べられていく。パトロナレスの実行委員会は、フンタによって選出された八人のメンバーがになう。その役職は、委員長、副委員長、顧問、会計、総務、ステージの司会、ステージでの進行補佐がふたりとなっている。メンバーは、顧問をのぞくとすべてB地区の住人である。そのほかのふたつのバリオは、市役所からの承認を得るための名目上の参加であり、実行委員などの実質的な運営にはたずさわらないことになっている。委員長には、ナン（四二歳）が選ばれた。その理由は、彼がビスカイーノの取り巻きの兄で、開催資金を引きだす交渉役として白羽の矢がたったのである。以下の記述は、わたしが滞在していた二〇〇九年のパトロナレスの様子を示したものである（表5）。

表5　2009年のB地区のパトロナレスのプログラム

日程	内容	資金提供者
7月7日（火）	15時　バトン隊の行進、女王コンテスト	なし
	17時　市が派遣いたブラスバンドの演奏	バニ市
	21時　DJの選曲で音楽を流す	なし
7月8日（水）	殺人事件のため中止	
7月9日（木）	21時　有名歌手によるライブ	ビスカイーノ
7月10日（金）	21時　有名歌手によるライブ	テハダ
7月11日（土）	21時　有名歌手によるライブ	テハダ
7月12日（日）	16時　小学生のダンス大会	なし
	21時　B地区の人びとが参加するカラオケ大会	なし
7月13日（月）	21時　有名歌手によるライブ	ビスカイーノ
7月14日（火）	21時　ビール会社のプロモーション・イベント	ビール会社
7月15日（水）	14時　子ども対象の麻薬追放キャンペーンのイベント	国
	21時　有名歌手によるライブ	テハダ
7月16日（木）	15時　聖母カルメンへの祈り（バリオのパロ演奏グループ）	なし
	17時　子ども対象の運動会	なし
	21時　有名歌手によるライブ	ビスカイーノ

一日目の一五時。B地区内の学校に通う女子生徒たちによるバトン隊がバリオの通りを行進することでパトロナレスがスタートする。この行列の先頭を歩くのは、毎年選ばれる三人のレイナ（*Reina*：女王）である。公園に設営されたステージに着くと、その年の女王が紹介され、初日のプログラムが終了するまで会場を歩いてまわる。一七時になると、バニ市が派遣した吹奏楽団がやってきて、ステージで演奏する。市役所の公認のもとで開催されていることがここで示されるのである。夕食時間にあたる一八時からプログラムはいったん休憩にはいり、二一時にふたたび再開する。普段はバニ市内のコルマドで音楽を選曲して流す仕事（DJ）をしている人物が、ドミニカ音楽のメレンゲ、バチャータをかけて会場を盛りあげた。この日は、深夜〇時をもって終了し、一年ぶりのパトロナレスを待ちわびていたB地区の人びとは、家路についた。

二日目は、二一時から有名歌手のライブがおこなわれる予定であったが、急きょ中止となった。三日まえの夜に、B地区でモト・コンチョの運転手をしていたマネンガ（二八歳）が、亡くなったからである。友人がドラッグの売買をめぐるトラブルに巻きこまれたのを止めようとした際に、相手の発砲した流れ弾にあたったのだ。この日は、彼の葬式にあたっていた。マネンガは、チーボ（137ページ 表4の「1」）の妻の連れ子で、B地区の人びとをバニ市内に送迎するモト・コンチョの運転手として慕われていただけに、突然の出来事に人びとは悲しみにくれた。前日には、公園に集まっていた大勢の人びとが、この日はチーボの家のまえに集まり、徹夜でマネンガの死を悼んだ【35】。

三日目。二一時から有名なバチャータ歌手のマリーノ・カステジャーノが出演することになっており、公園は混雑していた。二二時ごろにようやくはじまったライブは、深夜一時までつづき、B地区の人びとは酒と音楽に酔いしれた。歌手を招聘する資金は、ビスカイーノが提供した。

四日目。この日は、テハダが招聘したメレンゲ歌手が八人やってくる予定だった。それを目当てに、大勢の人が集まるなかで、二発の銃声がなった。原因は、一〇代の若者ふたりが、ひとりの女の子をめぐって口論になり、殴りあいの喧嘩に発展したのを止めようと年配の男性が威嚇のために発砲したからである。先日、B地区内で殺人事件が起きた直後だったので、公園は騒然とした雰囲気に包まれたが、原因が喧嘩をとめるためのものだとわかり、パトロナレスは予定どおり進行した。

B地区の年配の人びとは、近年、一部の若者による暴力事件やドラッグ絡みの事件が増加するようになった状況を堕落だと感じている。ビリート（五八歳）は、「昔は、こんなに治安が悪くなかった。酔っぱらって道端で寝てしまっても、誰かが起こして家まで運んでくれたものだよ。いま、おなじように寝転んでいると、身ぐるみはがされてしまうからね」と言う。また、トルヒージョ独裁政権の時代を知るテンポーラ（八〇歳）は、「あの頃は警察が目を光らせていたからね。二一時を過ぎて出歩いているだけでしょっぴかれたんだから。みんな、朝から真面目に働いて、週末だけちょっと出歩いたもんだよ」とふりかえる。イヒート（六四歳）は、「いまは、パトロナレスが一〇日間もつづくだろ。こんなに遊んでどうするの。これが終われば次は、パーヤ（*Paya*）、その次はソンブレロ（*Sombrero*）【36】。むかしは、守護聖人の日とその前日の二日間だけしかパトロナレスはなかったよ」。このように、年配の人のなかからは、毎日夜遅くまで繰りひろげられるパトロナレスに批判的な声も聞かれる。実際に、パトロナレスの会場に来るのは、一〇〜五〇代がほとんどである。普段は、月に一度だけ週末の夜に近所のコルマドで飲むだけの彼らが、年に一度のパトロナレスに通いたくなる気持ちも想像がつく。さらに、日替わりで有名歌手がやってきて生演奏をするのだから、その欲望を抑えるのは容易なことではない。ただし、すでに述べてきたように、B地区の住民のほとんどが慎ましい生活を送っており、毎日、パトロナレスで飲むような余裕はない。数人で、二五〇ペソ（約六二五円）のラム酒を割り勘にして、それをさらにソーダで割ってチビチビ飲みながら、歌手の演奏を楽しんでいるというのが実情である。その意味で先の年配の人たちの批判は、B地区の人びとにむけられたものではなく、バニ市の南側地域に暮らす人びとや首都サント・ドミンゴに暮らす人びとに向けられたものだととるのが正解ではないだろうか。

ここ数年、バニ市の南側地域では住宅の建設ラッシュがつづいている。それはボストンの移民からの送金によるもので、こちらでは憧れと嫉妬がないまぜになった「移民御殿」というよばれかたをされている。その家の管理をまかされている親族男性もしくは友人は、家の管理をする見返りに送金をうけとり、そのカネでパトロナレスに出かけるのである。一方、B地区の人びとは、前章で述べたとおり、普段は、月一〇〇ドルの送金と自分たちの仕事で家計をやりくりしている。そして、クリスマスやセマナ・サンタといった特別な期間にあわせて「ドミニカンヨルク」が一時帰国をする際にのみ、「非日常性」に乗じてたかるのである。このように考えると、先にみた年配の人びとによるパトロナレスへの苦言は、B地区の人びとに向けられたものではなく、より幅広い文脈での現代社会への批判として読み解くことができる。つまり、バニ市の富裕層が暮らす地域もB地区とおなじく送金がおもな収入源となっているにもかかわらず、一方では堕落にうつる生活を営み、他方では、必要最低限の送金でなんとか生活を送り、バリオ内に格差が拡大しないような節度あるふるまいがみられるのは、規範意識の濃淡が背景にあるということができる。

富裕層の暮らす地域には、新しい住人の参入がつづいている。また、その家には移民の親族男性がひとりだけで暮らすケースも少なくない。フィールドノート32（144ページ）でアカデミー契約を果たした少年の母親が、「ドラッグを売ったり、泥棒をしてカネを手にしたら、誰も信じられなくなっていつも怯えてないといけないし、はやく使い切ろうとして落ち着けない」と語っているように、「移民御殿」で暮らす人びとのあいだで、B地区のような信頼関係にもとづく人間関係が構築されることは難しいであろう。従来の先行研究が「送金腐敗」とよんでいるのは、このような事例のみをとりあげたからであり、けっして移民送り出し社会のすべてが「送金腐敗」をしているわけではないことが理解できよう。また、このような、送金が送り出し社会を変容させるという見方は、移民が送り出し社会を変化させる（あるいは変化させない）ものと位置づけるものであり、そこには移民を「近代的」、送り出し社会を「伝統的」とする前提が見え隠れする。しかし、いったんバリオという共同体に注目することで、そうした前提が研究者側の思いこみに過ぎないことが明らかになる。なぜなら、ドミニカの大多数の人びとが暮らすほとんどのバリオは、B地区のようにドミニカの「伝統的」な価値観にもとづく相互扶助を基盤とした生活を営み、移民から必要最低限の送金をうけとることで生計を維持しているからだ。そして、彼らはその価値観を共有する移民が一時帰国をするという「非日常的」な時間がながれるときにのみ、彼らにたかることを自らに許しているのだった。

ここで、再度、B地区のパトロナレスに話を戻す。表5（170ページ）からもわかるように二〇〇九年にB地区で開催されたパトロナレスには、多くの歌手が招聘され、その費用は、ふたりの「野球移民」によって提供されていた。ひとりの歌手をよぶのに二〇万〜一〇〇万円の費用がかかるが、大リーガーのふたりには簡単に支払える額である。しかし、「野球移民」でなければ支払えないのも事実である。ここで重要なのが、その資金は、ドラッグなどを売って得た「きたないカネ」ではなく、ペロータで稼いだ「きれいなカネ」だということである。さらに、フィールドノート40（166ページ）でみたように、アメリカで真面目に働いている移民からの送金では、到底まかなえない金額であることも指摘しておかなければならない。つまり、「きれいなカネ」であり、さらにパトロナレスを開催するのに十分な金額を提供できるのは、B地区において「野球移民」以外にはいなかったのである。

パトロナレスが開催されることによってB地区では、次のような変化がみられた。まず、首都に移住した親族や友人がこの時期に帰ってくるようになったことである。地方都市であるバニ市周辺は、かつて農業がさかんだった地域だが、先述のように国内の産業構造の変化によって離農者が続出し、多くの住民はインフォーマル・セクターでの職業に従事している。そうした人びとはさらなる就業機会を求めて首都へと働きにでるようになったが、クリスマスやセマナ・サンタ以外には故郷のバリオに帰る機会がなくなっている。そんななか、カトリックの宗教行事であるパトロナレスがはじまると、祭りそのものの魅力もあって、多くのバリオ出身者が帰ってくるようになったのである。

このように、クリスマスやセマナ・サンタに新たにパトロナレスという宗教行事がくわわった意味は以下の点において重要である。ひとつめは、パトロナレスによって、バリオの守護聖人が明確に聖母カルメンであることが示されたことである。B地区の人びとは、それぞれ異なる守護聖人を信仰しているが、これまで共通の守護聖人を拝したことがなかった。それが、B地区の誕生に重要な役割を果たした修道女を称えるためという理由が付与されることで、聖母カルメンが共同体の結びつきを精神的に強化することになったからである。つまり、自分たちのバリオが誕生した物語を共有する場がパトロナレスなのである。

次に、他地域のパトロナレスでもみることができない有名歌手が日替わりでやってくることで、バリオ外部の人びとからの見方に変化が起きている点があげられる。これまで、貧困層の暮らすバリオとして位置づけられていたB地区が、盛大なパトロナレスをすることで、外部からの悪いイメージが好転することになった。わたしが一度、バニ市街で夜中にタクシーを捕まえ、B地区を行き先に告げたところ、渋い顔をされたうえで、強盗に会うことを恐れB地区の入口で降りてくれるようにいわれたことがある。こうした外部からの視線をB地区の人びとは感じているが、パトロナレスの期間にバニ市中の人びとがB地区以外からも訪れることで、当初の悪いイメージが改善されるからである。

最後に、パトロナレスが開催されたことは、B地区中にはりめぐらされているクーニャとよばれる扶養義務システムのネットワークの重要性を再確認する意味あいがある。そこで確認されるのは、開催に必要なバリオ内外におけるつながりの大切さ、パトロナレスの期間は羽目を外してもよいという「非日常性」、修道女と自分たちのあいだにあるクーニャ・エンジャベ（パトロン・クライアント）関係である。さらに、それを可能にしてくれたのは「野球移民」のパトロネージであるという事実である。パトロナレスの期間中、司会者は「本日のライブは、わたしたちのミゲル・テハダとルイス・ビスカイーノの支援で実現しました」というアナウンスを連呼する。嫌でも誰がカネをだしたのかが、B地区の人びとに示されるのである。さらに、ビスカイーノは、パトロナレスの期間が、ちょうどMLBのオールスター休みと重なるために、二泊三日の強行日程で帰国し、B地区を訪れる。生家に父を訪ね、コンパドレや友人、隣人にカネをあたえるためである。このように、「野球移民」によるパトロナレスへの資金援助は、B地区の伝統的な価値観を支える宗教行事を生みだすことになっただけでなく、あらためてクーニャの重要性を再確認させることにつながっているのである。

四・三　天命としてのペロータ

ここまでみてきたように、「野球移民」によるバリオへの富の分配は、クリスマスや守護聖人の祭りといった宗教行事にからめてなされることが特徴であった。では、なぜ宗教行事にあわせて分配され、そこにはどのような意味があるのだろうか。

これまでみてきたテハダの分配行動をもういちどまとめたのが、表6である。

この表からは、テハダの分配行動を左右するのが対象者との関係性にあることがうかがえる。そして、バリオ全体に分配する場合には、特定の日（宗教行事）にあわせて実施されていることがわかる。こうした背景には、大リーガーになった当初に、B地区に顔をだし、集まってきた人びとに手あたり次第にカネをばらまいたことが、結果として多くの混乱を招いたという経緯がある。テハダが拡大家族や友人に援助をしていることは、バリオの人びとには周知の事実である。そのためバリオの人びとからの妬みを回避するためには、全員に平等に行き渡るように配慮する必要があるが、その方法がバリオの成員すべてに関係する宗教行事だったのである。子どもの日のプレゼントと野球場の寄付もおなじ理由である。前者はドミニカでは祝日にあたり、後者はすでにみたようにクリスマスにあわせて落成式がおこなわれているからである。ここには、自身の分配行動によって、B地区内の人間関係が乱されないようにとの配慮がみられるが、裏を返せば、「野球移民」の分配行動は、バリオの規範意識によって規定されているといえるのである。

一方で、この分配方法からは、テハダの個人的な感情が読みとれる。バリオへの恩返しの気持ちである。それは、野球場をプレゼントしたときのスピーチで「いつも故郷に恩返しをすることを考えてきた」（142ページ）とはっきりと述べていることからも明らかであるが、彼がB地区の人びとに返さねばならない「恩」とはいかなるものであ

表6　テハダの分配行動

内容	対象	時期
金銭的援助	拡大家族・友人	定期的な援助
仕事	拡大家族・友人	定期的な報酬
クリスマス・プレゼント	バリオ全体	特定の日
パトロナレスの資金	バリオ全体	特定の日
子どもの日のプレゼント	バリオ全体	特定の日
野球場の寄付	バリオ全体	特定の日

ろうか。ここでテハダの子ども時代をよく知る生家の隣人の話をみておきたい。

フィールドノート41　一食の恩

テハダの生家の正面、両隣の住人は、いつも昼食時になると皿を抱えて近所の家の玄関からなかを覗きこんでいたテハダの姿を覚えている。「オダリ（テハダ）なんか、子どもの頃、毎日、うちの家のまえでお皿を抱えて、黙って家のなかを覗きこんでいたわ」と話すのは、わたしの滞在先の家のレイナである。また、パットーラ（五二歳）も「鍋に残ったコンコン（concon：鍋にこべりついた「おこげ」）をニワトリにあげようとしたら、それをおくれって言いにきたのを覚えている。それからは、ちょっとだけ取りわけておくようにしたわ」。彼だけではない。コホやデミオ（兄弟）も違う家を訪ねては、食を乞う日々を送っていた。靴もはかずに、毎日おなじランニング・シャツを着て靴磨きの仕事にでかけていた。ベッドのマットレスには大きな穴が開いており、兄弟三人がその穴を避けるようにして寝ていたという話はバリオの人びとが好むエピソードである。一九八九年に母親が四九歳の若さで亡くなってからは、バリオ中を、皿を抱えて歩きまわる頻度も増えた。「どの家も貧しかったけど、オダリのところは目もあてられないほどだった。だから、いまお返しをするのも当然だよ。近所の人たちのおかげで大きくなったみたいなものだから」とはレイナのことばである。

（二〇〇八年一二月二四日、ドミニカ、バニ、B地区にて）

ドミニカの地域社会には、ディア・ア・ディアとよばれる隣人同士の日々の助けあいの伝統が残っていることはすでに述べた。隣人によるテハダへの食事の供与も、こうした習慣の延長上でなされていたといえよう。ただし、ディア・ア・ディアはその日限りの援助とされているが、違う日には反対に助けてもらうことになるために、ここには互酬性の規則が働いていることになる。モースのことばを借りるならば、「贈り物というのは、のちにお返しがなされるであろうという確信をともなって（なされ）」、「ある期間を置いたのちに果たすべき義務を人（うけとった側）に課す」のが贈与の本質だからである［モース 2014: 210］。それは、テハダの兄デミオの行動からもわかる。デミオは、テハダのフィンカでマンゴーやプラタノ（料理用バナナ）が収穫されるとトラックに満載し、B地区で売ってまわる。しかし、子どもの頃に助けてくれた生家の隣人たちからは代金をうけとらず、好きなだけとるようにと言ってわけあたえている。しかし、互酬性だけにその理由を求めることはできない。デミオは、テハダが兄弟に家を買いあたえた際にも、B地区から離れることになってしまうのを理由にその申し出を断っている。デミオは、B地区で暮らし日常的にバリオの人びとと接することが重要だと考えている。彼の意識のなかに、「一緒に生活をする人たちのあいだでは、人間関係が全面に押しだされ、いわば人間関係が彼らの行動を規定する。（中略）だからこそ、キャンプをともにする人びとは分配すなわち分かち合い（シェアリング）をおこなうので」あり、「シェアリングとはたんに物を分配したり分かち合うだけではなく、生活そのものがシェアリングなのだ」［丹野 1991: 56］という想いがあるからで、テハダの分配行動も、ただ少年時代にうけた「恩」を返すという意味ではなく、バリオでの生活そのものなのだといえよう。

このように考えると、テハダの個人的な感情である「恩」がB地区の人びとへの恩返しだけの意味だけにとどまらないことは明らかである。ふたたび、テハダのスピーチに戻ろう。「神が大リーグでプレーする機会をあたえてくれたおかげで、わたしのバリオのために素晴らしいものをつくるための十分なカネを得ることができた」と述べている。ここでの文脈は、自分がいまの地位を手にいれ、バリオのために恩返しができるのは、神が導いてくれたからだというものである。ここでは、「神のおかげ（*Gracias a Dios*）」ということばが使用されていたが、このことばには「恩寵」の意味もふくんでいることは重要である。つまり、正確には「神の恵みのおかげで」大リーグでプレーすることができ、ひいては出身地のバリオのために贈り物ができたのだと言っていることになるからである。第二節の事例でも、息子がアカデミーと契約できた理由を、「神からの祝福（*bendición*）」（フィールドノート32、145ページ）と説明し、「ペロータは神様からの贈り物」（フィールドノート33、147ページ）だと母親たちが表現しているように、自分がペロータに出会い、大リーガーになれたのはすべて「神の思し召し」だというのである。そうであるならば、「野球移民」がバリオの人びととその恩寵を分かちあうのは当然であり、バリオの人びともそれをあたりまえのこととしてうけとる理由が理解できるのである。このように考えると、表6（176ページ）にあるようにバリオの住民に対しては、個々に分配をするのではなく、宗教行事にあわせるかたちでおこなう理由も理解が可能となる。野球場の建設やパトロナレスに必要な金額をバリオの世帯数で均等に割って分配することもできたはずが、そうしなかったのは、神が天命として自分を「野球移民」にしてくれた恩寵に報いるためには、神をとおして（あるいは神の名を借りて）バリオ全体にその恩寵をわけあたえなければならなかったからだ。

ではなぜ、神をとおして恩寵をわけあたえる必要があるのだろうか。この問いの答えは、これまでたびたび言及してきた垂直的な扶養義務システムとしてのクーニャにある。もう一度テハダの分配行動をふりかえると（表6）、その対象は拡大家族の成員にとどまらず、B地区の住民すべてにまで及んでいることがわかる。これは、複数の男性とのあいだに子どもをもうけ、それぞれの父親に対して扶養義務を請求する母親や、バリオに対する扶養義務を神に請求した修道女と同様に、バリオの住民を保護するパトロンの行動にほかならない。つまり、テハダは大リーガーになった時点で、バリオの新たなパトロンとなったのである。この時期は、バリオの人びとが修道女を称えるためにパトロナレスを開催しようとしていた時期と重なっている。バリオの人びとからすれば、修道女が亡くなったことは、パトロン（神）からの保護を仲介してくれる人物がいなくなったことと同義である。新たなパトロンあるいは仲介者を探していたこの時期、バリオからはすでに「ドミニカンヨルク」が誕生していた。バリオの人びとは、おなじ仕事をしてもアメリカではドミニカの数倍の賃金が支払われることを知っていた。さらに、チーボがB地区からの「野球移民」第一号として破格の契約金を手にしていたし、テハダもアカデミーとの契約を結び、大リーガーまでもう少しという位置にいた。前章で述べたように、バリオの人びとはアメリカに渡った移住者に「ドミニカンヨルク」というイメージを付与していたが、その延長上に「野球移民」を置いていることが読みとれる。

テハダがこうした役割を自然にうけいれていった背景には、B地区における「野球移民」の先駆者であるチーボや修道女のふるまいをはじめ、「母親中心家族」に裏打ちされた拡大家族を起点とする垂直的な扶養義務システムとしてのクーニャの存在を、幼少期より内在化して育ってきたからである。そのように考えると、「野球移民」としての頂点である大リーガーにまでのぼりつめたとき、テハダはバリオ全体に対する扶養義務を負ったのだといえよう。そして、その行動はバリオの人びとすべてが共有する自明のことであったために、B地区の人びとはそのクーニャを自然に享受するどころか、堂々とたかることができたのである。

第五節　クーニャを内包するペロータ

本章では、野球という近代スポーツがペロータという独自の文化として意味づけられていく過程に大きな役割を果たしている「野球移民」による分配について記述・分析をおこなってきた。ここではまず、ドミニカの人びとにとってのペロータの意味を明確にするために、彼らのあいだで人気のあるソフトボールとの比較を試みた。野球とほぼおなじルールであるソフトボールに興じるのは、それが明日の生活すらも予測ができない不安定な毎日を送る彼らにとって、日常を忘れさせてくれる息抜きとなっているからであった。なぜなら、ソフトボールは彼らが物心ついたばかりで、一切の責任から自由だったときに、友だちと一緒にペロータをしていた感覚をよみがえらせてくれるものだからである。一方、ドミニカの人びとにとってのペロータの意味はライフステージに応じて変化していくものであることがB地区の事例から明らかになった。身のまわりにある道具を使って遊んだ幼少期から、カネを稼ぐ手段としてペロータを意識する青年期へといたるサイクルが浮かびあがってきた。そのため、アカデミー契約が難しくなる二〇歳を過ぎれば、野球という現実的な意味でのペロータをすることはできない。成人男性からすれば、実際にペロータをすることで自己を社会化する段階はすでに過ぎており、生活のためにカネを稼がなければならない成人男性にとって、カネを稼ぐことと切り離してペロータをする理由はないのである。

これは、プロ契約の夢が叶わなかったふたりの少年の事例にあらわれている。そこでは、一攫千金を志向する精神が、少年のペロータに傾ける情熱の原動力になっているだけではなく、自分以外の誰かのためにカネを稼ぐという意識を共有していることが明らかになった。ここから、少年たちがペロータをつうじて他者との関係性のありかたを身につけていくことを指摘した。また、B地区の事例からは、はじめてのプロ野球選手が誕生したこと、そして彼の契約後の行動がバリオ全体に野球をペロータとして根づかせる契機となったことが明らかになった。ここで重要なのは、彼がバリオにリーガを開設し、そのなかで子どもたちに伝えていることばが、母親たちと共有できるものであったことである。母親たちからすれば、当初は野球という男性だけが熱中するよくわからないスポーツにすぎなかったものが、息子の人生を正しい方向へと導いてくれるペロータとして認識されるようになったのである。また、ペロータで得られる契約金が膨大な額であることから、普段の稼ぎでは不可能な家の改修や家具の購入が可能となった。そして、その契約金が社会的に承認された「きれいなカネ」であることが母親たちには重要だった。ここで強調しておきたいのは、こうした実利性と審美性は、B地区の人びとが自分たちの生きかたにあわせるように、ペロータに付与してきたものだということであり、その過程において野球はペロータという独自の文化として意味づけられていったということである。

次に、「野球移民」と彼らに群がるB地区の人びととの相互交渉を、クーニャ・エンジャベ（*cuña enllave*：パトロン・クライアント）関係に着目し、考察をおこなった。そこでは、「野球移民」がクーニャ・エンジャベの仕組みにもとづき、拡大家族やB地区の人びとを庇護している実態が明らかになった。また、そのパトロネージの行使が、ペロータで稼いだ「きれいなカネ」が、「気前よく」わけあたえられるという条件を満たしていたことによって、「野球移民」に威信が付与されたことを指摘した。この分配行動は、前章でみた「ドミニカンヨルク」のふるまいと以下の点で共通していることがわかる。それは、宗教行事にからめて分配をおこなうことで非日常性が演出されることであり、地域の人びとが有する「たかりは恥である」という規範に反さずに、堂々とたかれるような環境を整えていることである。ここには、ドミニカの人びとが移民を「ドミニカンヨルク」に仕立てあげた経緯との連続性が読みとれる。

一方、そうした援助の見返りに、「野球移民」が疑惑の渦中に巻きこまれ、選手生命の危機に見舞われた際に、クライアント側からの返礼として応援パレードがおこなわれた事例を紹介した。ここからは、テハダの分配行動が、一方的な見返りを求めない「惜しみない贈与」ではなく、一定期間をへたあとで返済がなされる互酬性をともなうものであることを示しており、この互酬的関係からドミニカにおけるクーニャ・エンジャベ関係が、パトロン・クライアント関係のひとつの形態とみなせることを指摘した。さらに、このパレードには、「野球移民」を応援するという表面的な意図とは別に、B地区の人びとが、このパレードに参加することで将来の経済的援助を確保しておきたいという生活戦略にもとづくものであったことも明らかになった。

つづいて、B地区でパトロナレスが誕生した経緯から、修道女の役割が神とバリオの人びとの仲介者であり、バリオの住民すべての扶養義務を負うものであることを指摘した。そうした生前の修道女の役割は、バリオを構成する拡大家族のシステムと相似形をなしているが、それはバリオ中にはりめぐらされたクーニャとよばれる垂直的な扶養義務のネットワークシステムのひとつであり、そうした文脈のなかで修道女はパトロンとしてまつりあげられることになったことを指摘した。次に、「野球移民」とB地区の人びととのあいだで、クーニャ・エンジャベ関係が構築されていく過程を考察した。そこでは、一見「送金腐敗」ととらえられがちな送金の影響は、あくまでも「移民御殿」が立ち並ぶ地域を対象にしたもので、B地区のようにドミニカの「伝統的」な価値観にもとづく相互扶助を基盤とした生活を営み、移民から必要最低限の送金をうけとることで生計を維持している社会では、移民の帰国というバリオにとって「非日常的」な機会にのみ、彼らにたかることを自らに許していることを指摘した。こうした理解は、移民からの送金の影響を移民の側からみる視点からはうまれてこないものである。なぜなら、その視点は移民が移住先の社会からの影響をうけた「近代的」な価値観を身にまとったものとする前提から生まれたものだからである。

本章ではさらに、「野球移民」がバリオ全体に分配する際の特徴として、宗教行事にあわせるかたちでなされていることに着目し、「野球移民」がペロータに出会い、大リーガーになれたのはすべて「神の思し召し」だという考えにもとづき、バリオの人びととその恩寵をわかちあい、バリオの人びともそれをあたりまえのこととしてうけとっていることを指摘した。つまり、「野球移民」がペロータで一攫千金を狙う先に見据えていたものは、拡大家族の成員だけを食べさせることではなく、神をとおしてバリオ全体を救済することであった。なぜならそれは、神とクーニャ・エンジャベ関係を結んでいる「野球移民」が、神から恩寵をうけた見返りに果たさねばならない義務だったからである。

こうした一連の考察からは、クーニャというB地区全体にはりめぐらされた垂直的な扶養義務システムを基盤とするバリオの構造が浮かびあがってきた。パトロナレスが開催される背景となった修道女の生前の活動は、神への仲介者となって共同体を扶養しようとする意志にもとづいており、そのことが死後にバリオのパトロンとしてまつりあげられることへとつながったと考えられるからである。さらに重要なのは、大リーガーとして高額の富を手にいれた「野球移民」がパトロンとしての役割をはたせるようになり、修道女にかわる現世でのパトロンとなったことである。つまり、バリオ全体を救済していた修道女の役割は、「野球移民」に引き継がれたのだといえよう。

こうした現象の背景には、ドミニカが多くの移民をアメリカに送りだす社会であることが大きくかかわっている。つまり、ドミニカが移民を送りだす社会的ネットワークをすでに構築していたことが、新たな「野球移民」を生みだすことにつながったのである。別のいいかたをすれば、めまぐるしく変化をつづける外部世界に対応するために、バリオの人びとがプロ野球選手を「野球移民」という新たな移民形態としてつくりあげることで、伝統的な扶養義務システムのなかにとりこんでいったのだとも考えられるのである。

以上みてきたように、アメリカ発祥の近代スポーツである野球が、ドミニカ社会における論理や規範にあわせるかたちでとりこまれていく過程で、新たな意味づけがなされるようになったからこそ、ドミニカの人びとはペロータとよびならわすようになったのだといえよう【37】。

第五章　移民とともに越境するペロータ文化

本章では、これまでに述べてきたドミニカにおけるペロータの意味づけが、アメリカに移住したドミニカ移民の日常生活のなかでどのように変化していくのか（あるいは、変化しないのか）という点について考察する。そのために、ドミニカの人びとが移民としてアメリカに移住後、どのようにペロータと関わっているのかについて記述する。具体的には、ドミニカ移民の日常的な文化実践に注目するが、なかでもペロータが移民と出身地のバリオをどのようにむすびつけているのかについて、これまでにみてきたドミニカ本国におけるペロータに対する意味づけとの関連から考察する。それに先だち、移民の日常生活について出身地のバリオとの関係から検討しておきたい。なぜなら、移民とペロータのかかわりは、移民が出身地のバリオの文化を移住先にもちこむという文脈のなかにあらわれてくるからである。具体的な記述に先立ち、ドミニカ移民の概要とアメリカでの調査方法について述べておきたい。

第一節　アメリカのドミニカ移民

一-一　ドミニカ移民の概要

一九六五年以降に本格的にはじまったドミニカからの移民は、当初、首都サント・ドミンゴや中部シバオ地方からの中間階級の人びとで占められていた（第一章参照）。初期の移民は、アメリカ東海岸の都市を中心に集住し、とくにニューヨークのマンハッタンに集中していた。なかでも北部のワシントンハイツは古くからドミニカ人街として知られており、隣接するブロンクス、ニュージャージー州の東端地域（パターソン Paterson、ジャージー・シティ Jersey City、パース・アンボイ Perth Amboy）をふくめると一五〇万人以上のドミニカ移民が暮らしている。一九八〇年代後半からの地価高騰にともない、多くの企業が都市部の工場を地方へと移転させる。工場が、ニューヨークの西隣のニュージャージー州やペンシルバニア州へと移転すると、それを追いかけるようにドミニカ移民も移り住むようになった。ペンシルバニア州での聞き取り調査をした移民の大半も、まずワシントンハイツかブロンクスにいる拡大家族のもとを経由して、ペンシルバニア州にたどりついていた。

ニューヨークとニュージャージー、フロリダに次いでドミニカ移民が多く暮らす地域は、マサチューセッツ州である。同州北部のローレンス（Lawrence）、州都ボストン（Boston）、ボストン近郊の都市リン（Lynn）が移民数の上位三都市である。国際移民研究では、「なぜ特定の地域から多くの移民が発生し、特定の地域に多くの移民が集中するのか」[Faist 2000]という問いに答えるために、社会的ネットワークの存在を、新たにやってくる移民にとっての社会関係資本という観点から分析し、移民コミュニティの存在が、移民の移住過程とその後の受け入れ社会への適応過程におけるコストとリスクを軽減させることを指摘してきた[Massey et al 1998; Portes 1998; 樋口 2005; 長坂 2009; 南 2014]。ドミニカ移民のケースでは、カデナとよばれる拡大家族をつうじた社会的ネットワークが、新規の移民を誘因し、支援することで特定の地域への集住を促してきた。同時に、このネットワークが、出身地ごとの棲みわけをもたらすことにつながっている。

マサチューセッツ州に暮らすドミニカ移民の大半をしめるのは、バニ市出身者である。バニレホ（*Banilejo*：バニ地方の人）とよばれる人びとの移住は、一九六〇年代後半に本格的にはじまった。ニューヨークへの移住と同様に、当初の移民はアメリカの査証を取得しやすかった中間階級の人びとが中心だった。その後、初期の移民をつうじてバニからの移民がボストンに集中するようになり、やがて郊外の都市への移住が進行していったのである。実際に、州都のボストンよりも郊外の都市ローレンスにより多くのドミニカ移民が暮らしているのは、こうした社会的ネットワークをつうじたチェーン・マイグレーションの要因以外にも、職場となる工場が郊外にあることやボストン市内よりも家賃が安いという経済的要因による。

このような移住過程をへて、特定の場所に落ち着いたドミニカ移民はどのような生活を営んでいるのだろうか。ワシントンハイツでの調査をおこなったダーニーが、「(ドミニカ移民は) 移民コミュニティで故郷の環境を再現しようと努力する。それは大衆文化にもあらわれており、言語、音楽、宗教、食習慣といったものの維持に努めている。そしてドミニカ人は定期的にふたつの国を往復し、アメリカの市民権を取得しない傾向にある[Duany 1994:

5]」と指摘するように、ドミニカ移民の日常生活は本国の文化に強く規定されている。こうした問題意識のもとで、本章ではドミニカ移民の日常生活の実態を把握したうえで、移民とペロータとのかかわりについて記述・分析していく。

一-二　調査と調査地の概要

アメリカでの調査は、二〇〇九年三月にドミニカでの滞在先の長男ジョニーがアメリカに移民として渡る際に同行し、彼の受け入れ先となった弟フェリンの家に滞在し、そこを拠点に実施した。その後の調査においても、ドミニカへの渡航前後に立ち寄り、フェリンの家に滞在しながら調査を実施した。調査地は、ニューヨークから西に三〇〇kmはなれたペンシルバニア州の北東部にあるヘーズルトン市（以下、H市）である。総人口二万五三四〇人のおよそ四割にあたる九四五一人がヒスパニック系の人口である[US Census Bureau 2010]。このうちドミニカ系の人口は、およそ五〇〇〇人と推定される【38】。この町の郊外には、冷凍肉の加工や精密機械、家具、ガラス製品などの組み立てをする製造業の工場や倉庫が集中しており、そこでの契約社員あるいは派遣社員として多くの移民が働いている。ドミニカ移民は、特定の地域からの出身者が集住する傾向にあることをすでに述べたが、H市にはドミニカ南西部のオコア（*Ocoa*）出身者が多く暮らしている。統計データは存在しないが、移民コミュニティとしての興隆を特徴づける言語景観に注意して観察すると、ドミニカ系商店の半数近くで屋号のなかに「オコエーニョ／オコエーニャ（*Ocoeño / Ocoeña*：オコアの）」の文字が使用されていることがわかる。

ドミニカ移民コミュニティの特徴は、町の中心部を走る通りに凝集されている。ドミニカ料理のレストランが三軒、ドミニカ料理の食材をあつかうスーパーが二軒、ドミニカへの格安チケットの販売や荷物の配送、故郷への送金を代行する店が三軒、ドミニカ移民が経営するディスコと理髪店が各一軒、カトリックの聖人像やイコンの販売店が軒を連ねる。平日の夕方や週末になるとドミニカ系の人びとでにぎわいをみせ、まさに「ドミニカ通り」の様相を呈している。また、ドミニカ本国ではコルマドとよばれ、移民社会ではボデガとよばれる店（*bodega*：グローサリー・ストア）が、ドミニカ移民の多く暮らす通りで営業している。もうひとつの特徴として、隣のニュージャージー州を経由してニューヨークとH市を日に五往復する乗り合いタクシーを四社が経営していることがあげられる。このタクシーは、ドミニカ移民が一〇〇万人近く暮らすニューヨークのワシントンハイツを訪れる移民や、ニューヨークを経由してボストンに向かう移民たちにとって便利な交通手段となっている。

H市での調査方法としては、到着したばかりのジョニーについて歩き、ドミニカ移民の社会にどのように参入するかを把握することにした。滞在先の家族は、ジョニーの弟のフェリン、ドミニカ人の妻ジュデルカ、娘のジュデイリ、息子のエスタンリである。ジュデルカの親族がおなじ町に暮らしており、彼らとの交流やドミニカの調査地出身の人びとの家を訪ねるなど、参与観察のかたちで調査は進行した。形式的な調査としては、ジョニーがドミニカ移民のソフトボール・チームに加入したことをうけ、そのチームのメンバーと家族に対してインタビュー調査を実施した。上記の調査期間以外においても、調査で知りあったドミニカ人が更新するFacebookや国際電話で随時、彼らの近況を把握した。ここ数年で急速に発展する情報通信技術によって、国境を越えてトランスナショナルに展開する移民社会と故郷の相互交渉の一端を日本にいながらにして観察できるようになっていることは特筆に値する。

次節では、こうした調査で得たドミニカ移民のライフ・ヒストリーの検証をとおして、彼らの日常生活の実態を浮き彫りにしていきたい。

第二節　ドミニカ移民の光と影

二-一　ドミニカ移民の日常

H市に暮らすドミニカ移民の多くは、工場での仕事に就いている。就業形態は契約社員か派遣労働者が大半で、正規雇用者は少ない。仕事内容は、肉の解体とパッキング、ガラス製品、家具や建築木材の倉庫における箱詰め作業やフォークリフトの運転、アマゾンの倉庫での梱包作業である。移民コミュニティに関係する仕事に就いているものは、ドミニカ系の商店経営者とその従業員、乗り合いタクシーの運転手、コミュニティ新聞の発行人であった。それ以外は、主婦とドラッグの売人を専業にしている者がいる。ここではまず、わたしの滞在先の家族であるフェリンとジュデルカの夫婦の事例から、ドミニカ移民の日常生活をみておきたい。

フィールドノート42　フェリンとジュデルカの一週間

夫のフェリン（二六歳）、妻のジュデルカ（三一歳）、娘ジュデイリ（八歳）、息子エスタンリ（三歳）にくわえ、アメリカに渡ってきたフェリンの兄ジョニーが暮らしている。フェリンとジュデルカはおなじ工場で働いているが、職種が違うために出勤時間が異なっている。まず、フェリンが朝五時に起きてひとりでコーヒーを沸かし、パンを一枚だけほおばると、ランチボックスを手に出かけていく。七時にジュデルカがベッドをでて、娘を起こす。息子の服を着替えさせているあいだに、娘は自分でシリアルを食べ、服を着替えて用意をする。八時に迎えに来るスクールバスに娘を乗せると、息子を連れて近所に住む母親の家へと向かう。息子を預けると、工場へと車を走らせる。

一五時。フェリンが先に帰宅する。時間をかけてシャワーを浴びると、リビングのソファに腰をおろし、テレビを観はじめる。一方、一五時に職場を出たジュデルカは、そのまま母親の家に向かい、エスタンリを迎えに行く。家に帰ると、ふたりのランチボックスを洗い、夕食の支度にとりかかる。このあいだ、娘は学校の宿題をキッチンのテーブルで片づけるが、わからないことを質問する相手は、英語が話せる母親である。フェリンも最小限の英語は話せるが、職場以外ではスペイン語しか使わない。娘は家庭内では、スペイン語を話しているが、語彙数が少ないために、混みいった内容では、英語に切り替える【39】。同世代のイトコも英語のほうが得意なために、彼らといるときは、英語だけで会話をする。宿題は英語だけが書かれているために、当然ながら不明な点はジュデルカに質問が飛んでくる。フェリンは、この時間を利用してドミニカの母親や友人に電話をすることが多い。彼の場合は週に二回程度だが、聞き取り調査をおこなったH市の移民のほとんどが、毎日一回は故郷の母親に電話をすると答えた。

この時間帯は、仕事や学校が終わる時間にあたるため、その帰り道に立ち寄る者がいる。ジュデルカの姉妹は頻繁にやってくるが、それ以外にも、時間をもてあました独身男性が顔をだす。彼らはなにか特別に用事があるわけではないため、フェリンの隣に腰をおろし、エスタンリの相手をしたり、最近のコミュニティ内のゴシップをフェリンと話していく。そうこうしているうちに夕食ができあがり、独身男性たちも食べていく。彼らを送っていく名目でフェリンが車ででかける。そのまま、今度はフェリンが友人の家をのぞき、一九時ごろに帰宅する。次の日が、ゴミの収集日にあたっている場合は、フェリンが道路までゴミ箱を運びだす。この時間にもドミニカ人の知りあいがフェリンを訪ねにくる。半時間から一時間ほどで帰っていくが、何人もつづくことがある。ジュデルカは、夕食の残りをランチパックに詰めて、エスタンリの朝のミルクを用意する。二一時になると、ケーブルテレビのラティーノ・チャンネルが放送する連続ドラマがはじまる。それをリビングで観て過ごす。二二時には、娘を寝かしつけ、夫婦もそろって就寝となる。

金曜日には、ここからバル（*bar*：バーのスペイン語）へと繰りだすことになる。二二時に子どもを寝かしつけると、服を着替えて夫婦そろってドミニカ系のバルへと出発する。H市には、二軒ドミニカ人が経営するバルがあるが、いつも人が集まるのは、「五七〇」という名前のバルだ【40】。ドミニカ人の集うバルは木〜日曜日に営業し、ビールやウィスキーなどのアルコール類を提供することにくわえ、ドミニカ音楽のメレンゲとバチャータをかけるＤＪを専属で雇っているのが特徴である。普段はチャージをとらないが、ドミニカから歌手をよんで生演奏をするときには、二五ドル程度の入場料を徴収する。法律により、深夜二時までの営業しか認められておらず、この時間になると帰宅するか、誰かの家に場所を移しての二次会へとつづく。

土曜日と日曜日は、朝の一〇時頃まで誰も起きてこない。昼前に起きると、シャワーを浴びてゆっくりと活動を開始する。平日は短く済ませる故郷の家族への電話も長時間におよぶ。午後になると、家族全員でウォルマート（スーパーマーケット）へ買いだしにでかける。ドミニカ料理の食材は売っていないために、「ドミニカ通り」をまわって、そこでプラタノ（料理用バナナ）やユカ（キャッサバ）、アビチュエラ（赤インゲンマメ）、フリフォーレス（インゲンマメ）などを購入する。ジュデルカは週末には食事をつくらないことに決めており、食べたいものがあればフェリンがつくる。あるいは、その場にいあわせた独身男性が一緒に手伝って、ドミニカ料理をつくる。ジュデルカは、一週間分の洗濯物を地下室の洗濯機で洗い、乾燥機にかける。その作業は、たいていの場合、携帯電話で母親や姉妹と話しながらである。仕事が休みになる週末は、電話やたがいの家を訪問して近況をたずね、情報交換するときでもある。フェリンはドミニカ人で構成されているソフトボール・チームに所属しているために、五～九月の週末は試合に出かける（詳細は次節）。そのあいだ、ジュデルカは母親や姉妹の家を訪ねて過ごしている。

写真23　フェリンとジュデルカと子どもたち

週末には、どこかしらの家でフィエスタ（*fiesta*：パーティ）が開かれる。本人や子どもの誕生日であったり、ドミニカから親族や友人が到着したことを祝うものであったりと、なにかにかこつけてフィエスタが開かれる。一四時くらいからはじまる集まりには親族や友人が招待され、酒とドミニカ料理がふるまわれ、ドミニカ音楽がスピーカーから流れる。そのまま、「五七〇」に場所を変えて深夜二時まで祝宴はつづく。

このような生活が、多少の変化をくわえつつ日々営まれている。

（二〇〇九年三、六、九月、二〇一〇年一、二月、アメリカ、ペンシルバニア州、H市にて）

以上が、あるドミニカ移民夫婦の日常生活の一端である。この事例からは、親族や友人と頻繁に顔をあわせるか、電話で連絡をとっていることがわかる。また、こうした親族間のつながりを基盤にし、そのうえで同郷出身者や友人との人間関係を、週末の交流をつうじて積みあげていることが明らかになった。その一方で、平日は基本的に仕事が活動の中心に置かれており、積極的に出歩くことはない。日常生活のなかでの食事、言語、音楽、宗教、闘鶏、ジェンダー関係のありかたにいたる文化実践の面でいえば、基本的にドミニカ本国の習慣を維持しており、ダーニーのワシントンハイツでの調査結果を裏づけることになった。たとえば、宗教実践の面でいうと、子どもが生まれた際の洗礼式（*bautizo*）もH市でおこなわれている。これはドミニカ本国で、エチャール・アグア（*echar agua*：水をかける）とよばれる土着的な儀礼をそのままもちこんだもので、ブルーハもコミュニティのなかから探してくる。この儀礼によって構築される擬似親族関係としての代父母と実親とのコンパドレ関係も移住先で形成されていた。さらに、アメリカでは禁止されている闘鶏も、家の地下室を使って仲間内でおこなわれている。H市のドミニカ移民は、一戸建ての家屋に暮らしており、隣人は一般のアメリカ人であることがほとんどである。そのため、週末の深夜に遅くまで飲む際には、わざわざ地下室に移動する。闘鶏もおなじく、周囲とのトラブル避けるために地下室でおこなわれる。このように、自分たちの習慣を実践しつつも、隠れてしなければいけないことが移民の不満となっている。その意味でも、後述するソフトボールは、ホスト社会のなかで堂々とすることができる文化実践であるといえよう。一方、移住が世帯内部におけるジェンダー関係にどのような影響をあたえているかという点についてみると、子どもの養育や家事全般に対する夫の関与は低かった。この調査結果は、これまでのドミニカ移民研究が、移住先では男性が子育てに協力するようになり、出歩かずに家にいることが増えたとの報告とは少し異なる結果となった[Grasmuck and Pessar 1991, Levitt 2001]。しかしながら、ドミニカでの調査中に、子どもの世話を夫にまかせ、週末に飲み歩く女性に、多くの男性から非難の目が向けられていたことが少なからずあったのに対して、H市のバルでは夫婦が一緒に来ることはあたりまえとうけとめられていた。その後、二〇一二年一二月に訪れた際、妻の勤務時間が一七時～深夜〇時までの夜勤となったこと。それにより、夫は出歩かずに家で子どもの面倒をみているという変化があった。

ここからは、ドミニカ移民の大半をしめる工場労働者としての生活について複数の事例からみておきたい。

フィールドノート43　工場労働者として働く

バニ市B地区出身のグエビン（五五歳）は、一九九六年にアメリカで暮らしていた妻の母が手続きをしてくれ、夫婦と六人の子どもがそろって滞在ビザを取得し、アメリカに渡った。B地区で暮らしていたときは、塗装職人、建築作業員、缶詰工場の従業員として働いていた。アメリカに到着した当初は、妻の母が暮らすニューヨークのブルックリンにアパートを借り、縫製工場に勤めた。五年後に起きた「九・一一同時多発テロ事件」の影響で、ニューヨークの経済が停滞し、勤務先の工場が倒産することになった。三番目の子どもまではニューヨークの高校を卒業していたこともあり、下の三人だけを連れてH市へと移住する。この町を選んだのは、妻がH市に移住者が多いオコア出身のため、彼女の知りあいが暮らしており、住居や仕事を探す援助がうけられたからである。低所得者向け住宅がみつかり、引っ越しを済ませると、妻の知人に派遣会社に連れていってもらった。その会社はスペイン語通訳がいるために、多くのドミニカ移民がこの会社に登録していることを知った。五年間アメリカで暮らしていたが、英語は一切上達しなかった。工場では、ドミニカ人やプエルト・リコ人がたくさん働いていたし、なにかあれば、彼らが上司に通訳をしてくれたからだ。子どもたちは、高校に通ううちに英語が話せるようになったが、スペイン語も話せるので、家庭内ではスペイン語しか使わなかった。

派遣会社から紹介されたのは、冷凍の肉を卸し先のスーパーごとにパッキングする工場だった。毎朝、五時に起きると、弁当をもって、迎えにきてくれるドミニカ人の同僚の車に乗って出勤する。六時からの仕事は、そのほとんどが冷凍庫のなかでの作業である。貸与される分厚い防寒着を着こみ、ノコギリを手に冷凍庫へとはいった瞬間の形容しがたいあの感覚には何年たっても慣れない。一〇時に昼食を食べるときは、ドミニカ人の同僚とスペイン語で話している。ここでも彼が通訳をしてくれるから、英語を話したことはない。一四時の終業時刻になって工場から外にでて煙草を一服する時間が好きだ。だんだんと身体中に血が通いはじめるのがわかるからだ。

二年まえからは、次男のサンディン（二八歳）もおなじ工場で働くようになった。息子はこっちで高校をでたから英語も話せるし、すぐに工場の契約社員にしてもらえるだろう。運転免許もとって、中古の日本車を買ったので、それからは息子と一緒に通勤するようになった。最初九ドルだった自給は一二ドルにあがった。そろそろ、毎日（月～金曜日）働くのがきつくなってきたけど、毎年、クリスマスにB地区に帰る費用と留守宅をみてもらっている友人への送金（月三〇〇ドル）を考えると、もうしばらくは働かないといけないかなと思っている。

（二〇一〇年二月一六日、アメリカ、ペンシルバニア州、H市にて）

この事例は、H市に暮らすドミニカ移民に典型的なもののひとつであ

写真24　グエビン。息子と同郷のジョニーとともに（左からふたり目）

る。まず、当初はニューヨークで暮らしていたが、景気の低迷などの外部要因によってH市に移住してきたこと、次に、派遣労働者として工場での単純作業に従事していること、そして、英語を話せないにもかかわらず、同郷の知人がサポートしてくれるために、スペイン語のみで生活が送れているという点である。ただし、彼のケースは、妻のネットワークを頼って移住したために交友関係はせまく、家族と過ごす時間以外は、ドミニカへの定期的な里帰りを楽しみにしており、H市での生活は仕事のためと割りきっている。次に、おなじく工場で働く男性の事例をみておきたい。

フィールドノート44　ドミニカ流を貫く

チゲーテ（六一歳）は、ドミニカにいるときから、複数の女性とのあいだに子どもをもうけるという伝統的な生きかたを貫いてきた。オコアで比較的大きな規模で農業をしており、カネまわりが良かったこともあり、ふたりの女性と八人の子どもを養っていた。しかし、八〇年代になって、農作物の市場価格が暴落し、生活にも影響がではじめると、すでにアメリカに暮らしていた母親の呼び寄せで移住（K2）ビザを取得し、一〇人の兄弟と一緒にニューヨークのブルックリンにやってきた。一九八五年のことだった。しばらく、コートを製造する工場で働いていたが、ドミニカに残してきた子どもを呼び寄せるために、家賃の安いH市へと移住する。この町を選んだのは、オコアでおなじバリオ出身だった友人が暮らしていたからである。数年前には夏休みのバカンスにこの町を訪れ、ニューヨークと違って自然が豊かな環境が、故郷のオコアに似ていて気にいったことも影響した。

子どもを呼び寄せるために、妻と法律上の結婚をして、一九九二年に妻と長女が、その二年後には六人の子どもたちが到着した。H市では、グエビンとおなじ冷凍肉の加工工場で働く。契約社員のために、時給は一四・二五ドルと高いうえに、故郷に送金をする親族・知人が残っていなかったので、自分の生活のために使うことができた。週末は、オコア出身の仲間とボデガや自宅でドミノをしたり、ドミニカ人が経営するバルに出かけて楽しく過ごした。子どもが到着してすぐに妻とは別居した。その直後に知りあったプエルト・リコ人の女性と結婚し、ふたりの子どもができた。

二〇〇四年に市民権を取得した。余生をドミニカで過ごしたいという友人は多いが、自分は、数年に一回三週間ほどバカンスのために帰る程度でよいと思っている。孫はみんなこの町に住んでいるし、母親は四年前に亡くなったが、兄弟の多くはまだブルックリンに暮らしている。二五年間もこちら側に暮らしていると、あちら側に知りあいもいなくなってきた。オコアで仲の良かった友人はみんなこっちに来ているから、ドミニカに帰る必要もない。食べものにしても、ドミニカ料理を毎日食べられるし、音楽は、ドミニカのヒットチャートがこの町のバルでかかっている。ドミノも富くじも野球賭博もなんでもあるから、もう帰ろうとは思わない。

（二〇一〇年二月二一日、アメリカ、ペンシルバニア州、H市にて）

さきほどのグエビンの事例と比べると対照的にもみえるが、ここでもやはり工場労働者として働き、ドミニカでの出身地のネットワークをつうじてH市にたどり着いているところに共通点がある。ふたつの事例で異なるのは、チゲーテのほうがオコア出身者として、そのネットワークのなかにどっぷり浸かって生活していることである。また、彼はドミニカの伝統的な生きかたを貫いた結果として、H市での生活が快適なものになっていることは重要である。グエビンと同様に英語を習得していないにも関わらず、なにかがあれば子どもたちに助けてもらっているし、同郷の友人たちとはドミニカでの生活スタイルをそのままもちこんだように過ごしているのである。そして、余生をドミニカで過ごそうという気持ちはなく、この町で最後まで暮らすことに納得していることもグエビンとは対照的であった。ここからは、移民の故郷とのつながりというものが、現在の生活や出身地のバリオに残っている親族や友人の数などに左右されるきわめて相対的なものだといえそうである。次に、八歳の頃にアメリカに移住した人物の事例をみることで、移民にとっての出身地のバリオの意味づけをより多様な観点から理解していきたい。

フィールドノート45　遠い過去の記憶

レミー（三三歳）は、ドミニカのラ・ロマーナに生まれた。八歳のときに、ニューヨークのブルックリンに移住する。すでにアメリカに渡っていた母親による呼び寄せだった。高校を卒業後すぐに働きはじめた。ブルックリンの花屋で三年、ワシントンハイツの衣料品店で三年働いた後、H市に移住した。この町で育った妻と知りあったからだ。こっちに来てからは、妻のオジが経営するボデガで二年ほど働いたあと、工場を転々として、いまはココアを梱包する工場でフォークリフトの運転をしている。ドミニカには、一八年まえに帰ったきりで、それからは帰っていない。「母親がアメリカに行ったあと、祖母が僕ら兄弟の面倒をみてくれた。いまでも二週間に一度は電話をするし、月に一五〇ドルは送金している。祖母が生きているうちにもう一度、ドミニカを訪ねたいけど、給料が月に一六〇〇ドルしかないから、なかなか貯金ができなくて」と語った。

（二〇一〇年二月二一日、アメリカ、ペンシルバニア州、H市にて）

この事例は、八歳というはやい時点で移住してきたケースである。彼は、一八年まえに一度だけ帰ったことがあるが、それ以降は経済的な理由で帰ることができていない。しかし、月に二度、ドミニカに暮らす祖母に電話をしており、彼女との思い出が記憶に刻まれている。アメリカで生まれたわけでもなく、ドミニカでひと通りの経験をしてきたわけでもない彼は、両者のあいだを揺れ動いているようにみえる。スペイン語と英語の双方を操る一方で、これまでの仕事はすべて移民コミュニティ内でのものだった。いまの仕事は、アメリカの会社だが、皮肉にも会話があまり必要とされないフォークリフトの運転である。さらに、結婚相手は、ドミニカ人女性でH市は彼女のネットワークが強い地域である。彼は自分の記憶に残る祖母からの愛情とその記憶を、出身地のバリオの延長上に置いている。それが、一五年間会っていない祖母への電話と送金にあらわれているのだ。つまり、これまでの年配の男性ふたりの事例とは異なり、ドミニカでの経験や人間関係を保持していないケースでは、出身地のバリオへの帰属意識があいまいな状態であるといえよう。さらにいえば、そうした出身地のバリオとの関係性が、アメリカとドミニカのいずれにも軸足を置くことができない彼の状態を生みだしているのである。

二-二　「ドミニカンヨルク」の現実

第三章では、送り出し社会の人びとがアメリカで暮らす移民に対して、一時帰国の際に華美で散財のかぎりを尽くす「ドミニカンヨルク」というステレオタイプ・イメージをつくりあげ、国際電話やFacebookといったトランスナショナルな相互交渉をつうじて、移民にも「ドミニカンヨルク」像を演じさせていることを指摘した。ここでは、「ドミニカンヨルク」像を演じる側の移民が、アメリカでの現実の生活と故郷の人びととの期待に応えたいという気持ちのはざまで揺れ動く葛藤を、移民の語りのなかからみていきたい。

これまでの事例からもわかるように、移民の多くが工場での派遣労働者か契約労働者として、安い賃金で働いている。フィールドノート44（196ページ）のように、すでに子どもが独立し、家族への送金もしなくてよいケースをのぞくと、多くの移民は生活費を切り詰めて送金分を捻出しているのが現実である。

フィールドノート46　故郷に人生を捧げる

ラモン（三七歳）は、姉の呼び寄せにより滞在ビザを取得し、二〇〇三年にアメリカに来た。最初の年をワシントンハイツで過ごしたあと、ブロンクスで兄と三年間一緒に暮らした。そのあいだ、ニュージャージーのゴルフ場の芝刈りの仕事をしていた。時給は一四ドルと高かったが、ニューヨークは家賃も物価も高いためにドミニカの母親には月に三〇〇ドルを送るのが精一杯だった。兄が結婚したのでH市に住んでいた姉の家に転がりこんだ。こっちでも最初はゴルフ場に勤めた。しかし、時給が九ドルと安かったこともあり、すぐに窓ガラスを製造する工場に移った。いまは時給一一ドルで勤務している。

ここで知りあったドミニカ人の妻と結婚してふたりの子どもがいる（ひとりは妻の連れ子）。英語は話せないが、会社には五人のドミニカ人の同僚がいて、必要なときは通訳をしてくれる。ケーブルテレビはスペイン語チャンネルだから、英語に接する機会はほとんどない。ドミニカの母親には、二週間ごとに一〇〇ドルを送金し、毎晩の電話を欠かさない。渡米してから七年になるが、一度も故郷に帰っていない。毎月、収入の二〇〇〇ドルから家賃、電気代、食費、ガソリン代、電話代、それに母親への送金をひくと、ドミニカに帰るカネは残らない。それどころか、バルに行くカネもなくて、誘われても断ることのほうが多いくらいだ。でも、母親は最近物価があがったからもう少したくさん送金してくれと言ってくる。こっちの家族の面倒もみないといけないのに、これ以上どうすればいいんだろう。この国は、カネさえあれば欲しいものはなんでも手にはいるけれど、カネがないから家と工場の往復だけで、人生を楽しんでいるとは思えない。人生をドミニカの家族のために犠牲にしていると考えている。

（二〇一〇年二月一二日、アメリカ、ペンシルバニア州、H市にて）

フィールドノート47　「ドミニカンヨルク」のジレンマ

フェリンが故郷の母親との電話を切ったあとに強い口調でまくしたてる。「バリオの連中はこっちの生活のことなんて、なにひとつわかってない。もっと送金できると思っている。さっきも、やれ携帯電話を送れ、スニーカーを送れだの」ズボンのほころびを指でいじりながらつづけた。「家賃、電気代、車のガソリン代に毎日の食費。残ったカネでやっと送金してるのに」どうしてそのことを正直に言わないのかをたずねると、「本当のことなんて誰も知りたくないからね」と答えた。

（二〇〇九年六月二八日、アメリカ、ペンシルバニア州、H市にて）

フィールドノート48　三つの家族のはざまで

ホセリート（三一歳）は、H市とワシントンハイツを結ぶ乗り合いタクシーの運転手をしている。二〇〇一年に父親の呼び寄せで渡米した。ドミニカでは、牧畜の仕事をしていたが、子どもが生まれたのを機に、渡米する。ブロンクスの祖母のアパートに六か月暮らしていたが、そのときに知りあった女性がH市に住んでいたことから、こっちに移住して一緒に住みはじめた。彼女とのあいだに子どもがふたり生まれた。でも、ドミニカの子どもへの送金をめぐって喧嘩になって、五年目に別れることになった。セロッサ（やきもち焼き、嫉妬深い女性）なのを知ってたから、こっそり送金していたが、ズボンのポケットにレシートを突っこんだまま洗濯にだしたことでばれてしまった。それから四年間はずっとひとりで暮らしてたから、一度ドミニカに帰ることもできた。二〇〇七年だった。帰ると、バリオの連中にあちこち連れまわされて、支払いは全部こっちもち。「ドミニカンヨルク」らしいところを見せないといけないと思って無理したよ。アメリカに戻ってすぐに稼ぎのいいタクシーの運転手に転職したのは、あの旅行が理由のひとつだ。工場はどれだけ働いてもおなじ給料だけど、この仕事は、客が多ければ多いほど手取りも増えるからね。去年、バルでいまの妻と出会って一緒に住むようになった。すぐに子どもができて、これまで以上にやりくりが大変になった。ドミニカへの送金、まえの妻との子どもへの養育費、赤ん坊のミルク代。どうすればいいか教えて欲しいよ。（二〇一〇年二月一一日、アメリカ、ペンシルバニア州、H市にて）

フィールドノート49　電話をしない

二〇〇九年三月にバニ市B地区からH市に移住したジョニー（三二歳）は、移住直後によく電話をしていたB地区のオバや友人に電話をしなくなった。その理由は、「カネを送れとしか言わないことにうんざりした」からだ。闘病中の母親に毎月二〇〇ドルを送金するのがやっとで、それ以上の余裕がないのが現実である。いま、姉とふたりで暮らしているが、姉はプロテスタントに改宗して、毎日仕事もせずに布教ばかりしているから生活費は全部こっちがみないといけない。工場で働いたら二〇〇ドルは稼げる。でも生活費をひくと、送れるのは二〇〇ドルがやっとだ。なのに、バリオの連中は、二〇〇〇ドル稼いだら二〇〇〇ドル送金できるものだと思っている。

（二〇一二年二月一五日、アメリカ、ペンシルバニア州、H市にて）

彼らは移住するまえは、移民を「ドミニカンヨルク」に仕立てあげる側の立場にいた。だが、移住後に働きだし、実際にアメリカでの生活を送りはじめると、いかに出身地のバリオの期待に応えるのが困難かを知ることになった。それぞれの事情は異なるが、共通しているのは、それでも最低限の送金をおこなっていることである。フィールドノート48では、実際に一時帰国を果たし、故郷の人びとが期待する「ドミニカンヨルク」像を演じて帰ってきたが、帰国後にはより稼ぎのよい仕事に転職することを余儀なくされている。また、故郷の人びとが想像するアメリカでの生活はすべて想像上のものであることを伝えられないでいる。「本当のことなんて誰も知りたくないからね」とのフィールドノート47の説明は、すべての「ドミニカンヨルク」に共通する想いである。それは、故郷の人びととの夢を壊したくないという気持ちや自分を成功者と見せたい虚栄心に、現実の生活に対する不満が混ざりあった感情だといえよう。だからこそ、少しでも貯金をため、一時帰国をする際には、故郷の人びとが望む「ドミニカンヨルク」を演じられるように、毎日、朝はやくから仕事に出かけているのである。それを支えているのが故郷への想いであり、虚構の「ドミニカンヨルク」像を演じる電話での数分間なのである。

二-三　帰れないバリオ

ここまで、故郷をめぐる理想と現実のはざまで揺れる移民の姿についてみてきたが、ここでは故郷に錦を飾ることを夢見て移住してきたはずが、さまざまな事情によりそれがかなわずにいる現状について、その事情を詳しくみていきたい。

トランスナショナリズムの議論においては、移民が頻繁に移住先と故郷を往来していることを強調し、その結果としてトランスナショナルな社会空間が形成されるといった議論がなされてきた。しかしながら、送り出し社会と受け入れ社会での調査結果からは、頻繁に故郷へと帰ることができる人びとはむしろ少数派であることが明らかになった。以下では、さまざまな制約のなかで故郷へと帰ることができていない移民について、その原因ごとに区別してみていきたい。その際、頻繁に帰ることができているケースを比較材料として提示する。なお、アメリカに暮らすドミニカ移民の入国から永住資格を取得する（しない）までの流れをまとめたのが図8である。また、聞き取り調査を実施した移民のドミニカへの渡航歴については、表7（209ページ）にまとめている。

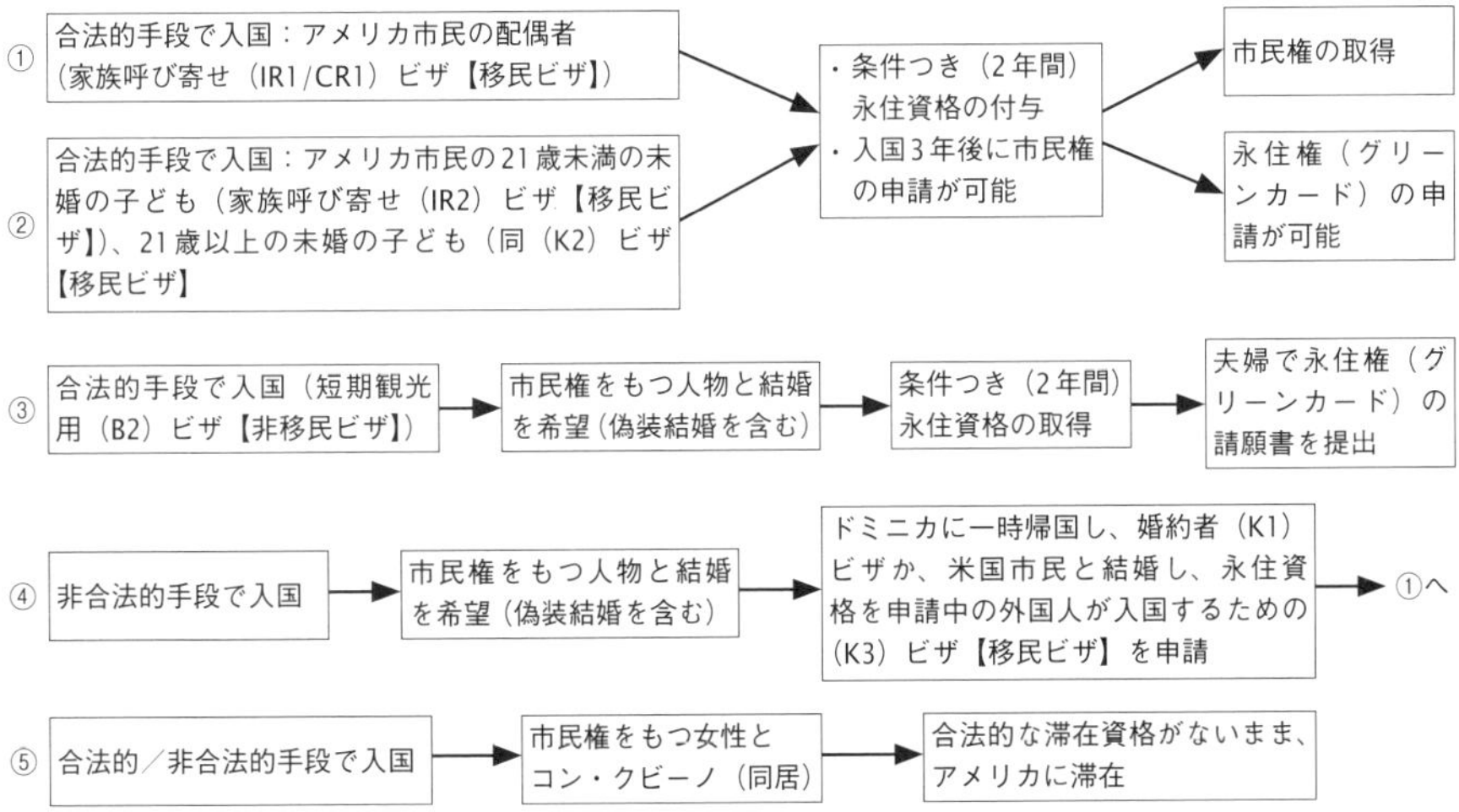

図8　ドミニカ移民の入国から永住資格の取得（しない）までの流れ

(1)滞在資格の要因

近年のドミニカ移民の特徴として、非合法的な手段によって越境する人びとが増加していることがあげられる。彼らはアメリカに到着後、プエルト・リコ人のIDカードを入手し、その人物の名前を使って日常生活を営むことになる。そのため、いったんドミニカに帰国すると、合法的な手段で再入国をすることはできないことから、正規の滞在資格を取得するまでのあいだは、強制送還をのぞき、一時帰国は不可能である。図8のように、正規の滞在資格を得るには市民権をもつ人物と結婚をする必要がある。しかしながら、①そうした人物と出会えるのかという問題、②出会って、恋愛に発展するのかという問題、③恋愛にまで発展しても、法的な結婚にいたるのか、それともコン・クビーノ（同居）を選択するのかという問題、というように、一定の条件と時間を要することになる。滞在資格の取得を目的とした偽装結婚を画策する場合も、図8の③、④の流れをたどる必要がある。聞き取り調査をしたドミニカ移民の例だけでみても、永住権の取得までに少なくとも五年以上の年月がかかっている。

フィールドノート50　結婚への障害

二〇〇四年に一時的に入国する外国人に発行される短期商用観光（B1／B2）ビザでアメリカに渡ったフェリンは、移住当初、ボストンに住むB地区出身の友人のアパートに世話になる。彼は、滞在期限の六か月が過ぎたあとは、プエルト・リコ人のIDを取得し、アメリカでは彼になりきって生活してきた。五年前にジュデルカと知りあって、H市で同居をはじめる。ジュデルカは市民権を取得していたが、別れた前夫との離婚が正式に成立していなかったので、弁護士をつうじて手続きをはじめる。しかし、前夫がアメリカでドラッグを売り、ドミニカに強制送還されていたこと、離婚の承諾に対価を要求してきたことから、交渉は長引き、すべての手続きが完了し、結婚が移民局で認められたのは、二〇一〇年の一二月だった。フェリンには、条件つき（二年間）の永住資格があたえられ、二〇一一年三月のセマナ・サンタに、ようやくドミニカに一時帰国することができた。移住から七年がたっていた。

（二〇一二年二月一五日、アメリカ、ペンシルバニア州、H市にて）

フィールドノート51　偽装結婚に失敗する

二〇〇九年三月に一時通過（C1）ビザでH市に移住してきたミゲルは、弟ルイスの家に居候をする。このあいだに、ルイスに教えてもらいプエルト・リコ人のIDを取得し、働きはじめる。同年六月に知りあいのプエルト・リコ人から偽装結婚ビジネスを紹介され、ニューヨークに暮らすプエルト・リコ人の女性を訪ねる。書類の用意をするためにと手付金として一〇〇〇ドルを支払う。しかし、いくら待っても連絡がなかったために、家を訪ねると、必要な書類がまだそろわないと言われ、あきらめることにした。それから正規の滞在資格をもつドミニカ人女性とつきあうが、いずれも長続きはせずに結婚の目途はたっていない。気がつけば、アメリカ滞在は、五年におよんでいた。

（二〇一四年三月、国際電話での聞き取り）

ふたつの事例は、正規の滞在査証で入国したあとで、滞在期間を過ぎてしまったケースである。これに対し、おなじ非正規滞在移民でも、入国の経路が非合法であった場合は、正式な滞在資格を取得する際の手続きに差がうまれる。入国の際に正規の査証をもっていた場合は、滞在資格をアメリカにいながらにして申請できるが、非合法越境で入国した場合は、一度、ドミニカに帰国し、書類をドミニカのアメリカ領事館経由で申請しなければならないという手続きがくわわり、より障害は高くなるのである。現在、多くのドミニカ移民が非合法越境で入国していることを考えると、今後は故郷に帰ることができない移民がさらに多くでてくることが予想される。

⑵経済的な要因

正規の滞在資格をもっている移民のなかでもドミニカに帰国したことのない者や、一度目の渡航から五年以上の期間がすぎている者が多数見うけられた。その最大の理由は経済的事情である。工場の派遣労働や契約社員の給与では、航空券代とドミニカでの滞在費用を捻出できない。そこには、第三章でみたように、故郷の人びとの「ドミニカンヨルク」像を裏切るわけにはいかないという意識も影響している。

フィールドノート52　買えない航空券

ルーク（四〇歳）は、一九九七年に移民（K2）ビザで移住した。二〇〇一年に一度、ドミニカに帰ったきりである。理由は、前妻との子どもの養育費と現在の四人の子どもの生活費がかさみ、工場での給料では渡航代金がたまらないからである。最近になりＬＣＣ（格安航空会社）がドミニカにも飛ぶようになったが、ひさしぶりに帰国すると滞在時の出費がかさむので、帰国を決断できずにいる。また、子どもがまだ小さいために、ひとりだけで帰国するのはためらわれるが、子ども四人と妻をあわせた渡航代金を支払う余裕もない。

（二〇一〇年二月八日、アメリカ、ペンシルバニア州、Ｈ市にて）

⑶心理的な要因

正規の滞在資格を有する（あるいは取得できる）状態にあり、経済的にも余裕があるにも関わらず、帰国するのをためらうケースがある。フィールドノート44（196ページ）のチゲーテのように、出身地のバリオにすでに親族、知人がいなくなっているケースもここにあてはまる。一方、出身地のバリオに子どもを残してきながら、帰国を躊躇するケースもある。

フィールドノート53　あわせる顔がない

ナルダ（四五歳）は、一九九八年にコスタ・リカ経由で非合法越境し、H市にたどり着いた。渡航費用（約四八万円）は、弟のトニーがアカデミー契約で得たカネから払ってもらった。子どもふたりの世話は母親にまかせてきた。だが、滞在資格のために焦って結婚した相手が、自分の家族には送金するのに、ナルダがドミニカの家族に送金するカネを渡してくれなかった。ナルダの母親が病気になったときも、永住資格を申請させてはくれなかった。母親が死んだときも一緒だった。妹たちが、そのことを恨んでいるのを噂で知った。次に結婚した相手は、前夫のようなことはなかったが、子どもができたので、送金する余裕はなくなった。いまは働きに出て、自分の自由になるカネができるようになったが、妹たちにあわせる顔がないから、帰る決断がつかないでいる。（二〇一一年二月一九日、アメリカ、ペンシルバニア州、H市にて）

ここまで三つの要因にわけて、一時帰国ができない理由をみてきたが、わたしが調査をした移民のなかでもっとも多いのが、経済的要因によるものだった。彼らの多くは、真面目に働き、送金も毎月おこなっている者たちだが、数回の結婚（あるいはコン・クビーノ）により、養育すべき子どもが多いことが一時帰国を困難にさせていた。ドミニカの伝統的な生活スタイルが結果的に、出身地のバリオを遠ざけることにつながっていることが彼らの苦悩を物語っている。

将来的に増加が予想されるのが、滞在資格の要因で一時帰国できないケースである。二〇〇八年のリーマンショック以降、B地区からの移住者が急激に増加するようになった。彼らのほとんどは、二〇～四〇代の働きざかりの男性である。非合法的な手段で越境する彼らは、移住先でも滞在資格を偽って生活する。フィールドノート50（204ページ）のフェリンが合法的な滞在資格を得るまでに七年を要したことを考えると、彼らの一時帰国までの時間もおなじくらいか、それ以上の時間がかかることも考えられる。非正規資格での滞在者のうちで、ドラッグの売人を兼業している者は、女性とコン・クビーノ（同居）をしても（子どもが生まれても）、永住資格を取得しない傾向がみられた。なかには逮捕歴がないにも関わらず、取得しようとしないケースがある。これは公的機関との接触を限りなく避けたいという心理と、ドミニカの家族観をもちこんでいることからきているものと思われるが、彼らの一時帰国はさらに遠のくことになる。

最後の心理的要因については、もちろんこれだけが理由ではなく、経済的要因を後押しする要因ともいえる。たとえば、フィールドノート45（198ページ）のレミーのように、幼いときにアメリカに渡った移民では、故郷に帰る動機がみつかりにくいといえよう。こうした、動機の低いケースとは反対なのが、ナルダのケースである。彼女は子どもふたりを出身地のバリオに残してきたが、すでに一三年ものあいだ帰っていない。また、母親が亡くなった際には、移民（K1）ビザの申請もかねて葬式に参列するために帰国したかったが、当時の夫が許可しなかった。また、そうした不義理を重ねた結果、ますます一時帰国へのハードルが高くなっているというものだった。事例としてはあげなかったが、H市での調査中にドラッグの売買をめぐるトラブルによってドミニカ人が殺される事件が二度起きている。彼らもまた、出身地のバリオに帰れない人たちのグループにいれることができる。トラブルの原因はカネをめぐるものだが、もとをただせば出身地のバリオに少しでもたくさんの送金をしようとしたことにたどり着く。フィールドノート46（199ページ）で、故郷のために人生を犠牲にしているという語りがあったが、文字どおり危ない橋を渡りながら、故郷のために身も心も削っている。これらの事例は、どこまでも追ってくる故郷が、「ドミニカンヨルク」を翻弄している様子を示しているが、一方で、こちらに家族を呼び寄せ、故郷との関係が希薄になった移民はそうした苦悩とは無縁である。

以上のように、近年のトランスナショナリズム論の影響で、あたかも二国間をまたがる往来が頻繁に繰りかえされているように考えがちであるが、じつは、多くの移民が五年以上のあいだドミニカへと帰国していない。そして、その帰国を困難にさせている要因は、本国の伝統的な文化にあった。移民が出身地のバリオでの生活にこだわりつづけることで、彼らの夢である一時帰国が遠のいている現実がそれをあらわしているといえるからだ。そのように

表7　移民の渡航歴と一時帰国が不可能な理由

	名前	性別	年齢	帰国歴	移住年	滞在資格	職業	帰国できない理由
1	プーロ	男	54	毎年	1976	市民権	工場労働者	–
2	ローサ	女	58	毎年	1992	市民権	専業主婦	–
3	ローベル	男	41	毎年	1992	市民権	ミニコミ紙経営	–
4	グエビン	男	55	毎年	1996	条件つき永住権	工場労働者	–
5	ホセ	男	25	毎年	1999	条件つき永住権	運転手	–
6	クート	男	23	毎年	2001	市民権	工場労働者	–
7	アダン	男	38	毎年	2003	条件つき永住権	工場労働者	–
8	ミゲル	男	42	4年に1度	1993	条件つき永住権	工場労働者	–
9	ジュデルカ	女	31	2009	1995	市民権	事務職	–
10	チゲーテ	男	61	2008	1985	市民権	工場労働者	–
11	マジー	女	33	2008	1994	市民権	法律事務所の通訳	–
12	ケニア	女	29	2008	1995	市民権	専業主婦	–
13	ホセリート	男	31	2007	2001	市民権	運転手	経済的要因
14	ルーク	男	40	2001	1997	市民権	工場労働者	経済的要因
15	レミー	男	33	1992	1985	市民権	工場労働者	経済的・心理的
16	ビクトル	男	33	なし	1985	市民権	店員	経済的要因
17	アルシデ	男	38	なし	1993	市民権	工場労働者	経済的要因
18	ペロテロ	男	40	なし	1995	条件つき永住権	工場労働者	滞在資格
19	チキニン	男	45	なし	1995	非正規	ドラッグの売人	滞在資格
20	ナルダ	女	45	なし	1998	非正規	専業主婦	滞在資格・心理的
21	ジュニオール	男	41	なし	2001	非正規	ドラッグの売人	滞在資格
22	ラモン	男	37	なし	2003	条件つき永住権	工場労働者	経済的要因
23	フェリン	男	26	なし	2004	滞在期限失効	工場労働者	滞在資格
24	イバン	男	40	なし	2004	非正規	ドラッグの売人	滞在資格
25	ノルマン	男	32	なし	2009	滞在期限失効	工場労働者	滞在資格
26	グレンダ	女	22	なし	2009	非正規	専業主婦	滞在資格

※聞き取り調査を実施した移民について、ドミニカへの渡航歴の頻度を基準に分類した。

考えると、ドミニカ移民にとって、出身地のバリオとはこちらでの生活を生き抜くための力をあたえてくれる希望の光になりえる一方で、移民のジレンマや苦悩といった影をつくりだしているのである。

第三節　移民と出身地のバリオをつなぐペロータ

本節で移民と出身地のバリオの関係にはたすスポーツの役割について考察するにあたり、なぜスポーツに注目する必要があるのか。また、この考察をつうじて移民研究に対してどのような貢献ができるのかについて、先行研究とのかかわりから整理しておきたい。

移民とスポーツの関係をめぐる数少ない議論のなかで、大リーグの発展をアメリカが多民族化する過程に重ねあわせ、マイノリティや外国出身選手進出の歴史であるとする杉本の指摘は、本章での考察にとって重要な視点である[杉本 2005: 46]。なぜなら、杉本は直接言及していないものの、そこからは移民が故郷出身の選手を応援することをつうじて、故郷への紐帯を強く意識することが示唆されているからである[cf. 窪田 2014b: 372]。

移民社会におけるスポーツとの関係をめぐる研究としては、「野球」リーグをとおして日系アメリカ人の民族意識の変化を考察するものがある[足立 2010: 5]。ハワイにおける野球の歴史をたどる足立は、多民族で構成されるハワイの野球リーグを事例に、日系人の伝統的価値観の維持や民族意識の発揚にいかに野球が関わっていたのかを明らかにしただけではなく、日系人リーグを日系人の文化の一部として残すべきであるとの当事者の声を紹介している。足立の研究は、ハワイの多民族性という文脈のなかで日系人の野球を考察しているために、移民個人がいかに野球と向きあっているのかという点について言及がなされなかったものの、「先行研究が少ないなかで大衆的スポーツから移民研究が抱える課題へ接近する試み」だといえよう[戸上 2010: 6]。移民とホスト社会との関係から、移民にとってのスポーツがもつ意味を考察する意義は大きい。しかしながら、それだけでは出身国のスポーツが、なぜ移民個人にとって重要なのかがみえてこないのも事実である。なぜなら、スポーツが移民のアイデンティティにとって重要であると述べるにしても、移民と故郷との関係をより日常生活のレベルで把握し、スポーツの機能的な役割と出身地の文化との関係からそれを明らかにしない限りは、観念的な議論に終始してしまい、移民社会の実態を具体的に記述することは難しい。本節では、こうした問題意識のもとで、前章までで述べてきた近代スポーツである野球がドミニカに伝播し、人びとの価値観や規範と密接に関係するペロータとして意味づけられてきた過程をふまえ、アメリカに渡った移民が日常生活を送るなかでどのように変化しているのか（あるいは、変化しないのか）を、移民と出身地のバリオとのつながりに着目して考察していく。

すでに本章で移民の日常生活についてみてきたように、移民は移住先で生活を送るなかで、なんらかのかたちで出身地のバリオとのつながりを維持している。それは、一時帰国に限らず、送金や国際電話という行為にもあらわれている。さらにいえば、出身地のバリオと具体的に接触しなくても意識のなかでつながっていることも考えられる。それは、グプタとファーガソンが、出身地を離れて外国で暮らす人びとの空間認識について指摘したように、領域化されたよりどころが失われる状況でこそ、母国や場所や共同体が想像されるからである［Gupta & Ferguson 1997: 39］。トランスナショナリズムの議論に位置づけるならば、これはベルトベックが「領土・場所性の再構築」と「意識」として分類した領域であり、レビットが「トランスナショナル・コミュニティ」とよんだ空間として議論することが可能である。結論を先取りすれば、ここでとりあげるドミニカ移民も、想像上の「出身地のバリオ」という場所を、ペロータに関わるすべての実践をつうじて移住先の地に再構築していると考えられる。ここでは、「出身地のバリオ」の構築過程を移民のスポーツとの関わりをとおして明らかにすることを目的とするが、いいかえるならば、移民と故郷の関係という移民研究が抱える課題に、スポーツという新たな視点を導入する試みである。

三-一　ペロータとともに生きる

ここでは、移民が日常生活のなかでペロータとどのように関わっているかを、わたしが滞在した家族を事例に具体的に見ていく。

フィールドノート54　ペロータ中毒

フェリン（二六歳）は、ドミニカ本国では、子どもの頃からペロータばかりをしていた。父親からは、学校の勉強とペロータだけはなにがあってもさぼってはだめだと言われつづけた。地元出身の大リーガーに憧れ、自分もおなじようになりたいと思っていた。一六歳のときに父親が兄以外の家族全員のアメリカの短期観光用（B2）ビザを取得した。一九歳のときに、ボストンに住むバリオで幼なじみだった友人から電話があり、こっちに来たらドルを稼げると誘われて渡米を決意する。当時、まだプロ野球選手になるための練習をしていたが、何度かトライアウトで不合格になっていたこともあり、プロ野球選手への道はあきらめた。アメリカという外国に行ってみたいという気持ちが強かったからだ。

ボストンに到着後は、友人の家に間借りしながらドラッグを売ってカネを稼いだ。警察に捕まりかけたこと、友人とカネの分配をめぐって口論になったのを機に、H市に移ってきた。ここにもおなじバリオ出身者がいたからだ。ジュデルカと知りあい、ドラッグを売るのを辞めて工場での職を手にいれた。ジュデルカに説得されたこと以外に、故郷の母親との電話で「フェリンはアメリカでドラッグを売っている」との噂がバリオで流れていると泣かれたことが大きかったという。

毎日、仕事から帰るとテレビでMLBの野球中継を観る。ドミニカ人が経営するボデガ（グローサリー・ストア）で買える野球賭博も欠かさない。友人が訪ねてくれば、ペロータの話で盛りあがり、プレイステーションの野球ゲームを一緒にする。そんな自分のことを「ペロータ中毒」だと笑いながら話す。ボストンからH市にやってきたときに、義弟からソフトボール・チームに勧誘された。まだ知りあいが少なかったので、チームメイトのドミニカ人と出会えたことが嬉しかったのと、子どもの頃からやってきたペロータにかわるものとしてソフトボールができるようになったことから、一度も休まずに参加している。ドミニカの家族に衣料品や時計、携帯電話を送る際に、小学生のふたりのオイには、グローブやバット、MLBチームの帽子やユニフォームを送ることにしている。ドラッグを売っていた頃は、野球道具を送ることで気持ちが楽になったと話す。

ジュデルカとのあいだに長男が生まれたとき、枕元に野球のボールとバットを置いた。知りあいに配るバースデイ・カードには、「未来の大リーガー誕生」と書きこんだ。三歳になった息子はすでにおもちゃのボールを投げるようになっている。次のクリスマス休暇には、故郷に一時帰国する予定だが、息子も連れて帰り、彼のイトコと野球をさせたいと思っている。

（二〇〇九年三、六、九月、アメリカ、ペンシルバニア州、H市にて）

この事例は、ドミニカで生まれ育ったなかで内面化されてきたペロータをめぐる価値観というものが、いかに根づよく彼の意識を支配しているのかを示すものである。アメリカに移住後も、この意識は揺らぐことはなく、むしろ強固にすらなっていることがうかがえる。彼は人生において意思決定をせまられる局面では、つねにペロータを参照枠としてもちだしてきていたのだ。それは、一九歳というはやい段階でアメリカに渡ったこととも関係している。ドミニカでペロータばかりしてきた彼にとっては、ペロータだけが人生の指針となりえたのである。また、かつてドラッグを売っていた頃に、手にいれたカネでペロータに関係するものを買い、それを故郷のオイに送ったときに気持ちが楽になったという経験は、ドミニカ本国における善行としてのペロータがアメリカに移住した移民の意識のなかにもしっかりと根づいていることを示している。

フィールドノート55　同郷出身選手とのつながり

フェリンは、アメリカでプレーする同郷出身のドミニカ人選手とも連絡をとっている。ウィルキン・ラミレスという選手（137ページ 表4の12）は、おなじバニ市のB地区で一緒に育った。小さな頃からペロータをして遊んでいた。ふたりともおなじリーガにはいり、いつも一緒にいた。ウィルキンは、家計を助けるために子どもの頃から路上でアイスクリームを売っていたが、フェリンは、仲のよい彼とはやくペロータをして遊びたくて、アイスクリームの半分を売り歩いた。

その後、フェリンはペロータの夢をあきらめ、二〇〇四年にアメリカへと移住する。ウィルキンは、デトロイト・タイガースのアカデミーと契約し、二〇〇三年に「野球移民」となった。彼が大リーグに昇格したのは、二〇〇九年だった。その年、ヤンキースとの試合のためにニューヨークを訪れたウィルキンは、フェリンやボストンに暮らすB地区出身者を球場に招待した。そのときの気持ちをなんと表現すればいいかわからないという。一緒に毎日、ペロータをしていたウィルキンが大リーガーとして目のまえでプレーしていることが実感として湧かなかったのだ。試合後、出身地のバリオの仲間と一緒にワシントンハイツにくりだし、ドミニカ系のバルで遅くまで騒いだ。バニのコルマドで飲んでいるような気分になった。アメリカに移住後、もっとも印象に残っている出来事だった。

（二〇一〇年二月二六日、アメリカ、ペンシルバニア州、H市にて）

この事例は、「野球移民」となった友人と、移民となったフェリンがアメリカで再会を果たしたものである。ここからは、ふたりが共有するバリオの路上でしていたペロータの記憶が、ニューヨークの球場で時空を越えて想起させられる様子が伝わる。そうした感覚を彼が抱くことになったのは、ペロータというものが人生を正しい方向へと導いてくれるものであるという出身地のバリオでの意味づけを内面化していたからであり、彼自身もまたペロータでプロ契約を結び、アメリカに移住しようとしていたからだった。このようにペロータは、アメリカに移住したドミニカ移民にとって出身地のバリオの記憶を想起させるものだといえる。以下では、ドミニカ移民によるソフトボール・リーグに着目し、出身地のバリオとペロータの関係を具体的にたどっていくことにしたい。

三・二　週末のソフトボール（写真25）

H市のドミニカ移民コミュニティでは、ソフトボールのリーグ戦が開催されている。ソフトボールがおこなわれるようになったのは、一九九八年に調査対象チームの監督がドミニカ人の友人とチームをつくったのがきっかけである。さらに、このコミュニティでドミニカ人ばかりの六チームが二〇〇四年に結成され、リーグ戦がはじまった。シーズンは、五～九月までの五か月間で、週末の土曜日・日曜日にH市郊外の球場を借りておこなわれる。試合後は、チームメイトの家でフィエスタを開き、シーズンオフにも月一回のペースで顔をあわせ、チームメイトやその家族の誕生日を祝っている。以下は、ソフトボール・チームのメンバーにとってのソフトボールの意味づけについての語りである。

フィールドノート56　故郷のかけらがある

チームの監督ルーク（四〇歳、209ページ 表7の14）は、一九九七年にアメリカに渡り、二〇〇七年に市民権を取得した。工場の仕事で長期休暇が取れず、生活費のこともあり二〇〇一年に一度、帰国したきりドミニカには帰ることができないでいる。一九九八年

写真25　週末のソフトボールに集まるドミニカ移民たち

にソフトボール・チームを立ちあげたきっかけは、日常生活への不満であった。アメリカでの生活があまりにもドミニカの生活と異なるために、できる限りドミニカ人と過ごす時間をもちたいと考えたからだ。ちょうどその頃、H市にはニューヨークでの生活に見切りをつけたドミニカ人たちが多く集まるようになっていた。MLBの中継はもとより、アメリカの野球シーズン終了後にドミニカのウィンター・リーグがはじまると、ケーブルテレビでかならず試合を観戦するという彼は、ドミニカではつねにペロータに囲まれていたと話す。大人の会話、地元出身の大リーガーの存在、子どもの頃からずっとペロータばかりしていたことから、自分はペロータと一緒に生まれ育ったと思っている。そのため、ドミニカ人たちとソフトボールをしていると、出身地のバリオのひとかけらがここにあると感じるのだと語る。さらに、ペロータがあるからアメリカでのストレスの多い生活に立ち向かえるし、出身地のバリオを懐かしく思う心をなぐさめてくれるのもペロータなのだという。

（二〇一〇年二月八日、アメリカ、ペンシルバニア州、H市にて）

写真26　ソフトボール・チームの監督ルーク（右）とインタビューするわたし

フィールドノート57　扉をこじあける

ラモン（三七歳、209ページ 表7の22）は、ここでの生活について、ドミニカとは異なり隣人や店員が閉鎖的だと感じている。そのあまりの習慣の違いには、七年いてもいまだになじめないでいる。ドミニカの街角には、コルマドとよばれる商店があり、週末の夜には音楽をかけて野外ディスコとなる。店員は友人のように接してくれる。一方で、アメリカの店員は、無愛想で無機質である。こちらのディスコは、扉を閉めきり、入口ではボディチェックがおこなわれる。そういったことが、日常的なストレスを生む原因になっているのだという。彼が、こちらの人びととは「扉を閉ざしている（*puerta cerrada*）」と語ったのは象徴的に聞こえる。週末にドミニカ人たちとソフトボールをしているときは、日常生活のすべてを忘れてドミニカにいる気持ちになるのだと話す。その場所だけが、自分に対して「扉が開かれている（*puerta abierta*）」と感じるからだ。

（二〇一〇年二月一二日、アメリカ、ペンシルバニア州、H市にて）

ルークの事例からは、ペロータを出身地のバリオに対する想いと重ねあわせながら日常生活をおくる移民の姿がみえてくる。彼のように、頻繁にドミニカに帰ることができない移民にとって、同郷の仲間と過ごす時間や空間、それに彼らのふるまいというものが出身地のバリオにいる気持ちにさせることがわかる。ソフトボール・チームのメンバーは、本国での出身地がばらばらであり、完全に出身地のバリオを再現しているとはいえないが、出身地のバリオを想起させるペロータに対する愛着がメンバー全員に共有されているのである。一方、ラモンの事例からは、異文化で暮らすストレスから自分を解放するために、ペロータとかかわっていることがわかる。彼の場合も、ペロータを出身地のバリオに見立てていることはルークの事例と共通している。次に、ソフトボールを移民社会の人間関係をつなぐ機能としてとらえている事例をいくつかみていきたい。

写真27　アメリカでの生活を閉鎖的だと語るラモン（左）とその家族

フィールドノート58　ペロータの血が流れている

プーロ（五四歳、209ページ 表7の1）は、一九七九年にジョラでプエルト・リコへと渡り、そこからニューヨークへとやってきた。ワシントンハイツに暮らすオバのアパートに世話になりながら、靴屋の店員として二五年間働いた。一九八三年に偽装結婚をし、ドミニカ移民として永住権を得て、ドミニカに一時帰国をすることができた。ニューヨークで暮らしているときも、隣接するニュージャージー州のソフトボール・チームにはいっていた。ワシントンハイツのドミニカ系商店で働いていたため、アメリカにいることを強く意識したことはなかったが、ペロータがまわりにないことが寂しかった。ドミニカでは、ペロータを目にしない日はなかった。いつもどこかで子どもたちがしているし、親族や友人の誰かがプロ野球選手になったという話が自然と耳にはいってくるからだ。かつてアマチュア野球で首都代表に選ばれた経歴をもっているし、オイもアカデミーと契約を結んだほどである。

ソフトボールをはじめたのは、友人が声をかけてくれたことがきっかけだった。そのおかげで新しい友人と知りあうこともでき、交友関係が広がった。でも、それはドミニカ人にペロータの血が流れているからだと話す。同時多発テロがあり、景気が悪化したためにH市に移住したときも、バルで知りあったルークがこのチームに誘ってくれた。もう若くはないから試合にでることはないが、一緒に彼らといるだけで十分だという。

（二〇一〇年二月一五日、アメリカ、ペンシルバニア州、H市にて）

フィールドノート59　人生はペロータだ

ローベル（四一歳、209ページ 表7の3）は、先にニューヨークに移住していた妻の呼び寄せにより、一九九二年にアメリカに移住した。ワシントンハイツに暮らしながら、新聞を地下鉄のキヨスクに配達する仕事をしていた。そのかたわら、夜には近所の高校が二一歳以上の社会人向けに提供している無料の英語講座を受講し、英語を習得する。二〇〇五年、H市に暮らしていた監督のルークに誘われ、移住する。ラティーノ向けのコミュニティFM局を立ちあげるためだった。新聞社でメッセンジャー・ボーイ（使い走り）の仕事をしながら、編集の仕事を手伝っていた彼は、ドミニカ系移民に向けた情報発信の仕事に興味をもった。給料は安かったけど、H市のドミニカ系コミュニティの情報を日々とりあげて、発信する仕事は楽しかった。一年でその仕事を辞めたのは、FM局の経営状態が悪化したからだった。その仕事でつきあいがあった広告代理店に勤めた後、自分でラティーノ向けのコミュニティ・ペーパーを発行することに決めた。それまでH市には、パノラマ（*panorama*：発行部数一万五〇〇〇部）とメンサヘロ（*mensajero*：同一万部）の二紙しかなく、前者はやや過激な論調が目立つ硬派な新聞で、後者はローカル・ニュースとラティーノ系の女性の写真をたくさん使用するやや大衆的な要素が強いものだった。その中間くらいの位置づけで、なおかつ読者であるラティーノが自分たちの文化に誇りをもてるような内容にしたかった。毎月五〇〇〇部を発行し、ラティーノ系の五〇店舗とそれ以外の一二店舗に置かせてもらっている。仕事が忙しくて、ソフトボールには時々しか顔を出せていないけれど、自分の人生はペロータのようなものだと思っている。これまで情熱と競争だけでなんとか生きてきたが、それがペロータと重なるのだという。そして、自分が発行する新聞同様に、ソフトボールはドミニカ人同士のつながりを強化する役割をしていると述べる。

（二〇一〇年二月一八日、アメリカ、ペンシルバニア州、H市にて）

フィールドノート60　ドミニカ人であること

ホセ（二五歳、209ページ 表7の5）は、一九九九年に母親に呼び寄せられて一四歳のときにニュージャージー州のパターソンに移住する。ドミニカ移民の街だった。こっちに来てすぐに母親がドミニカ人のやっているリーガにいれてくれた。ドミニカ人の友だちができるようにとのことだった。高校でもペロータをつづけた。秋から冬のあいだには練習がなかったから、アメリカン・フットボールもやった。高校卒業後は、タイヤ工場で働いたり、リムジンの運転手をした。こっちに来たのは、母親の再婚相手がこの町に住んでいたからだ。二〇〇四年にはじめてドミニカに帰って、そこで知りあった女性と結婚した。

毎日、電話をするし、月一〇〇ドルの送金を欠かさない。ことばは英語のほうが簡単だが、ドミニカ料理とドミニカ音楽にくわえて、ペロータをしているときに自分はドミニカ人だと感じる。ことばが完璧じゃなくても、一〇〇％ドミニカ人だと思っている。ドミニカ人のコーチは、身体的な強化が中心だったけど、高校のコーチは、テクニックばかり教えていた。その経験から、彼は、ドミニカがアメリカから野球（baseball）のいいところだけを盗んだと思っている。ソフトボールに誘ってくれたのは、フェリンだった。ドミニカ人のやっている散髪屋で椅子に座って順番を待っていると、髪を切ってもらっていたフェリンがペロータの話ばっかりしているのを聞いて、声をかけた。すると、この町でドミニカ人ばかりのソフトボール・リーグがあるから、観にくるようにと誘ってくれた。球場に行くとドミニカ人ばかりがソフトボールをしていた。すぐにルークにお願いしていれてもらうことになった。

（二〇一〇年二月一八日、アメリカ、ペンシルバニア州、H市にて）

いずれの事例でも、移民たちが、移民コミュニティにおける人間関係をつなぐものとしてソフトボールをとらえていることがわかる。また、いくつかの事例からはソフトボール・チームがコミュニティに参入する新たな移民の窓口となっていることがわかる。多くの移民が、このチームに加入することで、移住先で生活するために必要な知識や情報を手にいれることが可能となっている。

ここで、注意が必要なのは、前章で述べたペロータとソフトボールの違いについてである。ここまでの事例からは、ドミニカ本国と同様に、移住先でもソフトボールが純粋な娯楽として実践されていることは明らかである。動機に関していえば、ドミニカでは、明日どうなるかも予測がつかない世界を生きている人びとにとっての息抜きの要素が強かったが、移民社会においては、次のような特徴がみられた。①ペロータに出身地域のバリオを重ねあわせる移民にとって、ソフトボールが出身地のバリオにいる感覚をもたらしてくれるものととらえられている点、②移民コミュニティの紐帯を強化する役割としてとらえられている点、③ドミニカ人であることを確認するためのものととらえられている点である。このように、移民にとっては、出身地のバリオとの関係性のなかでソフトボールが存在し、個々の移民の置かれている立場や経験によって、ある程度の差はみられるものの、共通するのは、ペロータへの想いからソフトボールをするようになっている点であった。その想いを表現する仕方は、「人生そのもの」だというもの、「ドミニカ人にはペロータの血が流れている」というもの、「ドミニカ人であることを証明するもの」というように、個々にバリエーションがみられた。だがそこには、ここまで本書でみてきたようなドミニカ本国でのペロータの意味づけが、すべての移民に共有されており、そのことが、彼らを週末のグラウンドに向かわせ、日常でのストレスを忘れるためにソフトボールに打ちこませているのである。

二〇一一年二月のソフトボール・チームのミーティングでちょっとした事件が起きた。新しいシーズンの開幕を控えてチームメイトが集まった席で、フェリンがほかのチームに移りたいと言ったのだ。理由は、昨シーズンにリーグ優勝をしたにも関わらず、祝勝会が開かれなかったことと、トロフィーのお披露目がされなかったことに不満をもったからである。その場に居あわせたわたしを驚かせたのは、チームメイトのほとんどが慰留しなかったことである。監督のルークに理由をたずねると、「フェリンは長くここに暮らしているから、もうこのチームは必要ないんだよ」との返答があった。さらに「どのチームもドミニカ人だし、違うチームに行っても

写真28　ソフトボールでつながるドミニカ移民

フェリンとのつきあいはこれまでどおり変わらない」とつけくわえた。ルークは、このリーグの創設者であるという意識が強く、ソフトボールを移住先での同郷会のようなものとして意味づけていることがうかがえるエピソードである。

第四節　「ドミニカンヨルク」たちのペロータ

ここまでアメリカのドミニカ移民コミュニティにおける人びとのペロータとの関わりについて記述・考察してきた。まず、移民の文化的な実践を理解するために、移民の日常生活について記述した。そこからは、多くのドミニカ移民が、工場労働者として働きながら、生活費をきりつめ、ドミニカの家族に送金していることが明らかになった。また、年齢や滞在年数、移住時の年齢によって、出身地のバリオとの向きあいかたが異なっている様子も浮かびあがってきた。とくに、ドミニカでの経験や人間関係を保持していないケースでは、出身地のバリオとの関係があいまいな状態で存在しているということだった。日常生活におけるドミニカ本国の文化との関わりでいえば、食事や言語、そして音楽については基本的にドミニカ本国の習慣を維持していること、そして平日と週末を区切った生活を送り、頻繁にドミニカ人のあいだで連絡をとりあっていることがわかった。

次に、「ドミニカンヨルク」像を演じる側の移民が、アメリカでの現実の生活と出身地のバリオの人びとの期待に応えたいという気持ちのはざまで揺れ動く葛藤を、移民のライフ・ヒストリーから考察した。そこでは、出身地のバリオへの想いが無味乾燥な現実の生活を支える力となっており、だからこそ電話で毎日「ドミニカンヨルク」像という虚構を演じるようになっていたことを指摘した。そして、ドミニカへの一時帰国が、先行研究で指摘されているほど頻繁になされておらず、むしろさまざまな事情からドミニカへと帰れない移民のほうが多いことを明らかにした。その理由は、滞在資格と経済的要因と心理的要因の三つに求められるが、それは出身社会のバリオの価値観にもとづき日常生活を営むことが、結果的に一時帰国を遠ざけているという矛盾から生じているのだった。

ドミニカに帰ることのできない移民は、料理、音楽、宗教をもちこみ、出身地のバリオとおなじような方法で人間関係を構築することで、移住先に「出身地のバリオ」を創出しようとつとめているが、ドミニカ移民のケースでいえば、そこにペロータもふくまれる。ここで明らかになったのは、移民が移住先で出身国のスポーツと関わりつづけている現実である。しかしながら、これまで先行研究においては、移民とスポーツの関わりについてはあまり注目されてこなかった。また、数少ない移民とスポーツをめぐる議論においても、出身国のスポーツが、なぜ移民個人にとって重要なのかが見えてこないきらいがあった。こうした問題関心をもとに、ドミニカ移民が日常生活のなかで、出身国の文化の一部であるペロータと深くかかわることに、どのような意味があるのかを明らかにすることが本章の課題であった。

アメリカ起源の近代スポーツである野球が伝播して一〇〇年以上が経過し、ドミニカの文化の一部としてペロータという名で根づいていることは、これまで本書で述べてきたとおりである。こうした出身国の文化は、移民とともに越境し移住先においても維持されている。事例でみたように、ペロータをめぐる価値観は根づよく移民の生きかたを支配し、移住先の生活でも揺らぐことはなく、むしろ強固にすらなっているのである。さらに重要なのは、ドミニカ移民がペロータを出身地のバリオに重ねあわせていることである。グプタとファーガソンにならえば、ペロータをつうじて想像上の「バリオ」という場所を移住先の地に再構築しているのだといえよう。

さらに、ソフトボールに参加する移民たちの語りからは、ペロータには移民コミュニティの紐帯を強化する役割があること、そしてドミニカ人であることを確認するためのものとしてとらえられていることが明らかになった。このように、ペロータを出身地のバリオに重ねあわせる移民の意識は、ソフトボール・チームを同郷会のような存在として認識することにつながったのだといえよう。こうした移民コミュニティにおけるスポーツが果たす機能とドミニカ本国での意味づけからの連続性については、これまでの移民研究では看過されてきた視点であり、移民コミュニティを考察するうえでスポーツも重要な研究テーマのひとつであることを示している。

第六章　結論

アメリカのＭＬＢにドミニカ出身のプロ野球選手が多く誕生するようになったのは一九九〇年代にはいってからである。これは、欧米のプロ・スポーツ界を中心に外国人選手の活躍が目立つようになった時期と重なっている。その背景には、急速に拡大するグローバル化の影響があり、プロ・スポーツ界も安価な人材を発展途上国に求めはじめたからだった。しかしながら、これまで彼らを送りだす社会の側から、「スポーツ移民」の国際移住の実態が検討されることはなかった。その理由は、「スポーツ移民」が誕生する社会の人びとの生活世界を詳細に検討することなく、経済的指標によって貧困と設定することで、豊かな「北」と貧しい「南」という二分法の枠組みのなかでの説明に終始する傾向があるためである。第一章で述べたように、ドミニカ野球をあつかった研究においても、プロ・スポーツのグローバル化は、世界経済システム論の視点から、「中核」による「周辺」の経済的・文化的包摂であると解釈されてきたのである。この視点は、外来のスポーツが当該社会に根づく土着化の過程に注目してきた近代スポーツをめぐる人類学的研究にも共通する。しかし、いずれの研究もスポーツ選手を送りだす社会の人びとの実践については注目してこなかった。

こうした問題意識にもとづき、本書では、ドミニカからアメリカに渡る野球選手を対象として、彼らの移住経験をとおして浮かびあがるドミニカの人びとの生活世界を、「野球移民」と出身地のバリオの人びとの相互交渉に着目して明らかにしようと試みた。そのために、以下の課題を設定した。ひとつめは、「野球移民」の移住要因を今日の世界経済の面に着目して明らかにすることであった。本書ではまず、ＭＬＢ全球団がドミニカに所有するアカデミーの存在と、そこに介在するドミニカ人のアクターをふくめた重層的に構成されたリクルート・システムが「野球移民」を誕生させることにつながったことを明らかにした（第二章）。次に、「野球移民」を生みだす背景としてドミニカが多くの移民をアメリカに送りだす社会であったことが、「移住の文化」を生みだしていることを明らかにした（第三章）。

ふたつめの課題は、野球という近代スポーツとドミニカ社会の親和性に着目し、「野球移民」の発生要因を明らかにすることであった。そのために、個人の経験とバリオの記憶を手がかりにして、人びとにとってのペロータが、個人の生きかたを規定するだけにとどまらず、バリオに共有される規範意識とも密接に結びつくかたちで人びとのあいだに根づいていることを明らかにした（第三章）。さらに、クーニャというB地区全体にはりめぐらされた垂直的な扶養義務システムを基盤とするバリオの構造を土台として、「野球移民」とバリオの人びとのあいだでクーニャ・エンジャベ関係が構築された結果、「野球移民」が地域社会全体を救済するにいたる過程を明らかにした（第四章）。こうした議論を裏づける作業として、ドミニカの人びとがアメリカに移住後もペロータをめぐる価値観に支配され、移住先の生活でも揺らぐことはなく、むしろ強固にすらなっていることを、移民と出身地のバリオとの関係に注目して明らかにした（第五章）。

本章では、第一節において、本書で論じてきた「野球移民」の誕生する要因についての考察結果を、現代世界をとりまくトランスナショナルな要因、ドミニカ社会の伝統的な価値観や規範といった文化的な要因、そしてペロータの精神性の三つにわけて整理する。それをふまえて第二節では、本書の学術的な意義について述べる。

第一節　「野球移民」の誕生

一-一　トランスナショナルな世界を生きる人びと

ドミニカからアメリカに渡る「野球移民」が急増しはじめるのは、一九九〇年代を過ぎてからである。それは、MLBの各球団がこぞってドミニカにアカデミーを設けるようになった時期と重なっている。アカデミーを頂点とした選手のリクルート・システムが整備され、効率的なリクルートがおこなえるようになったからである。これは、世界の中核から周辺地域に製造拠点を移してきた経済構造と見事に一致する形態であり、ドミニカ政府が誘致したソーナ・フランカ（フリー・ゾーン）の野球版だといえる。つまり、現地で安価な原材料（少年）を調達し、工場（アカデミー）で会社（球団）が選別し、加工を施し（コーチング）、アメリカの基準にあった製品（選手）だけを送りだす形態が、現在のトランスナショナルな経済活動の究極の姿をあらわしているからである。また、こうしたMLBの世界戦略の背景には、かつてのアメリカの軍事統治と政治・経済的支配に起因する国家間の不均衡な関係があることも指摘しておかなければならない。

その一方で、ドミニカが一九六五年以降、多くの移民をアメリカに送りだしてきた社会であることも「野球移民」が誕生する要因としてあげられる。初期の移民の多くは、都市部の中間階級が占めていたが、一九八〇年代のドミニカ経済の後退で農村地域の人びとや都市下層階級にまで拡大し、絶対数が増えるとともに、移民の性質も多様化が進んできた。多くの先行研究は、その過程を分析することで、ドミニカからの移住に一定にパターンがみられることを明らかにしてきた。それは、ドミニカに特有の拡大家族のネットワークが、アメリカに到着したばかりの移民を庇護することにより、連鎖的に多くの移民がアメリカへと渡る要因となっていることだった。そして、アメリカで暮らす移民が増加することで、出身地のバリオの人びとのあいだで送金によって生計を維持することが定着していくことになり、日常生活のなかに移民との関係や送金といったこれまでになかったものがはいりこむことで、移民を送りだすコミュニティがアメリカという「中心」に結びつけられていくのである。本書でもこうした先行研究の知見を援用するかたちで、「野球移民」の発生要因のひとつを一般の労働移民との連続性のなかで分析した。つまり、現在の世界経済構造のなかに移民の発生要因を位置づけると同時に、一般の労働移民を生みだす社会的ネットワークの存在が、「野球移民」を生みだす要因となったことを指摘した。

このように移民の発生要因を分析する際には、世界的なつながりのなかで構造的に理解することが重要であるが、他方で、本書の記述・分析から浮かびあがってきたのは、一般の労働移民との非連続性である。それは、トランスナショナルな動きに現地の人びとがいかに向きあっているのかという点に注目することで明らかになった。アカデミーの例でいえば、アメリカがもちこんだリクルート・システムが、ドミニカの少年たちに少なくない契約金を提供し、それがインセンティブとなって、潜在的な「野球移民」を増加させているからである。各アカデミーには、一七～二二歳までの選手が常時四〇～六〇人在籍しているため、全三〇球団では一二〇〇～一八〇〇人の選手がアカデミーに在籍していることになる。彼らに対して、四〇〇万円を超える契約金が支払われることを考えると、地域社会にあたえる経済的な影響は看過できないのである。

さらに重要なことは、このアカデミーの契約金に群がる人びとが誕生したことである。第二章でみたように、MLB組織に属さないブスコンが、アカデミーに先駆けて選手を獲得し、育て、高く売りつけることで生計をたてていることが明らかになった。これは、ドミニカの人びとが相互扶助の規範やパトロネージのシステムにあわせるように、アカデミーという外部からはいってきたシステムを再組織化してきたことを示しているのである。このように、MLBを頂点としたリクルート・システムは、ドミニカ社会の人間関係およびその規範にもとづき運営されているという事実からは、クラインが垂直的な構造ととらえたものとは異なる、多様なアクターが介在する重層的に構成されたものだということができる。また、こうしてドミニカ人の生活世界が介在することで、野球のピラミッド構造が安定的に維持されるだけではなく、ペロータとしてドミニカ社会に深く根づく要因となったのである。

また当事者である選手たちの経験からは、幼少期にいつのまにかはじめていたペロータが、カネを稼ぐための手段として意識されるようになっていることが明らかになった。これが可能となったのは、アカデミー契約が、ドミニカの人びとにとって身近な存在となり、そこをめざすことが、ひとつの人生の選択肢となったからである。そして、その過程において、少年や母親が、ペロータが人生を正しい方向へと導いてくれるものだと認識するようになっていったことは、地域社会の人びとが現代のトランスナショナルな世界に対応するかたちで伝統的な価値観を再活性化させている事例といえる。このように、一般には「上からのトランスナショナリズム」ととらえられがちであった、アカデミーという世界経済システムの象徴ともいうべき存在を、現地の人びとが伝統的な仕組みであるクーニャに規定されたクーニャ・エンジャベ関係を実践することをとおして、自らの生活のなかに取りこんでいる実態からは、「下からのトランスナショナリズム」として位置づけることが可能である。そのように考えると、「スポーツ移民」の発生要因を考察する議論において必要なのは、本書が「野球移民」の発生要因を考察するために、バリオ内の人びとがペロータにどのような価値づけをしているのかを、バリオ内の親族関係や人間関係のありかたをふまえて分析した視点であろう。

一-二 垂直的な扶養義務システム：クーニャ（*cuña*）

本書では、「野球移民」の発生する要因を考察するにあたり、その前提としてドミニカにおいて、野球がなぜカネを稼ぐ手段として認識されているのかを明らかにしてきた。第三章で、移民からの送金をめぐって浮かびあがる地域社会の論理についてみてきたが、そこからは、送金によってなんとか生きのびようとする人びとの生活戦略やコミュニティ内に格差が拡大することを回避するような力学が働いていることが明らかになった。その力学は、基本的には、カネの稼ぎかたをめぐる規範意識にもとづいており、その規範から外れた者には「妬み」という社会的制裁がくだされるのである。バリオの人びとは、それを「きれいなカネ」と「きたないカネ」に区分し、ドラッグを売ったカネや（広義の）泥棒で手にいれたカネは「きたないカネ」と認識していた。一方で、ペロータで稼いだカネは「きれいなカネ」とされ、「妬み」の対象とならないために、地域社会全体にめぐっていくことが明らかになった。

こうした稼ぎかたをめぐる規範にくわえ、バリオの人びとに共有されているのが、①富の独占を許さない、②たかりは恥である、というふたつの相反する規範であった。そして、このジレンマを回避するために、故郷の人びとは「ドミニカンヨルク」イメージをつくりあげ、移民たちをそのイメージにおしこめることによって、移民たちの一時帰国という非日常的な機会を、堂々とたかることができる場としたのだ。一方の移民も、「ドミニカンヨルク」イメージにこめられている規範や価値観を内面化して育っているために、国際電話やFacebookなどのやりとりのなかでその役割を演じるようになり、一時帰国の際には、華美で散財のかぎりを尽くす「ドミニカンヨルク」像を裏切らない行動をとったのである。こうした相互交渉の過程からは、ドミニカにおいてトランスナショナルに展開する「移住の文化」とよべるべきものが地域社会の価値観の一部として根づいていることを示しているが、それは同時に、伝統的な規範意識や価値観を武器に、新自由主義が蔓延する予測不可能で不安定な社会を生きぬくためのドミニカの人びとの生活戦略のひとつなのである。

このような水平的な相互扶助の規範にくわえて、移民とバリオの人びとの相互交渉を規定しているのは、バリオの中にはりめぐらされたクーニャとよばれる垂直的な扶養義務システムのネットワークである。第三章では、バリオの人びとが、母親中心的な拡大家族を起点としたクーニャのシステムにもとづき、送金を引きだそうとしている実態を明らかにし、こうした拡大家族に対する垂直的な扶養義務のネットワークが、バリオ内に網の目のようにはりめぐらされ、より強固な社会的ネットワークをかたちづくり、結果的に多くの移民を生みだす要因となっていることを指摘した。

こうした議論をふまえ、「野球移民」とバリオの人びとのあいだの相互交渉に注目すると、こうしたバリオの論理は、「野球移民」の富の分配をも規定していることが明らかになった。そこでは、「野球移民」がクーニャ・エンジャベ関係にもとづき、拡大家族やB地区の人びとを庇護している実態とともに、そのパトロネージの行使が、ペロータで稼いだ「きれいなカネ」が、「気前よく」わけあたえられるという条件を満たしていたことによって、「野球移民」に威信が付与されたことを指摘した。この分配行動は、「ドミニカンヨルク」のふるまいと同様に、地域の人びとが堂々とたかれるような環境を整えていることである。このことは、なぜドミニカでペロータがカネを稼ぐ手段となったかという問いに答えをあたえている。これまでみてきたような稼ぎかたをめぐる規範に合致し、さらに地域社会全体を救済できるような職業は、現在のドミニカでは「野球移民」しかみあたらないということであった。

従来の研究では、移民からの影響を強調しすぎた結果、送り出し社会の側は変化する（変化しない）対象として位置づけられ、非移民の人びとが地域社会に根づいた価値観を利用して実践する移民との相互交渉の実態については考察の対象にならなかった。このような移民を出身社会の「伝統的」な生活や価値観に変化をもたらすものととらえる視点の背景には、移民を「近代的」な価値観を身にまとったものとする前提があり、結果として、これまでのトランスナショナリズム研究は、送り出し社会の人びとの価値観や実践、あるいは移民へのイメージが、移民にどのように影響をあたえているかという点を見過ごしてきたのである[Vertovec 2004: 974-976]。しかしながら、本書の事例からは、送り出し社会の人びとが伝統的な価値観や規範意識を利用して、「非日常的」という条件のもとで移民にたかっていることが明らかになった。それを裏打ちしていたのが、クーニャとよばれる垂直的な扶養義務のシステムであるが、これがドミニカの人間関係の基盤となっているがゆえに、アメリカへの移住をうながすカデナとよばれる社会的ネットワークや送金をひきだす相互交渉など、移民にまつわるあらゆる局面で顔をのぞかせ、ドミニカの人びとの行動を規定していたのである。つまり、トランスナショナルな移住というものは、グローバル化によって自然と発生したわけではなく、移民を送りだす側の人びとが伝統的な価値観にもとづく社会的ネットワークや移民との相互交渉をつうじて世界経済システムとつながっていく過程で発生していくものであり、伝統的な価値観の一部として「移住の文化」が形成されるのである。

一-三　ペロータの精神性

ここまでみてきたように、地域社会の規範意識や価値観といった社会的・文化的要因が、「野球移民」の誕生に大きな影響をあたえているということであった。では、当事者である「野球移民」の動機とはなんであったのか。ドミニカの子どもたちは、物心ついたときから路上でペロータをはじめる。ほとんどの子どもたちは、野球道具をもっていないため、牛乳パックを広げたものをグローブにして、靴下を丸めたボールを木の棒で打って遊んでいた。また、ビティージャとよばれる遊びを生みだして、それもまたペロータとよんだ。第四章で論じたように、ドミニカの人びとにとってペロータの意味はライフステージに応じて変化するものである。身のまわりにある道具を使って遊んだ幼少期から、リーガで野球のルールにそって、野球道具を使って練習をする思春期、そしてプログラマやリーガ・カンペシーノなどでカネを稼ぐ手段としてペロータを意識する青年期、というようにそのサイクルを区切ることが可能である。それぞれの事例で共通していたのは、ペロータがプログラマにはいる青年期を境に、明確にカネを稼ぐ手段へと変化したことである。それを可能としたのはシステムとして確立されていたアカデミーであり、そこへ選手を送りこむことを生業とするブスコンの存在だった。ある少年にとってはペロータが、自分の存在を肯定するものにまで変化した。また、B地区からの「野球移民」第一号となった人物は、ペロータが、人を正しい道に導いてくれるものと考えていた。そして、ペロータに懸命に取り組むことが、ドミニカにおいて、数少ない社会から承認される生きかただということであった。

一方の、少年たちが正しい道を歩んでくれることを願う母親は、当初は息子がペロータをはじめたことを肯定的にはとらえていなかったにも関わらず、懸命に練習をした結果、「野球移民」になれたことを「神からの祝福」と認識し、また「ペロータは神様からの贈り物」だと述べるようになった。それは、「神の恵みのおかげ」で大リーガーになることができ、ひいては出身地のバリオのために贈り物ができたのだと言う「野球移民」のことばと重なりあうのだった。

第四章では、その「野球移民」がバリオ全体に富を分配する際の特徴として、宗教行事にあわせるかたちでなされていることに着目し、「野球移民」がペロータに出会い、大リーガーになれたのはすべて「神の思し召し」だという認識をもっていること、そしてバリオの人びととその恩寵を分かちあい、バリオの人びともそれをあたりまえのこととしてうけとっていることを明らかにした。つまり、「野球移民」がペロータで一攫千金を狙う先に見据えていたものは、拡大家族の成員だけを食べさせることではなく、神をとおしてバリオ全体を救済することであった。こうした議論を裏づけるために、B地区で開催されるようになった守護聖人の祭りの事例をとりあげた。その開催の経緯の背景となった修道女の生前の役割は、神とバリオの人びとの仲介者であり、バリオの住民すべての扶養義務を負うものであったことを指摘した。そうした生前の修道女の役割は、バリオを構成する拡大家族のシステムと相似形をなしているが、それはバリオ中にはりめぐらされたクーニャとよばれる垂直的な扶養義務のネットワークシステムのひとつであり、バリオの人びともこのネットワークのひとつを構成しているからこそ、修道女はパトロンとしてまつりあげられるようになったのである。さらに重要なのは、大リーガーとして高額の富を手にいれた「野球移民」がパトロンとしての役割をはたせるようになり、修道女にかわる現世でのパトロンとなったことである。つまり、バリオ全体を救済していた修道女の役割は、「野球移民」に引き継がれたのである。

以上みてきたように、「野球移民」が誕生する要因を理解するためには、三つの異なる視点からの考察が必要であった。簡単にまとめると、①世界経済とのつながり、②共同体の規範意識や価値観、③個人の動機、ということであった。ここでは、便宜的に区別して整理したが、もちろんこの三つの要因は相互に関係しあい、影響をあたえていることはいうまでもない。ただし、重要なのは、ドミニカの人びとが野球を、*béisbol*（ベイスボル：英語由来の外来語）ではなく、*pelota*（ペロータ：ボール、球）とよんできたことである。それは、ここまで本節でみてきたように、ペロータがドミニカ人の心の領域にまで深く根づき、価値観までも支配するようになってきた結果だということが可能である。

これまでの近代スポーツをめぐる人類学的研究では、近代スポーツが伝播した地域で「土着化」し、当該地域の文化あるいは国民性の象徴となったという議論に終始する傾向にあった。しかし、現在のように世界のあらゆる地域でさまざまなスポーツが実践されている現状においては、当該地域の文化をひとつのスポーツに表象させるような描きかたではなく、スポーツという切り口から当該「社会」や「文化」のどのような面を浮き彫りにすることができるかという視点こそが必要であろう。本書ではそうした視点にたって、ひとつのバリオとスポーツとのかかわりに注目することで、ドミニカの伝統的な価値観とペロータの親和性がいくつもの異なる局面でみられることを明らかにした。

こうした議論を裏づけることになったのが、アメリカに移住した移民のペロータとの向きあいかたである。第五章で見たように、ドミニカの文化とまでよべるほどになったペロータをめぐる価値観は移民とともに越境し、移住先においても根づよく移民の生きかたを支配し、移住先の生活でも揺らぐことはなく、むしろ強化されていたのである。移民が出身国の文化を維持していることは、これまでも多くの研究者によって指摘されていたが、出身国のスポーツ文化が移民とともに越境し、移民コミュニティ独自の意味づけを加味して、実践されていることを指摘するものはなかった。さらに、これまでのトランスナショナリズム研究は、移民による移住先と出身社会への頻繁な往来が、トランスナショナルな場を形成することにつながっているとのイメージを生みだし、移民が出身社会にあたえる影響に関心を寄せる傾向にあった。だが、本書での事例からは、むしろさまざまな要因から出身地へ帰ることができない移民が大半であることが明らかになった。その理由となっているのが、移民が出身地のバリオの伝統的な文化にこだわりつづけた結果であった。つまり、出身地のバリオこそが移民を規定していたのである。そして、出身地のバリオへと帰ることができない移民が選んだ方法が、移住先に「出身地のバリオ」を再現することだったのである。ここから浮かびあがるのは、出身地のバリオの存在が一時帰国を遠ざけ、さらに出身地のバリオによってその寂しさを埋めようとする、出身地のバリオに翻弄されるドミニカ移民の生き様であった。そして、その出身地のバリオを重ねあわせることができるものは、ドミニカ本国において文化として根づくようになったペロータだったのである。

以上をふまえて、次の三点をもって本書の結論とする。ひとつは、本書では移民を送りだす側の出身地の人びとの視点からの考察をおこなうことで、移民からの送金をめぐる相互交渉の過程を浮き彫りにすることが可能となった。そこからは、これまでの議論では見落とされてきた送り出し社会の伝統的な価値観や規範が移民の送金を規定していることが明らかになった。次に、「野球移民」の移住経路やその過程に介在するさまざまな現地のアクターの実践を観察することで、ドミニカの人びとがトランスナショナルな世界の動きに対応するかたちで、伝統的な価値観を利用していることを指摘した。こうした過程のなかで、近代スポーツである野球が、ドミニカにおける相互扶助の規範や人間関係、クーニャとよばれる扶養義務システムといった伝統的な価値観にあわせるかたちでペロータという独自の意味をもつ存在へと変化していったことを指摘した。そこには、ＭＬＢのシステムに飲みこまれるどころか、反対に外部からもちこまれたシステムをうまく利用することで、自分たちの生活基盤を確保しようとしている人びとの姿があった。こうした事実は、従来の研究が、移民や外部からのアクターによって影響をあたえられるものとして描いてきた視点を相対化することになりうるものである。最後に、本書が移民社会におけるペロータとの関わりかたについて言及したのは、従来の研究が移民を移住先の「近代的」な価値観を身にまとったものとする前提のもとで、送り出し社会の「伝統的」な生活や価値観に変化をもたらす（もたらさない）ものという視点から考察することによって見過ごしてきた、送り出し社会と移住先社会との連続性を指摘するためだった。すでに述べてきたように、先行研究で多くみられる移民が送り出し社会の人びとを規定するというだけではなく、送り出し社会の人びとが移民を規定しているという事実は、国際移民研究に対して、送り出し社会の視点からの考察という切り口を提供するものだと考える。

第二節　「野球移民」からの応答

本書の問題意識は、なぜこれほど多くのドミニカ出身選手がMLBで活躍しているのか、また他のカリブ海地域の国と比べて、なぜドミニカだけが突出しているのかという点から出発していた。これまで「スポーツ移民」をめぐる先行研究は、世界経済システムの文脈のなかにスポーツ選手の国際移住という現象をあてはめるだけで、「スポーツ移民」という用語を使用しながらも、スポーツ選手の移民としての姿は描かれることはなかった。本書では、そうした限界を乗り越えるために、国際移民のカテゴリーのひとつとして「野球移民」を設け、その発生要因を世界経済の構造との関わりを視野にいれつつも、「野球移民」が誕生する社会やそこに暮らす人びとが、グローバリゼーションとどのように向きあっているのかといったミクロな視点からの考察も必要であることを提唱することで議論をはじめた。

本書でこれまで論じてきたように、「野球移民」の発生要因には、①世界経済とのつながり、②共同体の規範意識や価値観、③個人の動機、がそれぞれ相互に関係し、影響をあたえあっていることを明らかにしてきた。このように、人類学的な手法で詳細な記述をもとに実証的に論じたことは、以下の研究分野への貢献ができたと考える。

第一に、本書では、「スポーツ移民」あるいは「野球移民」というカテゴリーをもちいて、「野球移民」を生みだす背景となった移民送り出し社会の文化実践の特徴を明らかにした。とくに、「野球移民」による富の分配が、ドミニカにおける地域社会の扶養義務システムのネットワークであるクーニャにもとづきおこなわれていることを示した点で、スポーツ人類学という切り口から国際移民研究の新たな展望を開くことができたと考える。

第二に、本書が「野球移民」と送り出し社会の人びとの相互交渉を対象としたことにより、これまでのスポーツ人類学研究がスポーツそのものに着目することで見落としてきた近代スポーツとコミュニティの関係を考察する視点を提供できたと思われる。そして、本書における事例が、さまざまな条件によって生みだされものであるにせよ、「野球移民」をとおして当該社会を描きだし、移民を送り出し社会との連続性のなかに位置づけるという議論は、スポーツ人類学へ新しい方法論を提供することになると考える。以上をいいかえるならば、本書は「野球移民」をとおして、ドミニカの人びとの生活世界を明らかにしたものであり、国際移民研究とスポーツ人類学研究双方への新たな貢献をはたすものだといえよう。

注

1　ここで「スポーツ労働移民」と訳さないのは、冗長になることを避けるためであり、「スポーツ移民」という用語は、労働者として「南」の発展途上国から「北」の先進国へ向かう移民という意味で使用していることを断っておく。そのため、日本のプロ野球からアメリカのMLBに移籍する野球選手などの「北」から「北」へと移住する人びとは、「スポーツ移民」のなかにふくめないものとする。

2　マグワィヤは選手の移住先での定住度を基準に、国境を越えるスポーツ選手を、開拓者（pioneers）、定住者（settlers）、傭兵（mercenaries）、放浪するコスモポリタン（nomadic cosmopolitans）、帰還者（returnees）の五つのカテゴリーに分類し、野球選手は、契約金に動機づけられて移住をするが滞在期間が短いことを根拠に傭兵と位置づけている[Maguire 1996: 338-339]。

3　実際に、ドミニカでわたしが話を聞いたフリーゾーンで働く女性も、定期収入のある生活を経験したことで、アメリカへの移民願望をもつようになったと語っている。

4　ドミニカ政府は一九九四年に二重国籍の付与を法律で定めており、在外居住者に対しても国政選挙の投票権をあたえている。

5　最近になってドミニカ移民研究者による高校生向けの教科書が作成され、ドミニカ系生徒が多く在籍するニューヨーク、コネチカット、ニュージャージー州の高校で実験的に授業がおこなわれた。内容は、既存のドミニカ移民に関する研究書からの抜粋を使用し、ドミニカの歴史、移民のナラティブやインタビュー、スポーツや移民文学の項目で構成されている[Gallin et al eds. 2005]。

6　スラムとステレオタイプ・イメージについては、江口が、自分たちの「平穏」な生活を保証し、自分たちの道徳性をも正当化しようとする社会の最下層より上の層の人たちが、スラムという負のイメージをともなった空間とそこに住む人たちを創りだしてきたと述べている［江口 2001: 5］。

7 トルヒージョ独裁時代の功罪については、それだけで大きな研究テーマになるために本論文ではあつかうことは不可能である。すでに歴史学、社会学の分野でさまざまに検証がすすめられているが、文学作品のテーマとしても最近たてつづけに翻訳が出版されている［バルガス＝リョサ 2010; ディアス 2011］。

8 ドミニカではじめてのフリーゾーンは一九六九年に南東部の都市ラ・ロマーナに設置された。それから現在までのあいだに増減をくりかえしながら、五五か所前後で落ち着きをみせている。入居企業数は五七八社、従業員数は一二万五一一七人（二〇一一年）である。邦人企業は、大手下着メーカーのワコールが一社のみ操業している［丸谷 2013: 134-137］。

9 ドミニカ初の大リーガー、オジー・ビルヒルは、ドミニカ北西のハイチ国境近くの町モンテ・クリスティ出身で、二〇歳の頃アメリカ海軍で働いていた関係で、ニューヨークのクラブチームでプレーしていたところジャイアンツのスカウトの眼にとまったという。なお、褐色の肌をもつビルヒルが、大リーグでプレーできるようになったのは、ジャッキー・ロビンソンが人種差別の壁を壊してからである。彼以前は、黒人選手のみならず、アフリカに起源をもつドミニカ人やほかのカリブ海地域出身の選手には門戸は閉ざされていた。

10 正式なルートが閉ざされても、キューバ出身の大リーガーは誕生している。キューバ代表メンバーに選ばれた選手が、遠征先の宿舎から脱走し、その国に亡命を申請するケースである。これ以外に、キューバ系移民が多く暮らすマイアミで育った選手が、そのまま大リーガーになるケースもある。また、ボートでフロリダまで脱出し、そこからMLB球団との契約にこぎつけた選手もいる。

11 中日ドラゴンズには、広島東洋カープのアカデミーをへて通訳兼ブルペン捕手として採用されたルイス氏も在籍している。中日に所属していたドミニカ人選手が他球団に移籍するなど、現在の日本球界には育成選手枠制度を利用して、多くのドミニカ人選手が獲得される傾向にある。

12 人口数については、ドミニカ共和国国家統計局が二〇〇二年の国勢調査をまとめた『VIII CENSO 2002 Poblacion y Vivienda』から引用した。貧富の格差については、当時、JICAドミニカ共和国事務所の企画調査員をされていた浦野氏からいただいた調査報告書『ドミニカ共和国における貧困と地方間格差にかかる状況』(二〇〇四年七月)から引用させていただいた。記して感謝の意を示したい。

13 ブスコンという用語は、政治家や役場などにコネクションをもち、それらとの仲介をすることで手数料を得て生活をする人物、あるいは職業をさしていた。現在は、仲介という機能面から、野球選手を発掘して球団に売りこむ人物や、非合法的越境を仲介する人物もブスコンとよばれるようになった。

14 二〇〇五年一月一三日、サント・ドミンゴのキスケージャ球場内にあるドミニカ・スカウト協会事務所にて、ロサンゼルス・ドジャースのスカウトにインタビューをおこない、資料として『Minor League First Year Signings』のコピーをいただいた。これは、二〇〇四年一~二月末までのあいだに二三チームのアカデミーと契約した選手情報と契約金額がリストアップされている貴重な資料である。

15 毎年六~八月にかけて開催されるこのリーグ戦は資本家が都市単位で有力選手を集めてチームを構成するセミ・プロのようなリーグであり、月に一〇〇〇ペソ程度の報酬が支払われることや、市単位での選抜チームのためにレベルは高い。近年では、アメリカに暮らすドミニカ移民がオーナーとなるケースが増えている。

16 クラインもまた、近著でブスコンをMLBのリクルート・システムの末端に位置づけているが、ここでも彼は表面的な役割だけを取りあげ、垂直的な関係としてとらえている[Klein 2011]。

17　モロとは、ドミニカの一般的な家庭料理で、コメと一緒にインゲンマメ、タマネギ、ニンニク、香草をいれて、トマト缶をくわえて炊きこんだものである。通常は鍋のなかに鶏肉のさまざまな部位をいれて炊きこむが、貧しい家庭では肉なしのモロだけを食べることが多く、モロに肉がはいっていないことが家計の窮状をあらわすことばとしてしばしば使われる。

18　空き地や路地で、ボテジョン（*Botellon*）とよばれる飲料水用ポリタンクのプラスチックの蓋をボールに、拾ってきた棒きれをバットにして遊ぶものをさす（141ページ 写真16参照）。

19　一九八〇年代あたりから、ジョラ（*yola*）とよばれる小型ボートで二日間かけてプエルト・リコに密航する人びとが増加し、遭難や熱中症で命を落とす人が続出し社会問題になっている。

20　ドミニカでは、正式な名前でよばれることは少なく、ほとんどの場合はあだ名が使用されている。身体的な特徴から名づけられたものや、好きな食べ物や趣味からとられたものが多い。

21　B地区をはじめ、ドミニカの貧困層の多くは結婚式をあげないために、コンパドラスゴについても、子どもの洗礼式をつうじた関係しか確認できなかった。なお、結婚式のかわりに、ベサ・ラ・マノ（*besa la mano*）とよばれる儀礼がある。それは男性が処女の女性と暮らすまえに、女性の母親を訪ねて許しを乞うものである。調査中、B地区で一度だけこの儀礼がおこなわれているのを確認できた。週末の夜に女性の家に出向き、親族や隣人が集まり、料理や飲み物がふるまわれる。

22　洗礼式（*bautizo*）というよびかたと聖水で清める（*echar agua*）といういいかたが併存していたが、いずれもカトリックの本来の意味ではなく、邪視から赤ちゃんを守るためにするべきだとの考えにもとづきおこなわれていた。邪視については第三節でもふれるが、B地区では、相手が自分のことをほめるときには気をつけなければいけないとされている。一般的な例は、家具の購入後や新しい服を着ているときなどが「妬み」の対象となる。小さな子どもが、大人の目をみつめることは、邪視につながる悪い習慣とされ、きびしく注意される。

23 コンパドレ同士の関係は、カトリックの教えにもとづきサクラメント・デ・コンパドレ（*sacrament de compadre*：コンパドレの聖跡）として認識され、たがいを裏切らず、つねに尊敬をもって接すべきものという考えが共有されている。

24 アメリカに渡るためにドミニカ人が申請するのは、短期滞在査証かツーリスト査証である。申請書が提出されるとドミニカ人を使って、申請書類に虚偽がないかを内偵調査をする。そのため、近年では虚偽の書類を使った申請は減る傾向にある。

25 ペッサールは結婚ビジネスを利用して滞在資格を得た経験者の話から、一九七〇年代で二〇〇〇ドル（約一八万円）が必要だったと記述している［Pessar 1995: 12］。

26 中米経由での非合法越境にかかる費用（コヨーテとよばれる斡旋人への報酬）は、一九九八年で五三〇〇ドル（約四八万円）、二〇一二年で一万三〇〇〇ドル（約一一八万円）である。二〇一二年一月、フィールドノート18（112ページ）でプエルト・リコへの密航に失敗したベヘがB地区を出発し、グァテマラ経由でボストンへと向かったときの費用である。わたしはちょうどこの渡航時にB地区での調査中だったために、ヒュースト ンに到着したことを姉に知らせるべへの電話で渡航時の様子を知ることができた。それによると、コヨーテの態度は紳士的だが、深夜の時間帯を選んで山のなかや国境の川を歩いて渡る行程がつらかったとのことであった。

27 自国の産業が未発達ゆえに、海外移住と先進国からの経済援助に依存する国家運営に対して、経済学者はMIRAB経済ないし社会と定義され、移住（migration）、送金（remitances）、海外援助（aid）、官僚制（bureaucracy）の頭文字からなる造語とされている［須藤 2008: 5］。

28 これ以外にも、女性移民がドミニカとボストンでの暮らしの違いについて、夫が外でほかの女性と過ごさずに家にいることが多くなり、家事や子育てを手伝うようになったと話すのを聞いて、故郷の女性たちが夫との公正な関係を望むようになるという変化が生じているという。一方、移民が故郷に残してきた子どもたちは、将来アメリカに呼び寄せられることを見越し、教育への関心を失う傾向にあり、学校を中退するものが増加していると指摘する[Levitt 2001: 84-85, 102-103]。

29 ドミニカでは、移民女性が残していった子どもの養育を祖母やオバがになうことが一般的である。そのため、非合法越境で移住した母親と一〇年以上も顔をあわせることがないケースもよくみられる。その際、育ててくれた親族を「ママ」とよび生物学上の母親よりも愛着を抱くことにもつながっている。また、すでに述べたように、B地区のように拡大家族の成員が近隣に居住することで、子どもの養育はより大きな範囲でおこなわれていることがいえる。こうした親子関係の事例は、生物学的な親子関係を前提とする親族研究を相対化しうる可能性を有しているが、こうした点についてイタリアの事例をもとに「親子関係の複数性」の視点から考察している宇田川の論考が参考になる[宇田川 2011]。

30 ドミニカには台湾系の人びとが多く暮らしており、首都サント・ドミンゴには中華街がある。近年、地方都市にも中華料理店が進出し、ドミニカ人が好む鶏肉の唐揚げを安い値段で売るために、ドミニカ人の同業者と緊張関係にある。ドミニカ人は中華料理店のことを「揚げた鶏肉」を意味するピカ・ポージョ（*pica pollo*）とよんでいるが、ピカは「からい」という意味をもっている。

31 ドミニカ政府は、クリスマス・シーズンにあたる一二～一月にかけては入国の際にかかる関税を免除する措置をとっている。これは、移民が帰郷する時期であり、免税にすることで、海外からの土産物を国内にもちこみやすくするためである。

32 ただし、毎年のように帰国するものとの違いは、家族側の歓迎にみられる。トニーの家族は、八年ぶりに帰国できたことに感謝するために、*palo*（パロ）とよばれる伝統的な儀礼を開いている。これは、カトリックとドミニカ土着の宗教が混じった儀礼で、人生の成功を感謝するとき、幸運を祈る際などに催される。

33　アルベルトがテハダの姉マリベルのコンパドレであることも影響している。ラテンアメリカのパトロン・クライアント関係は、コンパドラスゴの関係から移行することが多く、フォスターもこの点を指摘している[Foster 1963: 1283]。

34　人間と超自然的存在である神や聖人との関係もこうした文脈において、パトロン・クライアント関係とよぶことが可能である。次節で詳述するように、ドミニカの人びとは、それぞれの守護聖人を拝している。彼らは聖人からの精神的な庇護をうけているという意味において、パトロネージが行使されていると考えられる[cf. Foster 1963]。

35　ドミニカの葬儀はレソ（*rezo*：祈り）とよばれる。日本の通夜と葬儀にあたる日はブルーハがよばれて祈りを捧げる。地域の人びとはひとりずつ棺のなかの死者に別れを告げたあと、家のまえに並べられた椅子に座ってドミノなどをしながら徹夜で見送る。ラム酒をまわし飲みすることも多く、にぎやかな雰囲気である。親族は参列者にコーヒーと飴玉を配る。遺体は、葬儀の日に郊外の墓で土葬にされる。二〇代の若者やマネンガのように事件や事故にまきこまれた際は、その家がある通りの両側にロウソクが等間隔に並べられる。九日目に再度、ブルーハによって祈りが捧げられ、参列者に昼食がふるまわれて終了となる。

36　パーヤやソンブレロは、バニ市の南側地域にある比較的裕福な人びとが暮らす町である。

37　ジョージが、アメリカへの移住が増加する要因として、アメリカの政治経済的な影響をあげる際に、ドミニカの野球を例にあげて、以下のように述べている。「一九一六～二四年のアメリカによる軍事統治がおこなわれるまでは、闘鶏が「国技」として存在していた。しかし、占領がドミニカの文化を刷新し、野球は人気面で闘鶏を追い越した。その結果、いまやドミニカはアメリカのMLBにもっとも多くの選手を送る国になった」[George 1990: 47]。だが、すでに述べたように、占領がドミニカ文化を刷新したのではなく、野球が新たな「国技」になったわけでもない。ドミニカの伝統的な文化を実践できるものとして野球はペロータと読みかえられたとみるべきである。

38 U.S. Census Bureau 2005-2009 American Community Survey 5-Year Estimatesのヒスパニックもしくはラティーノ・カテゴリーの人口は約五二〇〇人であったが、ドミニカ系コミュニティ紙の編集長へのインタビューから、約三〇〇〇人と推定した。

39 ドミニカ系住民が多く暮らすこの町では、学校も多言語サービスを実施しており、スクールバスの時刻表はスペイン語で書かれたものが冷蔵庫のドアに貼られていた。滞在中には、移民の言語使用状況の調査も実施したが、ほとんどの移民が母語であるスペイン語を維持していることが明らかになった。それはスペイン語のみで生活を送れる環境にあることを示しているが、それにはホスト社会がいかに移民の言語権を公的レベルで保障しようとしているかが読みとれる。こうしたアメリカ社会の状況に対し、日本の移民言語をとりまく研究・実践面における取り組みは遅れをとっているのが現状である。数少ない先駆的な研究成果については、以下のものが参考になる[真田・庄司 2005]。

40 「五七〇」という名前は、H市の市街局番からとられた。現在は、殺人事件が起こったことが原因で閉鎖している。ドミニカ人のオーナーは、ニューヨークとH市を結ぶ乗り合いタクシーの会社も経営しており、ドミニカ系コミュニティにおける人のつながりを生みだすビジネスを展開している。

おわりに

「野球移民」との出会いは偶然だった。

野茂英雄投手がアメリカのＭＬＢ球団のドジャースに移籍すると、彼の登板試合がＮＨＫの衛星放送で中継されることになった。野茂投手はこのシーズンに一三勝をあげて新人王を獲得するが、前年からのストライキに辟易としていたアメリカの野球ファンを熱狂の渦に巻きこみ、「ＮＯＭＯマニア」なることばまで誕生した。日本国内での盛りあがりはあらためて書くまでもないだろう。登板試合の観戦ツアーが企画されるなど、野茂投手の移籍をきっかけにＭＬＢファンになる人びとが続出した。

一九九五年のことである。この年は、阪神淡路大震災にはじまり、三月には地下鉄サリン事件が起こるなど社会全体にいいようのない閉塞感が漂っていた。わたしはといえば、高校を卒業したものの、やりたいことがみつからず、大学に進学すべきかどうかを悩み、自分の将来像を明確に描くことができないまま、奈良の山奥で鬱屈とした日々を過ごしていた。父親からは、毎晩のように予備校に通って大学に進学するようにと言われつづけた。そのたびに、「やりたいことがないのに大学に行く意味などない」と答えていたが、それはただ、父親への青臭い反発心だったのかもしれない。しかし、どうしても大学進学に魅力を感じなかったのも事実である。

三か月ほど話しあいという名の口論がつづいたある日の夕食後。少し酒のはいった父親がテーブルに出刃包丁を置き、「大学に行かへんのやったら、これでワシを刺せ。それができへんくらいやったら大学に行け」と言った。馬鹿息子への最後通牒だった。翌朝、近所の土建屋の社長に頭をさげ、しばらく働かせてもらうことになった。父親に言われるがまま、大学に進学することだけはどうしてもできなかったのだが、心の奥底では、どこでもいいから居場所をみつけて、こんな宙ぶらりんな毎日にケリをつけたいと思っていたのである。慣れない肉体労働に疲れ果て、夕食後すぐ睡魔に襲われ、気がつけば翌朝になっているという暮らしのなかで、将来のことを考える暇もなくなっていた。しかし、雨で仕事のない日にひとりで家にいると、このままでいいのだろうかという思いが頭をよぎるのだった。

テレビ画面の向こう側には、単身で海を渡り、大リーガーたちを相手に淡々とボールを投げ込む野茂投手がいた。カリフォルニアの透きとおるような青空がまぶしかった。わたしは、父親の言うように、ただ現実逃避をしているだけなのだろうか。いつかは野茂投手のように、なにものかになれるのだろうか。世のなかからひとり取り残されたような孤独感に押しつぶされそうになりながら、それでも必死でなにかにしがみつこうとしていた。それが衛星放送だったのである。

ある日のテレビ中継で、「ドジャースは多国籍球団とよばれており、さまざまな国の選手が在籍しています」とアナウンサーが話すのを聞いた。言われてみればたしかに、ドミニカ出身のラウル・モンデシー選手やイタリア系アメリカ人のマイク・ピアッザ選手のほかにも、プエルト・リコ、韓国、メキシコに出自をもつ選手たちが出場しているではないか。

衝撃に近い感覚だった。

アメリカが移民の国とよばれていることは知っていたが、外国人枠が存在する日本のプロ野球を見慣れてきた身からすれば、にわかには信じられなかったからだ。しかし、それ以降の野茂投手が対戦する試合でも、さまざまな国と地域にルーツをもつ選手たちがあたりまえのように出場しているのを目にするようになる。アナウンサーの言うとおりだった。実際に自分の目でこれほど多様な背景をもつ選手たちがおなじ試合に出場している光景を見て、ようやく納得することができた。

こんなことがあったのでMLBの選手名鑑を買ってきて選手の出身地を拾いあげてみると、なんと全選手のうち三割近くが外国出身の選手だった。とくに中米・カリブ海地域に集中している。アメリカ生まれとなっている選手でも名前がスペイン語読みの選手（祖先にラテンアメリカ出身をもつ者）をくわえると、その比率はさらにあがる。MLBにたどりついた経緯はそれぞれ違うだろうが、国境を越えてアメリカにやってきた数多くの移民たちと同様に、彼らもまたMLBで野球をするために国境を越えてきた移民たちといえないだろうか、といったことを考えるようになったのである。

ラテンアメリカ出身の移民といえば、ちょうど日本でも日系ブラジル人や日系ペルー人の姿が目立つようになっていた。わたしはといえば、現場仕事で貯めた金でクレーン運転士の資格を取得し、阪神大震災の復興現場で働きはじめたところだった。そして、復興現場でひとりの日系ペルー人と知りあいになったことをきっかけに、「駅前留学」でスペイン語を習いはじめたのである。彼らがいつもペルー人仲間としか話そうとしないので、なんとかコミュニケーションをとりたいと思ったからだった。高校時代、在日コリアンの同級生と接する機会はあったが、労働者として実際に働いている「移民」と出会ったことはなく、彼らがなぜ日本にやってきて、日本でどのような生活をしているのか、日々なにを感じているのかを直接、彼らの肉声をとおして聞いてみたかったのである。

片言のスペイン語が話せるようになったわたしを、現場で知りあった日系ペルー人たちはおもしろがってくれ、そのなかのひとりと梅田（大阪）のペルー料理屋で頻繁に会うようになった。ペルーに渡った祖父母のこと、日本の生活での苦労話などを教えてくれた。ゆっくりとしぼりだされる片言の日本語が、わたしの心の襞をふるわせた。ショックだった。

どの話も、わたしにははじめて聞く内容だったのである。自分が生きてきた世界がいかに狭いものでしかなかったかを思い知らされた。とにかく世界を知らなければいけない。もっといろんなことを経験しなければならない。焦燥感にかられたわたしは、気がつけば目的地も決めないまま大阪駅前の旅行代理店を訪ねていた。

わたしの順番になり、カウンターに案内されると二〇代後半くらいの女性スタッフが対応してくれることになった。

「行き先はどちらをお考えですか？」

「じつはまだ決めてなくて……」

「えっ⁉」

そんな客は珍しかったのだろう。心の底から驚いたという顔でわたしを眺める。はじめての海外旅行で、旅行代理店にすら来たこともなかったわたしはよほど心細そうに見えたに違いない。口調がすこし優しくなった。

「趣味とか、いま興味のあることってなんですか？」

「野球はずっとやってたし……。あと、最近スペイン語を習いはじめました」

目を閉じて、しばらく考えこむ。頭のなかで国名を探しているのだろうか。

「じゃ、ドミニカなんかはどう？」

運命だったとしか思えない。ドミニカといえば、野茂投手の同僚であるモンデシー選手の出身国ではないか。

彼女はさらに、ドミニカへはアメリカ経由で行くのだからと、北米三都市を周遊できるチケットを手配してくれた。若いうちにいろんな場所を見ておきなさいというメッセージだった。せっかくなので、中南米からの移民が多く集住する都市を選び、ロサンゼルス（メキシコ系）、マイアミ（キューバ系）、ニューヨーク（プエルト・リコ系）に立ち寄ることにした。一九九八年の冬の出来事である。

ドミニカはあまりにも日本と違いすぎて、当時のわたしには消化できなかった。まして、はじめての海外旅行に出かけた二〇歳そこそこの若者である。目的地までたどり着くのに必死で、じっくり景色をながめる余裕すらなかったことを覚えている。唯一印象に残っているのは、公園や空き地に限らず街中の路地という路地で、少年たちが野球をしていたことだった。野球といえば誤解を招くかもしれない。石ころをボロ布でまいてつくったボールを、木の棒で打つだけのペロータである。宿の近くの空き地でも、毎日、夕方になるとおなじ少年たちが遊んでいた。顔見知りになったわたしは、気がつけば彼らにまじって日が暮れるまで遊んでいくようになっていた。

ある日、ひとりの少年がわたしを宿まで送ってくれた。宿に着いたとたん、彼は血相を変えてまくしたてはじめた。なんとなく理解できたのは、「ここは連れこみ宿だから、いますぐ出ていくべきだ」ということだった。ここに決めたのは、ガイドブックに紹介されている宿の価格と比べても安く、長期滞在を予定していたわたしにはありがたかったからだが、ここまで言われてこの宿に居座る理由もないように思えた。少年は、とりあえず新しい宿がみつかるまでは自分の家に泊まればいいと言って、わたしを家に連れていき、母親に交渉してくれたのである。これがわたしにとっての居候式参与観察の初体験となった。この旅をとおしてわたしは、金額だけが宿選びの基準ではないことを知り、誘われたら断ってはいけないことを学んだ。いまから思えば、この旅は人類学のフィールドワークの真似事みたいなものだった。確実にわたしの内部でなにかがめばえはじめていた。

ニューヨーク、ロサンゼルス、マイアミに立ち寄り、アメリカの移民社会を肌で感じて帰国すると、ある私立大学で事務員の職を得て、夜間大学に入学した。夕方に職場を出て、一八時からの授業に駆けこむ日々のなかで、移民について書かれた本を読みあさるようになっていく。学問がおもしろくて仕方なかった。次々と興味や関心が湧きあがってきたのを覚えている。その大学で移民に関する講義を担当していたのが文化人類学者だった。わたしは、そこではじめてフィールドワークということばを知り、それが文化人類学という学問にとって不可欠なものであることを知る。ここにきてようやく、人生を賭けてもいいと思えるものにめぐりあったのだ。

高校を卒業して七年がたっていた。

＊＊＊

二〇〇四年一二月。一〇年ぶりにドミニカの空港に降りたった。修士論文を執筆するためのフィールドワークである。この日から二〇一三年までにわたしが見聞きしたことをまとめたものが本書である。

調査中は、B地区のメレンシアーノ家に滞在させてもらうことになったが、そのきっかけもまた偶然によるものだった。首都サント・ドミンゴでの予備調査に目処がつき、フィールド先を探しはじめたものの、こちらの条件にあう地域がなかなかみつからずに苦労していた。その条件とは、①滞在先の家族にプロ契約選手がいること、②その家族にアメリカに渡っている移民がいること、③その地域から大リーガーが誕生していること、の三点だった。

まず、たくさんの大リーガーが誕生しているサンペドロ・デ・マコリスで滞在先を探すことにし、あらゆる「つて」を頼り、何度も下見に出かけた。しかし、すべての条件にあった家族があっても、得体の知れない日本人をいきなりうけいれてくれる家族はみつからず、ひとり暮らしもやむなしという方向に傾きかけていた。

ある日、いつものようにセントロ・オリンピコ（オリンピック・センター）内にあるロンブレイの野球教室で少年たちと話していると、ドミニカのソフトボール代表選手のひとりが声をかけてきた。それが、メレンシアーノ家の長男であり、元アカデミー契約選手のジョニーである。わたしが滞在先を探していることを知ると、自分の姉と弟がアメリカに移民として渡っていること、彼の実家があるバリオが、大リーガーのテハダとビスカイーノの出身地だということを教えてくれた。さらに、「現在、父親が子どもたちを訪ねて渡米しているが、母親と三歳になる息子とオイしかいないので、男性であるおまえが住んでくれたら安心だ」と言う。そして、「次の週末に一緒にバニの実家に行こう。決めるのはそれからでもいいから」と誘ってくれたのである。

その日からメレンシアーノ家とB地区の人たちとの関係がはじまり、現在にいたっている。この一〇年間をふりかえると、彼らの人生に身をゆだねるようにしてフィールドワークをしてきたように思う。ジョニーは、二〇〇八年に軍隊の仕事を辞め、B地区の実家に戻っていた。ちょうど博士課程に進み、二度目の長期調査をするわたしにあわせたかのようなタイミングだった。定職にはつかず近所の子どもたちにペロータを教えるようになっていた。四歳年下とはいえ、二m近い長身のジョニーはまさに兄貴分だった。文化人類学という学問をおもしろがり、B地区の人びとを次々に紹介してくれるだけではなく、わたしが行きたいと言えば、バイクの後部座席に乗せて、バニ中どこへでも案内してくれた。

ジョニーに転機が訪れたのは、二〇〇八年の一一月だった。母親のレイナに癌がみつかり、その治療費を稼ぐためにアメリカへの移住を決断し、翌年三月にはペンシルバニアに暮らす弟のフェリンを頼って渡米する。わたしも彼の旅に同行し、フェリンの家を訪ねた。移民社会の調査はこうしてはじまったのである。

それ以降の調査時には、まずペンシルバニアのジョニーのもとを訪ねてから、ドミニカへと向かうようになった。おかげでドミニカ移民の実態について観察する機会を得て、彼らの日常生活や故郷への思い、そしてペロータとの関わりについて知ることができた（第五章）。本文中に登場するエピソードの数々は、ジョニーと過ごした濃密な時間のほんの一部を切り取ったにすぎない。しかし、本書がジョニーとともに実施したフィールドワークによって書かれたものである以上、ふたりの共同作業であることは言うまでもない。

現在、ジョニーは諸事情により、アメリカの移民局に拘束され、ドミニカに強制送還をされる手続き中である。そのため、本書の出版を報告することがかなわないでいる。あらためて調査期間中のことをふりかえると、週末のコルマドでビールやラム酒を飲みながら、ほんとうにたくさんの会話をしてきたことに気づかされる。とりわけ、ふとした瞬間にもらす彼のライフヒストリーを聞くのが好きだった。その一言一句がこぼれ落ちないように、あわててフィールドノートにメモをした日々がよみがえる。いま、あらためてノートを見返すと、ジョニーのこんなことばが記されていた。

「ドミニカの観光ガイドブックみたいなものは書かないでくれ。ビーチリゾート、世界遺産、温厚な人柄……。そんなきれいごとはウンザリだ。おまえは長期間、B地区に暮らして現実の生活を見たのだから、ありのままのドミニカの姿を日本人に伝えてくれ」

B地区のコルマドで再会の杯をかわすことを願うばかりである。

ジョニーの母親であるレイナには感謝のことばをいくら伝えても足りない。見ず知らずのわたしをうけいれてくれたうえに、つねに気づかい、おいしい手料理をふるまってくれた。手術に必要となり、輸血に協力したわたしを「おなじ血が流れている」と実の息子のようにかわいがってくれた。現在、車椅子での生活を余儀なくされているレイナがいつまでも元気でいてくれることを祈りたい。

そのほか、調査では数えきれないほどの方がたにお世話になった。ペンシルバニアでの居候先となったフェリン、姉のスーニーをはじめとするH市の「ドミニカンヨルク」のみなさん、調査を許可してくださったタンパベイ・レイズのみなさんがいなければ、本書は完成しなかった。また、首都サント・ドミンゴに暮らし、野球選手を発掘しつづける萩原健太君は、おなじ時期にドミニカにやってきて、その後の一〇年間を過ごした同志である。彼と過ごす時間が、フィールドワークで凝りかたまったわたしの思考を相対化してくれる貴重な機会となった。最近は、会うたびに「この一〇年、いろんなことがあったな」などと居酒屋のサラリーマンのような会話をしてしまっている私たち。今後の益々の活躍を祈りたい。広島東洋カープ（ベースボール・アカデミー）の上之光紀さん（故人）、日本食の定食屋を営んでおられた安岡順子さん、自宅でドミニカでの移住生活について話してくれた瀬藤秀明・幸子夫妻、在ドミニカ共和国日本大使館、JICAドミニカ共和国事務所のみなさん、わたしの拙いスペイン語での質問に貴重な時間を割いてくださったB地区の方がたすべてに記して感謝する。

本書は、総合研究大学院大学文化科学研究科に二〇一五年に提出した博士論文を加筆・修正したものである。博士論文の執筆にあたっては、総合研究大学院大学文化科学研究科の先生がたにお世話になった。なによりもまず、主指導教官の庄司博史先生（国立民族学博物館名誉教授）と南真木人先生（国立民族学博物館准教授）に感謝の意を捧げたい。庄司先生は、学部生時代に先生の主催される研究会に参加したのが縁で、博士課程の指導まで引きうけていただけることになった。言語学が専門にもかかわらず、「野球移民」というテーマを標榜するわたしをうけいれてくださったのは、移民研究という共通点からだった。博士課程ではじめての調査に出発するまえにいただいた「現地での君の感覚を大切にしなさい」というアドバイスが、調査中にくじけそうになるわたしを幾度となく勇気づけてくれた。先生の定年退官まえに博士論文を提出することができたのが、唯一の恩返しだと思っている。

南真木人先生は、「野球移民」というテーマをおもしろがってくださり、次々と貴重なアイデアを出していただいた。論文執筆中は、細部にいたるまで目をとおしていただき、つねに建設的なコメントをくださった。先生はいつもわたしの拙い主張に最後まで耳を傾けたうえで、わたしが言いたいことを的確に整理してくださった。さらに、私的な相談にまでのっていただき、かならずわたしの判断を応援してくださった。先生がいらっしゃらなければ、研究者をつづけてこられなかったに違いない。

小長谷有紀先生（国立民族学博物館教授）には、ご多忙をきわめていらしたにもかかわらず、論文ゼミに出席していただき、貴重なコメントをくださった。また、博士論文の原稿にも目をとおしていただき、正しい方向に導いていただいた。杉本尚次先生（同博物館名誉教授）は、博士課程一年目からわたしの研究を応援してくださり、論文審査も引きうけていただいた。先生の先駆的な研究が本書の礎となっている。須藤健一先生（国立民族学博物館長）には、神戸大学の修士時代からご指導をいただいた。民博の館長になられたあとも、廊下でお会いした際には、いつも激励のことばをかけていただいた。先生によるオセアニアからアメリカに渡る移民をあつかった研究が、人類学的手法で移民研究をすすめるうえでの羅針盤となった。ご多忙な業務のあいまをぬって、論文審査の公開発表会に来ていただいたことは一生忘れることはできない。

修士課程から論文の執筆と審査にいたるまで、以下の先生がたのアドバイスをいただいた。大森康宏先生（国立民族学博物館名誉教授）、松山利夫先生（同名誉教授）、中牧弘允先生（同名誉教授）、岸上伸啓先生（同教授）、竹沢尚一郎先生（同教授）、鈴木紀先生（同教授）、出口正之先生（同教授）、樫永真佐夫先生（同教授）、宇田川妙子先生（同准教授）、柴田佳子先生（神戸大学）、細谷広美先生（成蹊大学）、合田濤先生（神戸大学名誉教授）、吉岡政徳先生（神戸大学）、中谷哲弥先生（奈良県立大学）、奥野克己先生（京都文教大学）、橋本和也先生（京都文教大学）、江口一久先生（故人）、江口信清先生（故人）。わたしの怠慢と力量不足ゆえ、先生がたからの貴重なコメントを活かしきれなかったが、これからの研究につなげていきたい。

また、院生の先輩がた、同期や後輩たちは、夜間大学出身のわたしに、はじめての「学生生活」を提供してくれた。おなじ時期に、いろんな地域でフィールドワークをしている仲間がいることが、いちばんの心の支えとなったことを覚えている。とても楽しい「学生生活」だった。その同期の儀貝日月さんが営む清水弘文堂書房から本書を出版できるのもなにかの縁である。構成から編集にいたるまで大変お世話になった。記して感謝の意を伝えたい。

本書の執筆にかかわる調査のために、以下の助成をうけた。日本学術振興会科学研究費補助金「多言語社会における移民言語状況と移民言語政策の国際比較」研究代表者庄司博史、（平成二〇年度〜平成二二年度）、日本学術振興

会特別研究員奨励費（平成二一年度～平成二四年度）。

また、本書の出版は、日本学術振興会平成二七年度科学研究費補助金（研究成果公開促進費「学術図書」）の助成をうけて実現した。ここにお礼をもうしあげたい。

ようやく大学に進学し、安定した職についたにもかかわらず、修士論文を書くためとの理由で退職し、ドミニカに旅立ったわたしを父親はどのような思いで見守っていたのだろう。本書を手渡し、胸をはって自分の選択した人生を報告するつもりだった。「これが俺のしたかったことなんや」と。

しかし、それはかなわなかった。今年の一月一四日、本書の刊行を待たずに父親は急逝した。末期のすい臓がんだった。入院から二か月のあっというまの出来事で、ゆっくりと「お別れ」をする時間もなかった。あまりにあっけない旅立ちに、いまだに心の整理がつかない。もう少しだけでも生きていて欲しかったという思いと、父親はわかってくれていたはずだという思いが、交互に浮かんでは消える。

くしくも、父親が亡くなる二日まえ、長女の莉麻が誕生し、わたしも父親になった。まだ、実感は湧かないが、これから時間をかけて「父親」になっていきたい。これまで父親とわたしのあいだにはいり、苦労ばかりをかけてきた母親に心から感謝の意を捧げたい。

それにしても、と思う。なぜ父親はあそこまで頑なだったのだろう、と。その真意は永遠に聞くことはできなくなった。いまはただ、本書を霊前に捧げるのみである。

「オヤジ、ほんまにありがとう」

二〇一六年一月

窪田　暁

索引

欧字

あ

か

は

引用文献

（　）内は、原著の出版年

邦文／邦訳文献

足立聿宏
　2010「ハワイ AJA 野球リーグ――野球に見るハワイ日系人民族意識の変化」『日本移民学会第 20 回年次大会抄録集』日本移民学会、p. 5。
アパデュライ、アルジュン
　2004（1996）『さまよえる近代』門田健一（訳）平凡社。
伊藤幹治
　2004『贈与交換の人類学』筑摩書房。
上杉富之
　2004「人類学から見たトランスナショナリズム研究――研究の成立と展開及び転換」『日本常民文化紀要』（成城大学大学院文学研究科）24: 1-43。
宇田川妙子
　2011「親子関係の複数性という視点からの親族研究再考――イタリアの事例とともに」『文化人類学』75(4): 574-601。
浦野千佳子
　2004『ドミニカ共和国における貧困と地方間格差にかかる状況』JICA ドミニカ共和国事務所。
江口信清
　2001「ネガティブな他者の創出――カリブ海ドミニカ国のスラムの事例」『生活世界としての「スラム」――外部者の言説・住民の肉声』藤巻正巳（編）、pp.1-27、古今書院。
小ヶ谷千穂
　2011「国際移動とジェンダー――フィリピンの事例から」『ジェンダー人類学を読む』宇田川妙子・中谷文美（編）、pp. 240-259、世界思想社。
奥田若菜
　2008「嫉妬する目――ブラジルにおける邪視と社会格差」『年報人間科学』（大阪大学大学院人間科学研究科）29: 117-131。
カースルズ、ステファン／ミラー、M. J.
　1996（1993）『国際移民の時代』関根政美他（訳）名古屋大学出版会。

ギアツ、クリフォード
1987（1973）『文化の解釈学Ⅱ』吉田禎吾他（訳）岩波現代選書。
金　明美
2006『サッカーからみる日韓のナショナリティとローカリティ――地域スポーツ実践の場への文化人類学的アプローチ』御茶の水書房。
窪田　暁
2006「越境する野球移民――ドミニカ共和国におけるトランスナショナリズムの一諸相」『ぽぷるす』第5号、pp.1-48、神戸大学社会人類学研究会。
2014a「グローバリゼーションとスポーツ移民」早稲田大学スポーツナレッジ研究会編『グローバリゼーションとスポーツ』、pp.114-128、創文企画。
2014b「オリンピック」『世界民族百科事典』国立民族学博物館編、pp. 372-373、丸善出版。
2014c「「野球移民」の誕生――ドミニカ共和国における移民像の創出過程」『総研大文化科学研究』10: pp. 273-296。
サッセン、サスキア
2004（1998）『グローバル空間の政治経済学――都市・移民・情報化』（田淵太一他訳）岩波書店。
真田信治・庄司博史（編）
2005『事典 日本の多言語社会』岩波書店。
杉本尚次
2005「多国籍ベースボールの時代」『季刊民族学』111: 42-55、千里文化財団。
須藤健一
2008『オセアニアの人類学』風響社。
谷口輝世子
2004『帝国化するメジャーリーグ――増加する外国人選手とMLBの市場拡大戦略』明石書店。
丹野　正
1991「「分かち合いとしての「分配」――アカ・ピグミー社会の基本的性格」『ヒトの自然誌』田中二郎・掛谷誠（編）、pp. 35-57、平凡社。
ディアス、ジュノ
2011（2007）『オスカー・ワオの短く凄まじい人生』都甲幸治・久保尚美（訳）新潮社。
戸上宋賢
2010「日本の野球に貢献したハワイとアメリカ本土の人々」『日本移民学会第20回年次大会抄録集』日本移民学会、p.6。

長坂　格
2009『国境を越えるフィリピン村民の民族誌——トランスナショナリズムの人類学』明石書店。
二宮健一
2001「英語圏カリブ海地域における男性性研究の展開——黒人男性の「周縁性」議論を中心として」『ラテンアメリカ研究年報』32: 195-213。
ハイデン、ゴラン
2001「情の経済とモラル・エコノミー——比較の視点から」鶴田格・黒田真（訳）『アフリカ研究』70: 35-50。
橋本和也
2001「スポーツにおける語りと土着性——近代スポーツの土着化」『スポーツ人類学研究』3: 1-17。
2006『ラグビー＆サッカー in フィジー——スポーツをフィールドワーク』（京都文教大学文化人類学ブックレット No. 1）風響社。
バルガス＝リョサ、マリオ
2010（2000）『チボの饗宴』八重樫克彦・八重樫由貴子（訳）作品社。
樋口直人
2006「移住システムと移民コミュニティの形成」『顔の見えない定住化——日系ブラジル人と国家・市場・移民ネットワーク』梶田孝道・丹野清人・樋口直人（共著）、pp. 76-105、名古屋大学出版会。
丸谷雄一郎
2014「フリーゾーン産業の興隆——1980年新法制定以降に発展した繊維産業」『ドミニカ共和国を知るための60章』国本伊代（編）、pp. 134-137、明石書店。
南真木人
2014「移民送り出しシステムとネットワーク」『世界民族百科事典』国立民族学博物館編、pp. 334-335、丸善出版。
モース、マルセル
2006『贈与論他二篇』森山工（訳）岩波書店。

欧文文献

Amin, Samir
1974 *Modern Migrations in Western Africa*. Oxford: Oxford University Press.

Bale, John and Maguire, Joseph

1994 *The Global Sports Arena: Athletic Talent Migration in an Interdependent World.* London: Frank Cass.

Barrow, Christine

1998 "Caribbean Masculinity and Family: Revisiting 'Marginality' and 'Reputation'," in Christine Barrow (ed.), *Caribbean Portraits: Essay in Gender Ideologies and Identities.* Jamaica: Ian Randle Publishers, pp. 131-175.

Borjas, George J.

1989 *Economic Theory and International Migration.* International Migration Review, 23(4): pp. 457-485.

Brettell, Caroline B. and James F. Hollifield (ed.)

2000 *Migration Theory: Taking Across Disciplines*, New York & London: Routledge.

Clark, Edith

1966 *My Mother Who Fathered Me: A Study of Family in Three Selected Communities in Jamaica.* London: George Allen and Unwin Ltd.

Davenport, William

1961 "The Family System of Jamaica," *Social and Economic Studies* 10(4): pp.420-454.

Duanny, Jorge

1994 *Quisqueya on the Hudson: The Transnational Identity of Dominicans in Washington Heights.* New York: CUNY Dominican Studies Institute

Faist, Thomas

2000 *The Volume and Dynamics of International Migration and Transnational Social Spaces.* Oxford: Clarendon Press.

Foster, George M.

1963 "The Dyadic Contract in Tzintzuntzan, Ⅱ : Patron-Client Relationship." *American Anthropologist*, 63: pp.1173-1192.

Frank, Andre Gunder

1967 *Capitalism and Underdevelopment in Latin America.* New York: Monthly Review Press.

Gallin, A., Glasser, R. and Santana J. with Pessar P. R.

2005 *Caribbean Connections: The Dominican Republic.* Washington, DC: Teaching for change.

Georges, Eugenia

1990 *The Making of a Transnational Community: Migration, Development, and Cultural Change in the Dominican Republic.* New York: Columbia University Press.

Grasmack, Sherri. and Pessar, Patricia. R.

1991 *Between Two Islands: Dominican International Migration.* Berkeley: University of California Press.

Guarnizo, L. E. and Smith, M. P.

1998 "The Locations of Transnationalism," in Smith, M. P. and Guarnizo, L. E. (eds.), *Transnatinalism from below*, New Brunswick (U.S.A.): Transaction Publishers, pp. 3-34.

Gupta, A. and Ferguson, J.

1997 *Culture Power Place.* Durham and London: Duke University Press.

Hendricks, Glenn

1974 *The Dominican Diaspora: From the Dominican Republic to New York City-Villagers in Transition.* New York: Teachers Colleage Press.

Hernandez, Ramona and Francisco, Rivera-Batiz

2004 "Dominicans in the United States: A socioeconomic Profile of the Labor Force." In *Building Strategic Partnerships for Development: Dominican Republic-New York State.* Rodriguez M. E. and Hernandez R. (eds.), pp.26-75. Santo Domingo: Fundacion Global Democracia Y. Desarrollo.

Hernandez, Ramona and Lopez, Nancy

1997 *Yola and Gender: Dominican Women's Unregulated Migration.* New York: CUNY Dominican Studies Institute.

Hondagneu-Sotelo, Pierrette

2003 "Gender and Immigration: A Retrospective and Introduction," in P. Hondagneu-Sotelo (ed.), *Gender and U.S. Immigration: Conte,porary Trends.* Berkeley: University of California Press.

1994 Gendered Transitions: Mexican Experoences of Immigrantion. Berkeley: University of California Press.

Klein, Alan M.

2011 "Sport Labour Migration as a Global Value Chain." in Joseph Maguire & Mark Falcous (eds.), Sport and Migration: Boundaries and Crossings. London and New York: Routledge. pp. 81-101.

1994 "Trans-nationalism, Labour Migration and Latin American Baseball," in Bale, John and Maguire, Joseph (eds.), *The Global Sports Arena: Athletic Talent Migration in an Interdependent World.* London: Frank Cass, pp. 183-205.

1991 *Sugar ball: The American Game, The Dominican Dream.* New Haven: Yale University Press.

1989 "Baseball as Underdevelopment: The Political-Economy of Sport in the Dominican Republic." *Sociology of Sport Journal* 6(2): 95-112.

Levitt, Peggy

2001 *The Transnational Villagers.* California: University of California Press.

Levitt, Peggy and Lamba-Nieves, Deepak

2011 "Social Remittances Revisited." *Journal of Ethnic and Migration Studies*, 37(1): 1-22.

Mandle Jay. R. and Mandle Joan. D.

1994 *Caribbean Hoops: The Development of West Indian Basketball.* Pennsylvania: Gordon and Breach.

Maguire, Joseph

1996 "Blade Runners: Canadian Migrants, Ice Hockey and the Global Sports Process." *Journal of Sport and Social Issues* 23: 335-360.

Massey, Douglas S. et al.

1998 *World in Motion: Understanding International Migration at the End of the Millennium.* Oxford: Clarendon Press.

Meillassoux, Cloude

1981 *Maidens, Meal and Money: Capitalism and the Domestic Community.* Cambridge: Cambridge University Press.

Moore, Henrietta L.

1988 *Feminism and Anthropology*. Oxford: Polity Press.

Parreñas, Rhacel Salazar

2005 *Children of Global Migration: Transnational Families and Gendered Woes.* Stanford: Stanford University Press.

Pessar, Patricia

1995 *A Visa for a Dream: Dominicans in the United States.* Massachusetts: Allyn and Bacon.

Pitt-Rivers, Julian A.

1966 *The People of the Sierra.* Chicago & London: The University of Chicago Press.

Portes, Alejandro

1998 "Social Capital: Its Origins and Applications in Modern Sociology." *Annual Review of Sociology* 24: 1-24.

Portes, A., Guarnizo, L. E. and Landollt P.

1999 "The study of transnationalism: pitfalls and promise of an emergent research field." *Ethnic and Racial Studies*, 22(2): 217-237.

Portes, Alejandro and Walton, John
1981 *Lobor, Class, and the International System.* New York: Academic Press.
Ruck, Rob
1991 *The Tropic of Baseball: Baseball in the Dominican Republic.* Lincoln and London: The University of Nebraska Press.
Smith, Raymond T.
1996 *The Matrifocal Family: Power, Pluralism, and Politics.* New York: Routledge.
Vertovec, Steven
2004 "Migrant Transnationalism and Modes of Transformation." *International Migration Review*, 38(3): 970-1001.
1999 "Conceiving and Researching Transnationalism." *Ethnic and Racial Studies*, 22(2): 447-462.
Wiarda, Howard J.
1969 *The Dominican Republic.* New York: Frederick A. Praeger, Publishers.
Wolf, Eric R.
1966 "Kinship, Friendship, and Patron-Client Relations in Complex Societies," in Michael Banton (ed.), *The Social Anthropology of Complex Societies.* New York and Washington: Frederick A. Praeger, Publishers.

統計・資料

Baseball-Reference.com - MLB Stats, Standings, Scores, History
http://www.baseball-reference.com/（2015 年 12 月 4 日最終アクセス）
U. S. Census Bureau 2005-2009 American Community Survey 5-Year Estimates. 20 June 2011（アメリカ国勢調査）
http://www.census.gov/acs/www/data_documentation/2009_release/（2014 年 8 月 24 日最終アクセス）
Central Bank of Dominican Republic（ドミニカ中央銀行）
http://www.bancentral.gov.do:8080/english/index-e.asp（2014 年 8 月 24 日最終アクセス）
Listen Diario, 18 Agost 2005
Listen Diario, 24 Diciembre 2004
ONE (Oficina National de Estadistica)
2004 Republica Dominicana en Cifras 2004, Santo Domingo: ONE.
2010 Republica Dominicana en Cifras 2010, Santo Domingo: ONE.

窪田 暁（くぼた・さとる）
1976年生まれ、総合研究大学院大学文化科学研究科（比較文化学専攻）博士課程単位取得満期退学。博士（文学）。京都文教大学総合社会学部実習職員、国立民族学博物館外来研究員を経て、2015年4月より奈良県立大学地域創造学部都市文化コモンズ専任講師。
専攻は、スポーツ人類学、国際移民研究、ドミニカ地域研究。

主な論文

「移民と故郷をつなぐペロータ（野球）――アメリカのドミニカ移民コミュニティにおけるスポーツ実践」日本移民学会『移民研究年報』第18号：29-46、2012年3月
「『野球移民』の誕生――ドミニカ共和国における移民像の送出過程」総研大『文化科学研究』第10号：273-296、2014年3月

主な著書

「グローバリゼーションとスポーツ移民」早稲田大学スポーツナレッジ研究会編『スポーツとグローバル化』創文企画、pp.114-128、2014年2月
「スポーツ移民」「オリンピック」「プロ・スポーツ」国立民族学博物館編『世界民族百科事典』丸善出版、pp.330-331、372-373、424-425、2014年6月
中川文雄・松本栄次・山田陸男編『世界地名大辞典第9巻〈中南アメリカ〉』朝倉書店、2014年11月、「ドミニカ共和国」他30項目を担当

www.shimizukobundo.com

「野球移民」を生みだす人びと
ドミニカ共和国とアメリカにまたがる扶養義務のネットワーク

発　行　二〇一六年二月二九日
著　者　窪田　暁
発行者　礒貝日月
発行所　株式会社清水弘文堂書房
住　所　東京都目黒区大橋一・三・七・二〇七
電話番号　〇三・三七七〇・一九二二
FAX　〇三・六六八〇・八四六四
Eメール　mail@shimizukobundo.com
ウェブ　http://shimizukobundo.com/
印刷所　モリモト印刷株式会社

乱丁・落丁本はおとりかえいたします。
 ISBN978-4-87950-621-4 C3039
Printed in Japan.

装丁　深浦一将
校閲　上村祐子
DTP　中里修作